Elizabeth Lesser

Zwei Schwestern, ein Leben

Über Liebe, Trauer und das, was im Leben wirklich zählt

Aus dem amerikanischen Englisch von Frauke Brodd

btb

Die Originalausgabe erschien 2016 unter dem Titel
»Marrow. A Love Story« bei Harper Wave, New York.

MIX
Papier aus verantwortungsvollen Quellen
FSC® C083411

Verlagsgruppe Random House FSC® N001967

1. Auflage
Deutsche Erstausgabe August 2018

Umschlaggestaltung: semper smile, München
nach einem Entwurf von Hannah Robinson/Harper Collins
Satz: Uhl + Massopust, Aalen
Druck und Einband: CPI books GmbH, Leck
mr · Herstellung: sc
Printed in the Czech Republic
ISBN 978-3-442-71682-1

www.btb-verlag.de
www.facebook.com/btbverlag

Für uns,

KaLiMaJo

Inhalt

PRÄLUDIUM

An einem wunderschönen Tag im August, oberhalb des Flathead Lake in Montana, will ich mich gerade auf den Weg zu einer Hochzeit machen, auf der ich das Paar trauen werde. Nicht dass ich das Recht dazu hätte, Menschen zu verheiraten. »Ich bin Schriftstellerin, keine Pastorin«, erinnerte ich meine jungen Freunde, als sie mich darum baten, die Trauung zu vollziehen. Aber das war ihnen egal. Ich kenne beide seit ihrer Kindheit. Unsere Leben sind durch ihre Freundschaft zu meinen Kindern eng ineinander verwoben und dadurch, dass ihre Eltern wiederum zu meinen besten Freunden zählen. Und alle sind wir Teil eines riesigen Freundeskreises, der seit vielen Jahren fest zusammenhält. Um ein weiteres Glied in der Kette dieses Bundes zu feiern, haben wir uns alle hier in Montana getroffen.

Ich stehe in der Einfahrt des Ferienhauses und blicke hinaus auf den riesigen See, der in der Ferne von den zerklüfteten Gipfeln der nördlichen Rocky Mountains begrenzt wird. Während ich auf meinen Mann und unsere Söhne warte, lasse ich auf mich wirken, wie die Sonne im Glacier National Park die Schneefelder zum Strahlen bringt. Ich blicke in den weiten Himmel und über die schier endlos anmutende Wasseroberfläche. Die Landschaft wirkt dramatisch, distanziert – es ist einer dieser Orte, der einer Neuengländerin wie mir den Atem raubt.

Mein Handy klingelt. Ich überlege kurz, ob ich es einfach ausschalten soll. Ich bin im Urlaub. Heute ist ein besonderer

Tag. Meine Kinder sind hier, und meine Freunde. Mit wem sollte ich also dringend telefonieren müssen? Ich werfe einen Blick auf die Nummer, der Anruf kommt aus Vermont. Meine Schwester. Und so fängt alles an.

»Liz? Ich bin's, Maggie.«

»Maggie?«, frage ich. Ihre Stimme klingt tiefer als sonst. Düster. Mein Herz schlägt schneller. Maggies Stimme klingt nie düster. Sie ist einer dieser Menschen, die von Kolibris abstammen. Sie ist zierlich und leicht, und sie lässt sich nie lange genug neben dir nieder, dass du erfahren könntest, was in ihrem Kopf vorgeht. Immer in Bewegung. Hier. Dort. Weg. Wieder da.

»Was ist los?«, frage ich.

»Ich bin krank.« Das ist alles, was sie sagt. Ein Abgrund, der breiter ist als ganz Montana, tut sich vor uns auf. Wir stürzen beide hinein.

»Krank? Wie krank?«

»Krebs«, flüstert sie. »Ich bin sehr krank.«

Jetzt sind es ihre Worte, die mir den Atem rauben. Irgendwann frage ich sie, was passiert ist, und sie erzählt mir eine chaotische Geschichte über seltsame Symptome, die sie zuerst ignoriert hat und irgendwann später als Anzeichen einer bestimmten Krankheit deutete, nur um dann herauszufinden, dass sie zu etwas ganz anderem gehörten. Krebs. Malignes Lymphom. Die Art von Krebs, an der sie bald sterben wird, wenn sie keine Therapie beginnt.

Wenn irgendjemand gerade jetzt keinen Krebs hätte kriegen sollen, dann meine kleine Schwester Maggie. Nachdem sie jahrelang mit dem Jungen von nebenan verheiratet gewesen war, ihrer Highschool-Liebe, dem Mann, der sie geformt hat, ist meine Schwester ziemlich blitzartig Single geworden, ungebunden, auf sich selbst gestellt. Eine Frau, die ein Bilderbuch-Zuhause erschaffen hat, ist von einem Tag auf den anderen obdachlos – mal hütet sie hier das Haus von Freunden, mal dort. Ihre Kinder im College-Alter driften umher wie Planeten, die man von der Schwerkraft entbunden hat. Ist es besser für Maggie, dass unsere Mutter gerade erst und unser Vater bereits vor ein paar Jahren gestorben sind? Dass sie nicht mit den Sorgen der Eltern über ihre Krankheit konfrontiert wird und deren Urteil über das Scheitern ihrer Ehe?

Ich spüre, wie quer über das ganze Land eine Kraft auf mich einwirkt, die tief in meinem Inneren ein Echo findet, das sie noch stärker wirken lässt. Als gäbe es einen Magneten in meinem Körper, der bebend auf die Anziehungskraft meiner Schwester reagiert. Welcher Teil liegt am tiefsten im Inneren des Körpers? Ist es das Blut? Sind es die Knochen? Das Mark der Knochen? Ich weiß noch nicht mal, was genau das ist: das Mark der Knochen. Ich werde es bald erfahren.

EINLEITUNG

Dieses Buch erzählt von einer Liebesgeschichte. Vor allem von der Liebe zwischen zwei Schwestern, aber auch von der Güte, die man sich selbst gegenüber an den Tag legen muss, um einen anderen Menschen aufrichtig zu lieben. Sich selbst lieben, den anderen lieben: zwei Stränge im Geflecht der Liebe. Ich habe diese beiden Stränge in vielen Beziehungen zu einem festen Band verflochten, mal mehr, mal weniger gekonnt. Ich habe es in beide Richtungen vermasselt, indem ich manchmal zu ichbezogen war und manchmal die Märtyrerin spielen wollte. Ich kannte meinen eigenen Wert nicht, und ich wusste den wahren Wert meines Gegenübers nicht zu schätzen. Jemanden auf eine gesunde Art und Weise zu lieben, heißt, die richtige Balance zu finden. Es ist eine Lebensaufgabe. Es ist eine Kunst. Und genau darum geht es in diesem Buch.

Meine Schwester hatte schon einmal Krebs, sie hatte ihn besiegt. Als der Krebs nach sieben Jahren in Remission zurückkehrte, als man uns sagte, dass dieses Mal eine Knochenmarktransplantation ihre einzige Überlebenschance sei, als sich nach den Tests herausstellte, dass mein Knochenmark perfekt mit ihrem Knochenmark übereinstimmt, als wir uns darauf vorbereiteten, körperlich *und* seelisch, zu geben und zu empfangen, als mir meine Spende entnommen wurde, als sie meine Stammzellen erhielt, die zu ihren Blutzellen wurden, während unserer gemeinsamen Reise durch das Dickicht aus Verzweiflung und Hoffnung, während des besten Jahres ihres gesamten Lebens, wie sie es selbst nannte, als der Krebs zurückkehrte, als sie das Ende vor Augen hatte, als sie starb – während also all das passierte, nahm ich die Stränge meiner selbst in die Hand und flocht sie mit denen meiner Schwester zu einem Band, und endlich machte ich alles richtig. Obwohl »alles richtig machen« viel disziplinierter und endgültiger klingt, als es die Liebe je sein könnte. Wenn es um Liebe geht, gibt es keinen Zehn-Punkte-Plan, »wie man es richtig macht«. Keine mathematische Formel, wann man verletzlich und wann man stark sein soll, wann man abwarten und wann man weitermachen, wann einlenken und wann ein unbarmherziger Krieger sein soll. Liebe ist chaotisch, Liebe ist ein Tanz, Liebe ist ein Wunder. Die Liebe ist außerdem stärker als der Tod, aber ich bin selbst noch dabei, das zu lernen.

An dieser Stelle muss ich hinzufügen, dass es noch einen weiteren Strang gab, den meine unglaublich starke Schwester mitbrachte, um das Band der Liebe zu vervollständigen, und durch den sie mich inspirierte, es ihr gleichzutun. Es ist der verborgene Strang, derjenige, den der Philosoph Friedrich Nietzsche »Amor fati« nannte – Liebe zum Schicksal. Nietzsche beschrieb Amor fati als die Fähigkeit, unser Schicksal nicht einfach nur als gegeben hinzunehmen, sondern es zu lieben. Das ist ziemlich viel verlangt. Denn Mensch sein heißt, mit der Art von Schicksal zu leben, das wundersame wie schreckliche Dinge willkürlich verteilt. Niemand kommt ohne ein gewisses Maß an Verwirrung und Angst, Schmerz und Verlust durchs Leben. Was soll man daran lieben? Trotzdem, wenn man Ja sagt zu Amor fati, wenn man sich darin übt, die Fülle des eigenen Schicksals zu lieben, wenn man den dritten Strang des Liebesbands in die Hand nimmt, dann wird man Fäden aus Vertrauen, Dankbarkeit und Lebenssinn durch das eigene Leben weben. Manch einer wird die Auffassung, das eigene Schicksal zu lieben, als Kapitulation oder Naivität zurückweisen; ich sage, dass es der Weg zur Weisheit ist und der Schlüssel zur Liebe.

Wenn ich über Liebe rede, dann meine ich damit nicht romantische Gefühle. Romantik ist gut. Ich mag sie sehr. Sie ist feurig und macht Spaß. Aber sie macht lediglich einen kleinen Teil der Liebesgeschichte aus. Es ist ein Fehler, den weiten Ozean der Liebe auf eine kleine romantische Flamme zu reduzieren und anschließend alle Energie darauf zu verwenden, diese Flamme davor zu bewahren herunterzubrennen. Durch dieses Verhalten machen wir kurzen Prozess mit den allermeisten unserer Liebesbeziehungen: mit unseren Eltern, Geschwistern, Kindern, Freunden, Kollegen und natürlich mit unseren Partnern, sobald die erste Leidenschaft verflogen ist. Das Streben nach ewiger Romantik wie in einem Märchen ist albern. Stattdessen verleihen wir doch lieber gemeinsam mit einem bunt zusammengewürfelten Haufen von Leuten einer anderen Art von Liebe Kraft, und zwar unser ganzes Leben lang. Es braucht Mut, auf gesunde Art zu lieben, und es ist Arbeit, wichtige Beziehungen zu erhalten, aber ich verspreche Ihnen, dass es möglich ist. Es ist das, wonach sich unsere Herzen wirklich sehnen.

Während Sie das hier lesen, erinnern Sie sich vielleicht an die abgestumpften oder lädierten oder kaputten Beziehungen in Ihrem eigenen Leben. Vielleicht denken Sie gerade, sie kennt *meine* Schwester nicht, meinen Bruder, meinen Ex-Partner, mein Kind, meinen Chef, Freund, Partner. Und Sie haben möglicherweise Recht – man kann nicht jede Beziehung heilen oder am Leben erhalten. Manchmal müssen wir Dinge beenden oder den Heilungsprozess aus eigener Kraft vollziehen. Dennoch lautet mein Rat, dass die meisten unserer wichtigen Beziehungen repariert, besänftigt, vertieft werden können. Und ich behaupte, dass die Vertiefung einer einzigen Beziehung viele Wunder bewirken kann – hinsichtlich Ihres Blickwinkels auf andere Menschen, Ihre Arbeit, Ihr Schicksal.

Ich gebe Ihnen diese Ratschläge, weil das Verhältnis zwischen meiner Schwester und mir mit dem vieler Menschen, Paare, Geschwister vergleichbar ist. Wir waren keine perfekten Menschen, wir hatten unsere Eigenarten, die unsere Fähigkeit zu lieben manchmal verstärkten, manchmal behinderten. Wir waren uns in vielem ähnlich, aber dennoch verschieden genug, um keinem Missverständnis aus dem Weg zu gehen, Urteile über uns zu fällen oder uns zurückzuweisen. Manchmal standen wir uns nahe, und manchmal waren wir uns völlig fremd. Und wie die meisten Menschen – und ganz bestimmt die meisten Geschwister – karrten wir säckeweise alte Geschichten, Ressentiments und Dinge, die wir bereuten, mit uns durch die Gegend. Wir schleppten diese Säcke von der Kindheit hinein in unser Erwachsenenleben, hinein in andere Beziehungen, hinein ins Büro, in unsere eigenen Familien. Wir hielten die Geschichten in den Säcken für wahr – Geschichten, die wir über uns gehört und uns gegenseitig erzählt hatten. Wir haben diese Säcke nie ausgepackt und uns gezeigt, was sich darin befand.

Bis wir dazu gezwungen waren.

In den Jahren zwischen der ersten Krebsdiagnose meiner Schwester und dem letzten Rezidiv lebte meine Schwester ein außergewöhnlich erfülltes Leben. Sie erschuf noch einmal ein Zuhause für sich und ihren neuen Mann; sie widmete ihr Leben ganz und gar ihren Kindern, ihrer Arbeit und ihrer Kunst; sie überwand mehrere gravierende gesundheitliche Krisen; und sie lernte, mit der Angst und den Schmerzen umzugehen, denen man als Überlebende einer Krebserkrankung ausgesetzt ist. Ihr Leben stabilisierte sich, genau wie unsere Beziehung und mein eigenes Leben. In dieser Phase tat ich, womit sich viele Autoren die Zeit vertreiben: Ich begann mehrere Bücher zu schreiben, brachte aber keins davon zu Ende. In meinen ersten beiden

Büchern hatte ich mein eigenes Leben verarbeitet. Aber ich hatte es satt, über mich selbst zu reden. Also beschloss ich, einen Roman zu schreiben. So konnte ich meine eigene Geschichte (und die der armen Menschen, die das Pech haben, mit mir verwandt zu sein) hinter erfundenen Charakteren verbergen. Aber ein Roman war etwas ganz anderes als das, was ich vorher geschrieben hatte, und es gelang mir nicht, mich bis zum Ende einer Geschichte durchzukämpfen. Ich fing eine Fabel und schließlich eine Essaysammlung an, aber der Funke sprang einfach nicht über.

Das Buch, das ich am dringendsten schreiben wollte, war ein Buch über Wahrhaftigkeit, über die Sehnsucht, authentisch zu sein. Der Grundgedanke war, dass sich hinter dem Geplapper des Geistes und dem Stürmen des Herzens ein wahreres und substanzielles Selbst befindet, ein Wesenskern, eine Seele. Nennen Sie es, wie Sie wollen, aber das Leben hat mich an den Punkt gebracht, dass ich weiß, dass das strebsame und verunsicherte Ego nicht die ganze Wahrheit darüber aussagt, wer ich bin, oder wer Sie sind. Immer öfter, durch kurze Einblicke während einer Mediation oder eines Gebets, durch ein freundliches Wort oder mutiges Verhalten und manchmal auch nur dadurch, dass ich eine Tasse Kaffee am Morgen trinke oder ein Glas Wein mit Freunden am Abend, fühle ich mich ziemlich plötzlich verbunden mit der Fülle des Daseins, die mich aus meinem Dornröschenschlaf weckt. Es ist, als riefe Gott uns der Reihe nach auf, und ich recke meine Hand in die Höhe und melde mich: »Hier!« Es passiert in den merkwürdigsten Momenten. Ich schiebe gerade den Einkaufswagen durch den Supermarkt oder fahre nach einem langen Arbeitstag nach Hause, wenn plötzlich Gnade herabsinkt und ich befreit bin von der Illusion, dass ich doch nur eine verschrobene, unvollkommene, überforderte Person bin. Stattdessen spüre ich hinter den angenommenen

Rollen ein würdevolleres Wesen – eine edle Seele, die vertrauensvoll durch die menschliche Erfahrung gleitet, verbunden mit allem und jedem, wissend um die Herrlichkeit im Herzen der Schöpfung.

Über *dieses* Selbst wollte ich ein Buch schreiben – das Seelen-Selbst, das authentische Selbst, das wahre Selbst. Ich wollte erforschen, warum wir vergessen, wer wir sind und wie wir uns wieder daran erinnern können. Ich dachte bereits geraume Zeit über dieses Buch nach, mindestens seit meiner Arbeit am Omega Institute, einem Retreat- und Tagungszentrum, das ich 1977 mit Freunden gegründet hatte, als ich Mitte zwanzig war. Durch meine Arbeit hatte ich es mit einem breiten Spektrum von Menschen zu tun – Hundertausende Workshop-Teilnehmer aus der ganzen Welt sowie berühmte Autoren und Künstler, Ärzte und Wissenschaftler, Philosophen und spirituelle Lehrer, die an unser Institut gekommen sind, um Menschen auf ihrem Weg der Heilung und des Wachstums zu helfen. Für mich ist es ein guter Arbeitsplatz, da ich ein dreister Voyeur bin und nie an meiner Bestimmung im Leben gezweifelt habe: der Beobachtung von Menschen. Darüber nachzugrübeln, was hier auf Erden eigentlich los ist und warum es uns so schwerfällt, scheinbar einfache Instruktionen tagtäglich aktiv umzusetzen – Instruktionen wie die Bibelsprüche »Liebe deinen Nächsten wie dich selbst« oder Shakespeares »Dies über alles: sei dir selber treu!«

Nach intensiver Beschäftigung stellt man irgendwann fest, dass die meisten allgemeingültigen Sprichwörter, die uns Menschen seit Jahrhunderten durchs Leben führen, alle die gleichen Gedankenspiele in den Mittelpunkt stellen: Selbstliebe, selbstlos zu geben, sich selbst treu zu sein. Aber diese Richtschnur hat einen Haken: Es wird vorausgesetzt, dass wir wissen, was dieses Selbst ist. Irgendjemand hat vergessen zu erwähnen, wie lange es dauert, den erhellenden Samen im Innersten des eigenen Ich-Seins zu entdecken. Diesem Selbst treu zu sein bedeutet, dass Sie die miesen Ratschläge und unsinnigen Erwartungen der anderen sorgfältig unter die Lupe nehmen sollten. Es setzt voraus, dass Sie Ihren Größenwahn und Ihre Versagensängste durchschauen, Ihr Felix-Krull-Syndrom oder Ihren festen Glauben daran, Ihr ganz spezielles Selbst sei auf einzigartige und schlüssige Weise neurotisch.

Mein Arbeitsleben begann als Hebamme. Ich habe genug Babys auf die Welt geholt, um zu wissen, dass jeder von uns diese Erde im Besitz eines strahlenden, reinen, durch und durch guten Selbst betritt. Das wurde mir jedes Mal bestätigt, wenn ich die Haut eines gerade erst geborenen Babys berührt und in seine Augen gesehen habe. Ich habe sein Selbst gesehen. Ich habe ihr Selbst gesehen. In jedem Baby habe ich ein ganz individuelles Selbst wahrgenommen wie kein anderes je zuvor – eine einzigartige, bedeutungsvolle Mischung aus Biologie, Abstammung, Kultur, begleitet von kosmischen Einflüssen, die wir kaum begreifen können.

Und dann werden wir älter, werden erwachsen und verbringen so viel unserer Zeit damit, uns in der eigenen Haut nicht wohlzufühlen – fast so, als schämten wir uns dafür, Menschen zu sein. Wir entwerten das ursprüngliche Selbst, und wir überdecken es, Schicht für Schicht, auf unserem Lebensweg. Daher wollte ich, dass mein nächstes Buch ein Reiseführer für eine großartige Entdeckungsreise wird. Howard Thurman, Philosoph, Theologe, Pädagoge und Bürgerrechtsaktivist, schrieb: »Jeder von euch trägt etwas in sich, das auf den Klang des wahren Selbst in euch wartet und ihm zuhört. Denn das ist der einzige wahre Lotse, den ihr jemals bekommen werdet.« Was könnte besser sein, als über das Zuhören zu schreiben und darüber, wie man dem *einzigen wahren Lotsen* folgt, den man je haben wird?

Aber irgendetwas bremste mich, als meine Finger über der Tastatur schwebten. Vielleicht lag es an meinen zwiespältigen Gefühlen gegenüber der Literatur zum Thema »authentisch sein«. Sie ist oft dumpf narzisstisch. Ein Buch darüber, wie man dem Selbst gegenüber treu bleibt, liest sich schnell wie ein Handbuch, das zum Beitritt in eine Ein-Personen-Sekte rät. Wenn Sie versuchen, selbst einmal darüber zu schreiben, werden Sie merken, wie schnell man mitten in einem ewig gültigen Paradox landet: wie die Erkenntnis des Selbst, die Liebe des Selbst und die Wertschätzung des Selbst komplett in die Hose gehen, wenn sie nicht dazu führen, dass man die anderen versteht, respektiert und liebt.

Und dann wäre da noch die schwierige Frage: »Was ist das Selbst?« Ist es nur ein Bündel aus neuralen Impulsen, die kurz aufblitzen und von Fleisch und Schwerkraft zusammengehalten werden? Und wenn dieses Aufblitzen vorbei ist, wird unser Körper dann zu Staub und löst sich unser persönliches Ego in der kosmischen Suppe auf? Oder ist jeder Einzelne von uns substanzieller als das? Sind wir spirituelle Wesen mit einer Erfahrung des Menschseins? Lebt unsere Seele weiter, wenn sie erst einmal befreit ist von den Grenzen des Körpers und des Egos? Und wenn wir, als Menschen, auf unser authentisches Inneres hören, nehmen wir dann wirklich das Lied der ewigen Seele wahr?

Obwohl ich wusste, dass ich diese Fragen niemals endgültig beantworten würde (weil das noch niemand getan hat), wollte ich so tief wie möglich in das Mysterium, das hinter ihnen stand, eintauchen. Vielleicht gibt es auf diese Fragen keine konkreten Antworten, aber die Suche nach ihnen führt uns näher heran an die Art von Leben, nach dem sich jeder von uns sehnt. Ich bin vielleicht nicht in der Lage, die ganz großen Fragen zu beantworten, aber ein paar Dinge weiß ich ganz sicher: Ich weiß, dass Menschen, die von der Würde und der Herzensgüte ihrer wahren Natur gekostet haben, eher in der Lage sind, auch die Würde anderer zu erkennen und zu respektieren. Wenn ich weiß, dass ein authentisches Selbst in mir wohnt, das edel und heilig ist, dann ist es bei Ihnen genauso. Das alles klingt jetzt vielleicht selbstverständlich, aber es ist einer der größten Stolpersteine der Menschheit – dieses Gefühl von »Ich gegen den Rest der Welt«. Statt Seite an Seite zu reisen, sich gegenseitig zu unterstützen, wenn wir hinfallen, und voneinander zu lernen, wenn wir aufstehen, verteidigen wir uns. Wir greifen einander an und versuchen, alles allein zu schaffen. Statt uns gegenseitig in strahlender Wahrhaftigkeit zu feiern, konkurrieren wir miteinander, als gebe es nur eine begrenzte Menge Glanz auf der Welt. Als könne man das eigene strahlende Selbst nur vor dem Hintergrund des herabgesetzten Selbst des Gegenübers sehen.

Der Wunsch, das authentische Selbst durch die Heilung unserer Beziehungen zu befreien, und damit den Umgang mit unseren Mitmenschen zu verbessern, wurde zu meinem ausschlaggebenden Motor. Ich wollte über Wahrhaftigkeit und die Sehnsucht nach Authentizität schreiben. Denn trotz der vielen wunderbaren technischen Möglichkeiten, die Menschen miteinander verbinden, gibt es immer noch Einsamkeit, so viele Missverständnisse und so viel Entfremdung in der Welt. Beziehungen zu knüpfen ist ein menschliches Grundbedürfnis. Wir wollen verstanden werden, gesehen, akzeptiert, geliebt. Wir wollen uns gegenseitig etwas bedeuten. Wir wollen eine Verbindung herstellen, von Seele zu Seele.

Also tastete ich mich an das Thema heran und versuchte, ein Buch zu gestalten, das Licht werfen könnte auf den Weg, der zu einem authentischen, wahrhaftigen Selbst führt, einem Selbst, das jeder Beschreibung spottet und dennoch darum bittet, entdeckt zu werden. »Man kann nicht unverblümt über die Seele schreiben«, lamentiert Virginia Woolf in ihren Tagebüchern. »Sieht man hin, verschwindet sie.« Und trotzdem will ich hinsehen.

Als ich in der kosmischen Lotterie den Hauptgewinn gezogen und als perfekter HLA-identischer Abgleich für das Knochenmarktransplantat meiner Schwester getestet wurde, tat ich das, was ich oft tue, wenn ich Angst habe: Ich mutierte zum Amateur-Wissenschaftler. Es gefällt mir nicht, den Kopf in den Sand zu stecken. Lieber wappne ich mich mit Wissen, selbst wenn aus diesem Wissen möglicherweise irgendwann eine Art Sand wird, unter dem ich mich begrabe. Aber in diesem Fall ging meine Erforschung von Knochenmark, Stammzellen und den Wundern eines Transplantats weit über das bloße Erwerben von Wissen hinaus. Und das, was meine Schwester und ich erlebten, war viel mehr als nur ein medizinisches Vorgehen.

Ich bekam heraus, dass eine Knochenmark- oder Stammzellentransplantation für den Empfänger gefährlich ist. Noch monatelang nach der Prozedur würde meine Schwester lebensbedrohlichen Gefahren ausgesetzt sein. Erstens könnte ihr Körper sich gegen die Stammzellen wehren, die meinem Knochenmark entzogen und in ihren Blutkreislauf eingespeist werden. Zweitens greifen meine Stammzellen, wenn sie sich erst mal im Körper meiner Schwester befinden, möglicherweise ihren neuen Wirt an. Abwehr und Angriff. Beides könnte sie töten. Die Mediziner taten alles dafür, um zu gewährleisten, dass nichts davon passieren würde. Was, wenn Maggie und ich sie dabei unterstützen könnten? Was, wenn wir das Funktionieren des Knochenmarktransplantats den Ärzten überließen und eine andere Art von Transplantation durchführten? Was, wenn wir uns im Mark unserer Seelen begegnen und den Drang überwinden könnten, den anderen ein Leben lang abzuwehren und anzugreifen?

Viele Menschen sagen, es sei mutig von mir gewesen, mich der Knochenmarkgewinnung zu unterziehen. Aber ich sehe das anders – man müsste schon einen jämmerlichen, miesen Charakter haben, um die Chance, einem Geschwister das Leben zu retten, zu verweigern. Sich hingegen emotional vor der eigenen Schwester nackt auszuziehen – *das* fühlte sich riskant an. Das tiefe Eintauchen in unausgesprochene Vorwürfe, heimliche Schamgefühle, Hinter-dem-Rücken-Lästereien, Schuldzuweisungen und Verurteilungen war nichts, was wir vorher schon mal gemacht hatten. Aber das Leben meiner Schwester stand auf dem Spiel. Und deshalb öffneten wir im Laufe eines Jahres unsere Herzen, manchmal mit der Unterstützung eines Lotsen, aber hauptsächlich auf Spaziergängen und bei einer Tasse Kaffee, manchmal nur wir beide, und manchmal gemeinsam mit unseren anderen beiden Schwestern. Wir ließen die Vergangenheit hinter uns, und wir wanderten gemeinsam an einen Ort der Liebe.

Was ich von diesen beiden Transplantationen – der Knochenmarktransplantation und der Seelenmarktransplantation – gelernt habe, ist, dass sich das Mark der Knochen und das, was ich das Mark der Seele nenne, ziemlich ähnlich sind. Tief im Inneren der Knochen befinden sich Stammzellen, die einen anderen Menschen am Leben erhalten können, vielleicht nicht für immer und ewig, aber für eine gewisse Zeit, und was meine Schwester betraf, für das, was sie selbst als das beste Jahr ihres Lebens bezeichnete.

Tief im Inneren des Selbst befinden sich die Seelenzellen, die bestimmen, wer wir wirklich sind. Suchen Sie nach ihnen in der Tiefe, glauben Sie an sie und schenken Sie sie einem anderen

Menschen. So können Sie gegenseitig Ihre Herzen heilen und die Liebe für immer am Leben erhalten.

Und da ist noch etwas, das ich gelernt habe. Warten Sie nicht auf eine Situation, in der es um Leben oder Tod geht, um jemandem das Mark Ihrer selbst zu schenken. Tun Sie's einfach, tun Sie's jetzt, denn davon könnte auch unser Menschensein als solches abhängen.

In diesem Buch werden Sie Schnipsel aus dem Tagebuch meiner Schwester entdecken – »Feldnotizen«, wie sie ihre Beobachtungen nannte, aus unterschiedlichen Phasen ihres Lebens. Außer Krankenschwester, Mutter, Landfrau, Bäckerin, Musikerin und Ahornsirup-Produzentin war meine Renaissance-Schwester auch noch Künstlerin und Schriftstellerin. Ihre Kunst entwickelte sich im Laufe der Jahre hin zu ausgefallenen botanischen Stücken und Drucken, die heute in den Häusern vieler Menschen hängen, verteilt über das ganze Land. Ihre Schreibkunst entfaltete sich in Tagebüchern, urkomischen Briefen und E-Mails, in Bilderbüchern für Kinder und einer Autobiographie, von der sie träumte, mit dem Titel *Lower Road.* Sie war der Meinung, es sei schon genug darüber geschrieben worden, wie man den rechten Weg nach oben beschreitet, deshalb wolle sie etwas darüber schreiben, wie es sei, den rechten Weg auf die harte Tour finden zu müssen, um aufzusteigen. Wo sie wohnte, gab es eine lange unbefestigte Straße, die Lower Road – einspurig schmiegte sie sich an einen Berg und führte in einen Talkessel, in dem sich auf einer Seite ein Sumpfgebiet und Teiche befanden, auf der anderen verrostete Wohnwagen und alte Farmhäuser. Als junge Gemeindeschwester führte sie ihre Arbeit für den Staat Vermont öfters auf diese Lower Road, und Maggies Buch *Lower Road* sollte ein Bericht werden über ihre Beziehung zu ihren dort ansässigen Patienten:

den Teenager-Müttern, den Veteranen mit posttraumatischen Belastungsstörungen, den Abhängigen, den Gewalttätigen, den Missbrauchten. Den vergessenen Armen auf dem Land, um die sie sich kümmerte, auf ihre ganz eigene Art, hart und doch voller Wärme.

Als Maggies Computer zu ihrem Tagebuch wurde, fing sie an, mir per Mail Einträge zu schicken: Auszüge aus dem ständig umgeschriebenen *Lower-Road*-Projekt, Notizen aus der Klinik, die sie mittlerweile leitete, lustige Geschichten über Menschen, die sie auf Kunsthandwerk-Ausstellungen getroffen hatte, beschwingtes Geplapper über ihr neues Zuhause, über die Wildheit der Wälder im Frühjahr und den süßen Geruch in dem Gebäude, in dem sie den Sirup herstellte, wenn die Winternächte kalt waren und der Ahornsaft floss. Und als sie krank wurde, erreichten mich ihre Feldnotizen aus der Einsamkeit ihres Krankenhausbettes und von ihrem Platz am Fenster, auf dem sie bei sich zu Hause immer saß. Sie schrieb schnell, in Endlossätzen, sie dachte sich Wörter aus und sprang von einer Zeit in die nächste. Sie verwendete niemals Großbuchstaben, und sie umging jegliche Grammatikregeln. Sie schrieb wie ein Kolibri, einer, der lange genug an einem Fleck blieb, um seine Gedanken zu ordnen und in Worte zu fassen.

Ich hatte immer vorgehabt, Maggie dabei zu unterstützen, aus ihren Kolibri-Worten ein Buch zu machen. Sie wollte, dass ich ihr helfe, und deshalb schickte sie mir diesen Wust aus ungeordneten Computerdateien. Wir fingen an, daran zu arbeiten, während sie sich von der Transplantation erholte. Aber als ihre Energie schwand, fragte ich sie, wie sie sich dabei fühlen würde, wenn ich einige ihrer Feldnotizen in das Buch einfügte, das ich gerade schrieb. Ich hatte ihr frühe Auszüge daraus gezeigt, und in ihrer Anerkennung schwang Wehmut mit – ihr Sinn für Humor und auch die Trauer darüber, dass sie nicht mehr da sein würde, um mitzubekommen, wie es ausging. Gemeinsam trafen wir die Entscheidung, einige ihrer Worte in mein Buch aufzunehmen, und deshalb habe ich sie darin verteilt – Maggies Weg zur Wahrheit, der sich immer wieder mit meinem kreuzt.

Erster Teil

DIE MÄDCHEN

»Du wirst in deine Familie hineingeboren
und deine Familie in dich.«

ELIZABETH BERG

TELEFONBOMBEN

Als ich klein war, konnte man nur über Festnetzanschlüsse miteinander telefonieren. Meistens hatte jeder Haushalt ein Telefon, allerhöchstens zwei – ein Apparat war in der Küche an die Wand geschraubt, ein zweiter stand auf dem Nachttisch im Schlafzimmer der Eltern und wurde so gut wie nie benutzt. Als ich ein Teenager war, bekamen meine Freundinnen einen Apparat in ihr Zimmer gestellt. Sie hießen Prinzessinnen-Telefone und waren fast immer pink, mit Tasten statt Wählscheibe und einer Telefonschnur, die so lang war, dass man herumgehen oder unter der Bettdecke versteckt reden konnte. Das Prinzessinnen-Telefon fand nie Einzug in unser Haus. Meine Schwestern und ich durften kaum das Küchentelefon benutzen. Wozu sollten wir also einen eigenen Anschluss benötigen?

Später waren Telefone dann omnipräsent. Zuerst kamen die schnurlosen Apparate auf den Markt, und dann gab es irgendwann natürlich Handys. Das Handy veränderte alles. Aber vorher veränderte bereits die Tatsache, dass ich Mutter wurde, mein Verhältnis zu Telefonen. Mit Kindern wurde aus diesem harmlosen Apparat eine Zeitbombe. Bei jedem Klingeln machte ich mir Sorgen, und häufig wurden meine Worst-Case-Szenarien wahr: eine blutige Nase, ein gebrochener Arm, eine vermasselte Prüfung. Einer meiner Söhne wurde an der Middleschool suspendiert, weil er einem Mitschüler seine Prüfungsantworten verraten hatte. Während seiner Highschool-Zeit wurde mein anderer Sohn wegen zu schnellen Fahrens von der Polizei angehalten, und der Polizist entdeckte Marihuana in seiner Hosentasche. Ich weiß noch ganz genau, wo ich mich befand, als mich diese Anrufe erreichten.

Dinge, von denen ich gedacht hatte, dass sie niemals passieren würden, bahnten sich ihren Weg durch den Äther und wie kleine Bomben hinein ins Telefon. *Klingeling*! Mein Vater starb. *Klingeling!* Ein Kollege kündigt. *Klingelingeling!* Die Twin Towers ein Trümmerhaufen. Und dann war da diese Telefonbombe meiner Schwester auf der Hochzeit in Montana. An diesem Tag lernte ich ein Verhalten an mir kennen, mit dem viele Menschen bereits auf die Welt kommen und dann in jahrelangen Therapien versuchen, es wieder abzulegen: Ich verschloss die Augen vor der Wahrheit. Einen ganzen Tag lang. Für mich war das ein absolut revolutionäres Verhalten, da ich jemand mit einem unvernünftig großmütigen Herzen bin und man mit all seinen Sorgen immer zu mir kommen kann.

Wie wir alle trage ich mehrere Persönlichkeiten in mir – mein wachsames, rationales Selbst, das in meinem Kopf wohnt, mein wildes emotionales Selbst, das in meinem Herzen untergebracht ist, und ein tieferes Selbst, das manche Menschen Seele nennen. Dieses tiefere Selbst ist immer da, klüger als die Sorge, überragender als die Angst und wach, wenn es darum geht, mit Liebe auf das Leben zu schauen. Aber das rationale Selbst ist ein rechthaberischer Kerl, der regelmäßig die Seele verdrängt. Manchmal trifft das rationale Selbst den Nagel auf den Kopf, aber häufig ist es engstirnig und tyrannisch, und dann führt es mich schnurstracks in eine Sackgasse, in der ich zu viel nachdenke. Mein emotionales Selbst kann wie ein rasender Derwisch völlig außer Kontrolle geraten, und dann sprüht es Funken, begeistert und staunend, wütend und verzweifelt. Immer schön im Kreis herum folge ich also meinem Verstand und meinen Gefühlen. Der menschlichen Erfahrung wohnt etwas Schwindelerregendes inne, wenn wir den Ruhepol inmitten des Herumwirbelns nicht finden.

Der Ruhepol ist da. Immer. Ich weiß es. Ich habe wieder und wieder zu ihm zurückgefunden, selbst in den heftigsten Wirbelstürmen. Manchmal brauche ich etwas länger, aber ich weiß, dass es diesen Ruhepol gibt und dass der Sturm vorüberziehen und die Mitte zum Vorschein kommen wird. Wenn Verstand und Gefühl mich fest im Griff haben und ich zu viel nachdenke und zu viel fühle, wenn ich Angst habe oder mich schäme, wenn ich voreingenommen bin oder paranoid, selbstgerecht oder eifersüchtig, dann weiß ich, wie ich abwarte, wie ich bete, wie ich vertraue. Doch manchmal, wenn da einfach zu viel Lärm in mir ist – wenn meine Gefühle einen Sturm entfesseln oder mein hyperaktiver Verstand wie ein Presslufthammer vor sich hin rattert –, stoppen Geduld und Gebet das Getöse nicht. Dann ist es manchmal hilfreich, sich ein kurzes Time-out des Nichtwahrhabenwollens zu gönnen.

Und genau das tat ich in Montana, nachdem ich diese Telefonbombe von meiner Schwester erhalten hatte. Ich habe mein emotionales Geschöpf weggesperrt, meinen monotonen Verstand abgeschaltet und bin ohne sie auf die Hochzeit gegangen. Ich habe mich unter die Leute gemischt, habe das Zelt, das mitten auf einem Weizenfeld unter dem weiten Himmel aufgebaut worden war, mit vielen Ahs und Ohs gebührend bewundert. Ich habe die Trauung durchgeführt, als hätte ich so etwas schon hunderttausendmal gemacht. Und die ganze Zeit über versenkte ich die Nachricht der Telefonbombe in einer Art Hochsicherheitstrakt. Dann ahmte ich das jahrhundertealte Verhalten von Partybesuchern nach, gönnte mir auf dem Empfang mehrere Drinks, um für Smalltalk bereit zu sein, zu essen und zu tanzen. Nichtwahrhabenwollen! Wo hast du dich bislang in meinem Leben herumgetrieben?

Am nächsten Morgen ließ ich meine Familie zurück und bestieg ein fast leeres Flugzeug. Ich hatte eine ganze Sitzreihe für mich allein – was gut war, denn in dem Augenblick, in dem ich mich anschnallte, öffnete sich mein Herz wieder, ganz von allein. Ich ließ die Gefühle zu und übergab meinem emotionalen Selbst die Zügel. Es legte sofort los.

»Maggie ist zu jung, um zu sterben«, sagte ich innerlich laut weinend zu mir selbst. »Das ist nicht fair!«

»So was wie fair gibt es nicht«, unterbrach mich das rationale Selbst und meldete sich völlig vorhersagbar zurück.

»Trotzdem ist es schrecklich.« Jetzt weinte ich wirklich. »Sie steckt mitten in einer Scheidung, sie hat noch nicht mal ein Zuhause, und ihre Kinder …«

Mein rationales Selbst blieb ungerührt. »So was wie ›schrecklich‹ gibt es auch nicht. Es ist, was es ist.«

Emotionales Selbst und Rationales Selbst machten eine Weile so weiter, bis ich die Nase voll hatte von ihrem Entweder-oder-Geplänkel. Ich schloss die Augen, und erst jetzt fiel mir auf, dass ich meine Schultern bis an die Ohren hochgezogen hatte. Ich ließ sie fallen, lockerte meinen ganzen Körper und machte mich atmend auf die Suche zu meinem Ruhepol, meiner Mitte, bis ich die Stimme meiner Seele hören konnte.

Und da war sie und sagte mir die Wahrheit: »Hab Vertrauen«, sprach meine Seele. »Du wirst sehen – deine Schwester wird daran wachsen. Sie wird über sich selbst hinauswachsen. Genau wie du. Du wirst trauern, und du wirst lernen, du wirst toben, und du wirst dir Sorgen machen, aber während der ganzen Zeit wirst du tiefer und tiefer in die Wahrheit hineinwachsen, wer du wirklich bist. Du wirst diesen Weg beschreiten, Maggie wird ihn beschreiten. Alle, die sich mit ihr auf die Reise begeben, werden auf diesem Weg, den ihre Seele gewählt hat, überraschende Reichtümer ans Licht bringen.« Wenn die Seele spricht, wird nicht gestritten. Alle anderen halten den Mund und hören zu. Die wichtigeren Worte glänzen in der Stille. Dort wird offenbart, was getan werden muss. Verstand und Herz nehmen sich an die Hand und geloben zusammenzuarbeiten.

Während des restlichen Fluges ruhte ich mich in dem seltenen Frieden aus, den die Seele mit sich bringt. Es war, als würde ich mit Treibstoff betankt, für die lange Reise, die vor mir lag. Ich wusste nicht, was auf mich zukommen würde. Ich wusste nicht, wie lange die Reise dauern würde, die ich gerade antrat. Ich wusste nicht, dass ich den ganzen Weg hinein in das eigentliche Mark meiner Knochen geführt werden würde, ja, sogar noch tiefer hinein in das heilige Mark meines wahren Selbst. Ich wusste nur, dass ich darum beten wollte, dass die Seele mein Führer sein möge.

Am darauffolgenden Tag, auf der Fahrt von meinem Zuhause in New York zu meiner Schwester in Vermont, übernahmen Angst und Trauer wieder das Ruder. Mein Herz war von Trauer erfüllt. Und nicht nur wegen Maggie. Nicht nur wegen der furchterregenden Behandlungen, die sie würde durchlaufen müssen, und des ungewissen Ausgangs. Nicht nur wegen der vielen Dinge, die niemals wieder so sein würden wie vorher. Mein Herz litt auch für uns – für unsere Familie, für unsere Geschichte, für die, die wir immer gewesen waren und von denen ich törichterweise erwartet hatte, dass wir sie für immer sein würden. »Die Mädchen«, klagte wimmernd mein Herz und klammerte sich an meine drei Schwestern, an meine Kindheit, an meinen angestammten Platz auf dieser Welt. Laut weinend sprach ich die Worte aus: »Die vier Mädchen.«

»Ach, hör auf«, schnauzte mein Verstand mich an und klang dabei fast wie meine Mutter.

DIE MÄDCHEN

Ich wurde in eine Familie von Mädchen hineingeboren, als zweite von vier Töchtern. Jeder kannte meine Schwestern und mich als »die Mädchen«. Oder einfach nur »Mädchen«, wie in »Mädchen! Abendessen ist fertig!« Diesen Satz schmetterte meine Mutter tausendmal in den Jahren der Erziehung von vier Töchtern. Genau wie den: »MÄDCHEN. Hört auf, euch zu zanken, oder es setzt was!« Dafür war mein Vater berühmt, wenn er uns »Prügel« androhte, während wir mal wieder endlos lange im Auto von New York nach Vermont unterwegs waren. Der Beruf meines Vaters als Werbefachmann, der für die Ski-Branche arbeitete, führte ihn – und deshalb auch uns – den ganzen Winter über aus seinem Büro in New York City in die Berge Vermonts. Warum meine Eltern darauf bestanden, jedes Wochenende alle vier Mädchen mitzunehmen, verstehe ich bis heute nicht, aber sobald es Freitagnachmittag war, zwängten wir uns unter Protest brav in den Kombi für die vierstündige Fahrt gen Norden – um die Fensterplätze kämpfend, verfroren, müde und gelangweilt –, bis wir endlich aneinander gelehnt einschliefen.

Trotz der vielen Drohungen stand mein Vater in all den Jahren, in denen er »den Mädchen« zahlenmäßig unterlegen und von ihnen genervt war, nur ein einziges Mal kurz davor, eine von uns wirklich zu schlagen. Ich kann mich nicht mehr daran erinnern, was genau ihn in Versuchung brachte, seine Drohung wahr zu machen. Ich erinnere mich nur noch, genau wie meine Schwestern, an die folgende Szene: Ich hatte irgendetwas getan, das meinen Vater veranlasst, mich die Treppe in unserem Haus hinaufzujagen, und mit der Handtasche meiner Mutter in der Hand, die er durch die Luft schwingt, hinter mir herzurasen. Meine Schwestern verfolgen uns lachend. Meine Mutter steht am Fuß der Treppe und ruft hilflos: »Mädchen! Mädchen!« Als mein Vater mich endlich einholt, ist seine Wut verraucht. Er lässt die Tasche auf den Boden fallen und hebt beide Arme, und dann, während er irgendetwas von »den Mädchen« vor sich hin brummelt, stapft er die Treppe wieder hinunter und flüchtet sich nach draußen.

Ein Vorteil von Geschwistern ist, dass jedem einzelnen Kind der Druck genommen wird, allen Erwartungen der Eltern gerecht zu werden. Ein einziges Kind kann das alles kaum erfüllen – wohlerzogen *und* mutig zu sein, eine Leseratte *und* Sportskanone, hilfsbereit *und* erfolgsorientiert. Deshalb springen Geschwister füreinander ein. Aber es gibt auch einen Nachteil. Ohne vorherige Einverständniserklärung wird jedem Geschwisterkind eine Rolle zugewiesen, die einen für das ganze Leben brandmarken kann. Zeigt man Neigungen in eine bestimmte Richtung, so wird daraus etwas, das man immer sein muss. Dieses Kind ist die Heilige, dieses hier die Rebellin. Diese wird es weit bringen, diese bleibt, wo sie ist. Manchmal dauert es das ganze Leben, die engen Grenzen einer besiegelten Familien-Identität zu sprengen.

In meiner Familie lief es ganz gewiss so ab. Wo eine von uns dünn und sportlich war (meine ältere Schwester), war die andere (ich) pummelig und introvertiert. Wo die eine sehr gut in der Schule war (ich), brachte die andere schlechte Noten nach Hause (noch mal die ältere Schwester). Wo die eine sich gegen die Autorität unseres Vaters erhob (ich), verhielten sich meine jüngeren Schwestern stiller, mit der Bestimmung, allen zu gefallen und den Frieden zu bewahren. Also fanden wir uns in diese Rollen ein, indem wir Geschichten voneinander hörten und übereinander erzählten, wir drückten uns gegenseitig Stempel auf und schleppten diese Markenzeichen für den Rest unseres Lebens mit uns herum.

Wir wurden stets daran erinnert – lautstark oder angedeutet –, welche Rolle wir auf der Bühne unserer Familie zu spielen hatten. Meine Mutter hätte mir nie erlaubt, Ballettstunden zu nehmen, weil ich nicht so »motorisch geschickt« war wie meine Schwestern. Zwei von ihnen brachte sie in der Ballettschule für Kleinkinder am Ende der Straße vorbei, in der sie von einem Teenager unterrichtet wurden. Mir erklärte sie, ich könne da nicht mitmachen, da mein Körper für den Balletttanz »anatomisch fehlerhaft« sei, aber das solle mich nicht stören, denn ich sei dafür klug. Sie stellte meine ältere Schwester für ihr schlechtes Verhalten in der Schule an den Pranger, während sie noch mit ihr zusammen über meine X-Beine kicherte und darüber, wie ich im Badeanzug aussah. Maggie, meine jüngere Schwester, war »die Gute« – das brave Mädchen, diejenige, auf die sich meine Mutter verlassen konnte. Und unsere schüchterne jüngste Schwester war Daddys Liebling, überrollt von ihren großen Schwestern, ist sie für immer die Kleine.

Wie im Pantheon der Götter und Göttinnen in der griechischen Mythologie nehmen Geschwister archetypische Rollen an – Rollen, die unsere Wahrnehmung von uns selbst erstarren lassen, lange nach Ende der Kindheit. In unserem Pantheon war ich die rechthaberische Anstifterin – sie nannten mich »die Prinzessin«. Irgendwie setzte ich mir in den Kopf, gerade als kleines Mädchen, die Macht meines Vaters in Frage stellen zu müssen. Ich fand es unerhört, dass mein Vater in einer Familie aus lauter Frauen den Ton angeben durfte. Ich fragte mich, warum sich meine Mutter ihm fügte, obwohl sie scharfsinniger wirkte und ganz sicher genauso gebildet und weltläufig war wie er. Aber es waren eben die 50er- und 60er-Jahre, und obwohl meine Mutter das College mit Auszeichnung abgeschlossen hatte, legte mein Vater die Wertvorstellungen der Familie fest und bestimmte, wie wir unsere Zeit verbrachten. War er zu Hause, setzte er durch, worüber und worüber nicht geredet wurde.

Die Tatsache, dass wir vier kleine Mädchen waren, hielt meinen Vater nicht davon ab, uns in seine draufgängerischen Freizeitaktivitäten mit einzubeziehen. Die meisten waren inspiriert von Militärzeit in der 10. US-Gebirgsdivision – den Skijägern. Es lag nicht daran, dass er fand, Mädchen sollten die gleichen Möglichkeiten haben wie Jungen. Vielmehr schien er gar nicht wahrzunehmen, dass wir Mädchen waren. Oder vielleicht zog er es auch nur vor, sich der Tatsache zu verweigern, dass seine Nachkommen allesamt weiblich waren. Natürlich wurden wir auch nie gefragt, ob wir seinem Regiment beitreten wollten. Davon wurde schlichtweg ausgegangen.

Rückblickend bin ich meinem Vater dankbar, dass er uns die Trecks hinauf auf New Hampshires Mount Washington geschleppt hat, mit unseren schweren Abfahrtskiern auf dem Rücken, und dass er auf den kilometerlangen mühseligen Marsch bestanden hat, damit wir eine Stelle am Strand von Long Island finden, an der wir von den Rettungsschwimmern unbeobachtet in der gefährlichen Brandung schwimmen konnten. Niemals hörten wir, dass wir wegen unseres Geschlechts etwas nicht tun könnten. Doch alle, einschließlich meiner Mutter, wurden verspottet, wenn wir uns »wie Mädchen« benahmen. Oberflächliche Gespräche, Klatsch und Tratsch, sich Sorgen machen, Müßiggang, Eitelkeit – für meinen Vater waren das Zeichen weiblicher Schwäche, und wenn wir uns so verhielten, riskierten wir, von ihm verachtet und verhöhnt zu werden. Meine Mutter verinnerlichte den offiziellen Kurs unserer

Familie und setzte ihn durch: Arbeite hart, sei stark, bleib in Bewegung.

Meine Eltern waren typische Amerikaner der sogenannten »Greatest Generation«: geprägt von der Weltwirtschaftskrise der 30er-Jahre und dem Zweiten Weltkrieg. Robuste, bescheidene und pflichtbewusste, in der Zivilgesellschaft verankerte Menschen, die sich selten beschwerten. Zu ihrer Zeit war Selbstreflexion Zeitverschwendung und Psychotherapie etwas für Verrückte. Und Eltern sein? Man zog Kinder groß, mehr nicht. Man bekam Kinder, ernährte sie und kleidete sie ein, schickte sie in die Schule, sorgte dafür, dass sie im Haushalt halfen, und das war's dann auch schon. Klar, manche Eltern schickten ihre Kinder zum Baseball-, Softball- oder zum Klavierunterricht, aber meistens ließen sie sie in Ruhe. Wir spielten draußen in der Nachbarschaft, ohne Aufsicht von Erwachsenen, Helme oder Sonnencreme. Meine Mutter half uns selten bei den Hausaufgaben, obwohl ihr als Englischlehrerin an einer Highschool Bildung äußerst wichtig war. Es war unsere Aufgabe, in der Schule zu glänzen, nicht ihre.

Meine Schwestern und ich verbrachten den Großteil unserer Kindheit zusammen, mehr als andere Geschwister. Wir wetteiferten nicht so sehr um die Anerkennung unserer Eltern, sondern um gegenseitige Bestätigung. Wir spielten regelmäßig und erfinderisch miteinander, aber wir lieferten uns auch konfliktreiche Konkurrenzkämpfe. Während wir zu Frauen heranwuchsen, drifteten wir in mancherlei Hinsicht auseinander und blieben in anderen Bereichen eng verbunden. Doch dicht unter der Oberfläche, unerforscht und unausgesprochen, lagen immer jene Rollen, die wir innerhalb der Familie angenommen hatten, jene Geschichten, die man uns erzählt hatte und die wir glaubten, jene Schlussfolgerungen, die wir übereinander und über uns selbst gezogen hatten.

GEGEN DEN STROM

Meine Eltern waren sozial denkende Intellektuelle, für die Religion auf der Evolutionsleiter zweitrangig war. Am untersten Ende dieser Leiter befanden sich einzellige Amöben, dann kamen Dinosaurier, dann abergläubische Höhlenmenschen, dann abergläubische Religionsanhänger, dann die Renaissance und Galileo und die Ursprünge der Wissenschaft. Alles, was klug und vorwärtsgerichtet war, stand ganz oben. So lautete der Lauf der Geschichte, wie ihn unsere Mutter uns lehrte, die an die Religion während ihrer Jugend noch immer eine besonders bitter schmeckende Erinnerung hatte. Sie kam aus einer tiefgläubigen Familie, Anhänger der Christian Science, die streng nach den biblischen Texten lebten, vor allem nach jenen, in denen es hieß, der Körper sei eine Illusion und Krankheit ein Zeichen von »mentalem Irrtum«. Nach Auslegung der Christian-Science-Glaubenslehre wurde man, wenn man eifrig betete, von allen Krankheiten geheilt, sogar vom Tod. Schenkte man also körperlichen Schmerzen Glauben oder ging, Gott bewahre, zum Arzt, so machte man sich zum Abtrünnigen des Glaubens. Selbst als meine Mutter und ihre Brüder schwer krank wurden, selbst als andere Glaubensmitglieder an einer ähnlichen Erkrankung wie ihrer starben, verweigerten meine Großeltern jegliche ärztliche Versorgung. Sobald meine Mutter irgendein Anzeichen von Schwäche zeigte – körperlich oder seelisch –, wurde sie aufgefordert, »die Wahrheit zu erkennen«, das Codewort im Christian Science für »sich zusammenzureißen«.

Meine Mutter sagte sich mit Mitte zwanzig von ihrem Glauben los, aber die Scham darüber, einen Körper zu besitzen, und das Unbehagen, für ihn sorgen zu müssen, überwand sie nie. Obwohl sie die Christian-Science-Glaubenslehre ihren Töchtern gegenüber nie offen propagierte, wiederholte sie manchmal dennoch einige ihrer abgedroschenen Sätze, vor allem, wenn wir krank waren. »Der Geist regiert«, ein Zitat aus dem Lehrbuch *Wissenschaft und Gesundheit*, das von den Anhängern des Christian Science verehrt wurde. Wir hatten keine Idee, was »der Geist regiert« wirklich bedeutete, aber wir saugten die Interpretation unserer Mutter förmlich in uns auf: Dein Körper ist eine Erfindung deiner geistigen Vorstellungskraft, wenn du also über Schmerzen oder Krankheit klagst, bist du ein Hypochonder.

Mein Großvater blieb bis zu seinem Tod mit Ende neunzig ein praktizierender Christian-Science-Anhänger. Während meiner Kindheit war er sehr präsent, und in meiner Erinnerung sitzt er immer in demselben Ohrensessel in unserem Wohnzimmer. Seine Pfeife liegt in einem Aschenbecher auf einem kleinen Tisch, und er liest zum gefühlt siebentausendsten Mal in *Wissenschaft und Gesundheit*. Ich besitze immer noch seine Ausgabe, in der nahezu jeder Satz hervorgehoben oder unterstrichen ist und sich am Rand fast jeder Seite ein Kommentar befindet. Meine Mutter machte sich über die Frömmigkeit meines Großvaters lustig, aber ich sah in ihm einen seelenverwandten Suchenden, obwohl mir als Kind noch das Vokabular fehlte, mich mit ihm auseinanderzusetzen und die offensichtlichen Fragen zu stellen. Erst als ich auf dem College war, ein paar Jahre vor seinem Tod, begann ich, mich mit meinem Großvater über spirituelle Fragen auszutauschen. Deshalb besitze ich seine zerfledderte Ausgabe von *Wissenschaft und Gesundheit*. Er schenkte sie mir, nachdem ich den Mut aufgebracht hatte, ihm Fragen zu einem quälenden Widerspruch zu stellen, der mir in seinem Weltbild aufgefallen war.

»Wenn der Körper eine Illusion ist«, fragte ich ihn, »warum isst du dann?«

Seine Antwort war das Buch. Er reichte es mir mit einem angedeuteten Lächeln. Mittlerweile kenne ich dieses Lächeln aus vielen Gesprächen, die ich mit anderen religiösen Menschen geführt habe, die die Bibel wörtlich nehmen. Es ist ein Lächeln zwischen Herablassung und Sorge. Es besagt: »Alle deine Fragen werden in diesem Buch beantwortet werden, mein Kind.« Aber es beinhaltet auch eine Bitte: »Kratze nicht zu tief an der Oberfläche. Entwirre nicht die Fäden, sonst fällt das ganze Ding in sich zusammen.«

Mein Vater kam aus einer ebenso tiefgläubigen jüdischen Familie. Er wurde dazu gezwungen, an den Gottesdiensten teilzunehmen, koscher zu essen und die Gebete auswendig zu lernen. Aber der Glaube setzte sich nicht fest. Nach seiner Bar Mizwa stampfte er mit dem Fuß auf, und bis er auf die Highschool kam, war er von allen religiösen Pflichten befreit. Ich habe ihn nicht als jüdisch wahrgenommen, genauso wenig wie meine Mutter als Anhängerin der Christian Science. Eher waren meine Eltern mit dem gleichen Eifer unreligiös, wie ihre Eltern fromm gewesen waren.

Wenn meine Eltern an irgendeinem heiligen Text klebten, dann war es der *New Yorker*, und wenn sie irgendetwas verehrten, dann die Dreifaltigkeit aus freier Natur, sozialer Gerechtigkeit und Literatur. Meine Mutter war Englischlehrerin. Sie las uns griechische Mythen und amerikanische Gedichte vor und nahm Grammatik unglaublich ernst. Mein Vater war ein Naturfreund und – völlig unpassend – Werber auf der Madison Avenue. Jeden Morgen fuhr er mit dem Zug von der immer noch bewaldeten Nordküste Long Islands nach New York City, wo er

Werbetexte und kurze Jingles schrieb. Jeden Abend kam er wieder nach Hause und unterzog seine Arbeit vor versammelter Mannschaft am Esstisch dem Familien-Test.

In der Zwischenzeit wurde ich mit einer tiefsitzenden, schmerzlichen spirituellen Sehnsucht geboren. Seit ich mich erinnern kann – ich war vielleicht vier oder fünf – lag ich nachts wach, und mein Herz klopfte zu dem ohrenbetäubenden Lärm der großen Fragen: Wo komme ich her? Was soll das Ganze hier? Wohin gehen wir, wenn wir sterben? Das Hausmittel meiner Mutter für meine existenziellen Sorgen bestand darin, mir Einblicke in die Werke von Jean Paul Sartre und Virginia Woolf anzubieten. Oder sie zitierte Charles Darwin oder Dr. King, eine Methode, mich in eine andere Richtung zu lenken – weg von der Selbstbeobachtung und hin zur Wissenschaft oder sozialem Handeln.

Mein Vater hatte nichts außer Ungeduld übrig für alles, was den Beigeschmack von In-sich-gehen und Erforschen der Seele hatte. Egal, was einen schmerzte, seine Antwort darauf lautete, man solle nach draußen gehen und in den Wäldern umherstreifen. Trotz der Tatsache, dass er in Brooklyn auf die Welt kam, wir auf Long Island lebten und er in Manhattan arbeitete, war er tief in seinem Herzen entschlossen, in die Heimat seiner Seele, in sein persönliches Jerusalem zurückzukehren: den Staat Vermont.

Wenn ich an die Zeit und den Ort meiner Kindheit zurückdenke – die 1950er- und 1960er-Jahre in einer amerikanischen Vorstadt –, und wenn ich dann an meine Eltern denke, dann muss ich lachen. Während die meisten Erwachsenen versuchten, Ward und June Cleaver nachzueifern, einem Ehepaar aus einer Fernsehkomödie, strebten meine Eltern eher Richtung Henry David Thoreau und Rosa Parks, der Schriftstellerikone und der berühmtesten schwarzen Bürgerrechtlerin. Sie waren vielleicht nicht die herzlichsten und verfügbarsten Eltern, aber ich war stolz darauf, ihr Kind zu sein, obwohl ich spürte, dass in ihrem übergreifenden Weltbild irgendetwas fehlte. Ich wusste nicht genau, was, aber ich war entschlossen, es herauszufinden. Ich war ein mystisch veranlagtes Kind, herrenlos umhertreibend in einer Familie aus Zynikern – eine Suchende in einem Boot ohne Riemen. Ich trottete den Nachbarn hinterher zum katholischen Gottesdienst und kaufte mir heimlich Gospel-Schallplatten. Nach der Ermordung von Präsident Kennedy und Dr. King pinnte ich ihre Fotos an die Wand in meinem Zimmer und schickte ihnen im Schutz der Dunkelheit meine Gebete.

Wann immer ich betete, legte ich eine Hand auf mein Herz und atmete in eine Stelle hinein, die sich wie ein klaffendes Loch anfühlte. Wenn es mir gelang, lange genug dort zu verweilen, füllte sich das Loch langsam, es fühlte sich an, als würde Wasser in einer Quelle aufsteigen. Dann breitete sich kurzzeitig ein Gefühl von Frieden in mir aus, ein Bezwingen des Drangs, Fragen zu stellen. Gleichzeitig war da noch ein anderer verwirrender Eindruck: Ich empfand das Aufsteigen des Wassers als etwas Romantisches. Mir fehlten die Worte, um dieses Gefühl zu beschreiben, und ich hatte niemanden, den ich hätte fragen können, da Gefühlsduselei bei uns zu Hause einem Verbrechen gleichkam.

Ich erinnere mich noch gut, wie ich den Satz »Gott ist Liebe« zum ersten Mal hörte. Ich war noch in der Grundschule. Meine Mutter verfolgte ihr abendliches Ritual: das Abendessen zubereiten und dabei im Radio die Nachrichten hören. Meine Schwestern und ich saßen am Küchentisch und machten Hausaufgaben. Dann kam die Meldung, dass heute der Jahrestag des legendären Ostersonntag-Konzerts der berühmten afroamerikanischen Opernsängerin Marian Anderson war. Meine Mutter hörte andächtig zu. Am Ende schaltete sie das Radio aus und erzählte uns die Geschichte von Marian Anderson in demselben ehrfürchtigen Ton, in dem Anhänger über die Gleichnisse ihres Glaubens berichten. »Versteht ihr Mädchen, was Ostern bedeutet?«, fragte sie uns, sehr wohl wissend, dass dem nicht so war, da wir keinerlei religiöse Erziehung genossen hatten. »Die wahre Bedeutung«, sagte sie, »hat nichts mit Eiern oder Hasen zu tun. Die wahre Bedeutung ist die, dass Gott Liebe ist.« Und dann erzählte sie uns, wie die konservative Frauenvereinigung *Töchter der Amerikanischen Revolution* sich geweigert hätten, Marian Anderson für ein Konzert in der Constitution Hall in Washington, DC, zu buchen, weil sie Afroamerikanerin war. Daraufhin trat die First Lady Eleanor Roosevelt – die Göttin meiner unreligiösen Mutter – aus der DAR aus und organisierte ein Open-Air Konzert am Ostersonntag 1939, das auf den Stufen des Lincoln Memorials stattfinden sollte.

»Die Sonne schien«, fuhr meine Mutter fort, »und fünfundsiebzigtausend Menschen jeder Hautfarbe kamen zusammen, um eine der weltbesten Künstlerinnen ›America‹ singen zu hören. Darum geht es an Ostern – um die Wiederauferstehung der Liebe. Wenn ihr euch gefragt habt, was manche Leute mit ›Gott ist Liebe‹ meinen, dann wisst ihr es jetzt.«

»Gott ist Liebe?«, fragte ich meine Mutter. »Aber das finde ich auch!« Meine Schwestern verdrehten die Augen.

»Nun ja, manche sagen das so«, antwortete meine Mutter leicht verärgert.

»Wer? Wer sagt, dass Gott Liebe ist?«, hakte ich nach, denn plötzlich erkannte ich in diesen Worten das Gefühl wieder, das ich beim Beten hatte.

»Leute, die in die Kirche gehen. Aber sie reden nur so daher. Sie sind wie Papageien«, sagte meine Mutter. »Sie lassen ihren Worten keine Taten folgen.«

»Aber vielleicht empfinden sie so beim Beten«, entgegnete ich. Meine Mutter warf mir einen eigenartigen Blick zu und schaltete das Radio wieder ein, womit sie deutlich machte, dass dieses Thema keine weitere Aufmerksamkeit verdiente. Doch es war zu spät. Meine Faszination war geweckt. Es schien, als wäre ich nicht allein mit meinen Herzklopfen verursachenden Gebeten, die die Quelle meines Herzens ansteigen und mich Liebe fühlen ließen. Andere Menschen hatten dasselbe gefühlt und redeten wahrscheinlich irgendwo darüber.

Als ich in die Pubertät kam, träumte ich öfters vom Kirchgang als von einem Date. Mit meiner besten Freundin nahm ich weiterhin an Gottesdiensten teil. Ich schaffte es irgendwie bis in den Beichtstuhl, ich kniete vor dem Altar, ich schmeckte vom Leib und Blut Christi, was sich für mich so anfühlte, als sei mir schwindelig vor Liebe. Als ich eines Mittwochnachmittags mit einem Aschekreuz auf der Stirn nach Hause kam, war meine Mutter entsetzt. Meine Schwestern krümmten sich vor Lachen auf dem Boden.

Nach dem berühmt-berüchtigten Aschermittwochsvorfall machte meine Mutter einen Riesenwirbel daraus, mir die Titelseite der April-Ausgabe des *Time Magazine* von 1966 unter die Nase zu reiben. Ich war dreizehn. Das Titelbild war schwarz. Darauf befanden sich in schreiend roter Schrift drei Worte: »IST GOTT TOT?«

»Siehst du?«, meinte meine Mutter.

Ich war beunruhigt, ließ mich aber nicht beirren. Ich ging in die Bibliothek und lieh mir Bücher von Autoren wie Thomas Merton aus, einem katholischen Mönch, dessen Autobiografie *Der Berg der sieben Stufen* mich hoffen ließ. Merton wurde ohne Glauben erzogen, und jetzt war er Mönch! Als ich aufs College ging, war ich begeistert davon, an derselben Uni zu studieren, an der Thomas Merton ein paar Jahrzehnte früher gewesen war – die Columbia University in New York City. Ich war am Barnard College, an dem nur Frauen studierten, schräg gegenüber der Columbia. Es war auch die Alma Mater meiner Mutter und ein Tummelplatz politischer Aktivisten. Während ich mich bei Antikriegs- und Bürgerrechts-Veranstaltungen einbrachte, fuhr ich ebenfalls mit der U-Bahn zu Kirchen, die Merton im *Berg der sieben Stufen* erwähnt hat. Genau wie er betrat ich eine davon und saß allein in der kühlen Düsternis, angsterfüllt, um Führung betend.

Von dem Augenblick an, in dem ich die Gestade der Kindheit hinter mir ließ, ruderte ich auf jenes Land zu, von dem meine Mutter und mein Vater willentlich davongesegelt waren. Ich schmiss das College am Ende des zweiten Studienjahrs und machte mich in Kalifornien auf die Suche nach einem Guru. In den 70er-Jahren gab es fernöstliche Meditationslehrer wie Sand am Meer, und ich wollte einen für mich finden. Ich war neunzehn. In meiner Generation ließen die meisten das Ethos der 60er-Jahre hinter sich und wollten eine Familie gründen oder ihre Karriere voranbringen. Das alles interessierte mich nicht, ich war auf der Suche nach Gott. Es fühlte sich an, als würde ich auf einem dicht bevölkerten Bürgersteig gegen den Strom in die andere Richtung laufen. Ich rannte gegen meine Erziehung an und gegen das, was kulturelles Allgemeingut war, und zwar mit einer Heftigkeit, die ich selbst nicht verstand. Am stärksten wurde mir das ganze Ausmaß meines Verhaltens bewusst, wenn ich nach Hause fuhr, aber nicht nur in Gegenwart meiner Eltern, sondern auch, wenn meine Schwestern da waren. Und ganz besonders bei Zusammentreffen mit meiner jüngeren Schwester Maggie.

AN BEDINGUNGEN GEKNÜPFTE WERTSCHÄTZUNG

Maggie und ich haben beide im August Geburtstag, zwei Jahre und acht Tage liegen zwischen uns. Mit vier Kindern überfordert, schlug meine Mutter zwei Fliegen mit einer Klappe und legte unsere Geburtstagspartys immer zusammen. Jahr für Jahr feierten Maggie und ich unsere Geburtstage gemeinsam an einem Sommertag, und keine von uns beiden hatte sich das so gewünscht. In den Fotoalben meiner Mutter springen einem die Rollen ins Augen, die wir innerhalb des Familiengefüges eingenommen hatten – ich die der Abweichlerin und Maggie die der Friedensstifterin. Auf einem Foto, als ich acht Jahre alt war und Maggie sechs, starre ich finster in die Kamera, während die kleine Maggie pflichtschuldig die Kerzen auf dem Kuchen ausbläst.

Die kleine Maggie. Sie war ein winziges, bezauberndes Wesen. Meine erste Erinnerung als ihre große Schwester ist der Drang, sie zu beschützen. Sie wirkte zu klein und zu zerzaust, als dass sie in einer Welt aus Schulbussen und Sportunterricht und Nachbarschaftsspielen, bei denen die älteren Jungs die kleineren Kinder schikanierten, über die Runden kommen könnte. Aber Maggie nahm von niemandem Hilfe an. Ihre schmächtige Statur kompensierte sie mit Starrköpfigkeit. Sie wollte nichts davon wissen, wenn Erwachsenen sie niedlich fanden und ihre Freundinnen Anstalten machten, sie wie eine Puppe durch die Gegend zu tragen. Bereits als kleines Mädchen eignete sie sich jede Menge Schimpfwörter an, und als Jugendliche war es ihr ein Bedürfnis, für die Außenseiter einzutreten. Sie wusste ihre eigene Selbstständigkeit und die der anderen zu schätzen, aber sie war auch der perfekte Beistand, wenn jemand Hilfe brauchte. Über die Gefühle anderer machte sie sich ständig Sorgen, während sie ihre eigenen Bedürfnisse und Fantasien an einem geheimen Ort versteckte. Dadurch war sie verführerisch und unerreichbar zugleich.

Ich dagegen war ein offenes Buch, ich gab alles von mir preis und war streitlustig und tiefsinnig – oft tiefsinniger, als es gut für mich war. Ich suchte Ansprechpartner und wollte sinnvolle Gespräche führen. Selbst als Kind überforderte ich Maggie damit, so dass sie sich mir entzog. Sie war zu klein, und ich machte zu viel Wind. Diesen Tanz führten wir während der gesamten Kindheit auf, und mit dem Älterwerden änderte sich nur die Choreographie. Manchmal begegneten wir uns irgendwo in der Mitte und waren Freundinnen, aber meistens blieb jede von uns in ihrer Ecke – im Haus, beim Monopoly, in der Nachbarschaft und auf dem Schulhof. Meine pompöse Aufgeblasenheit jagte ihr Angst ein, vor allem, wenn ich meinen Eltern Paroli bot. Ihre stumm-duldende Zurückhaltung nervte mich: Warum konnte sie nicht einfach sagen, was sie meinte, fordern, was sie wollte und ihre Geheimnisse mit mir teilen? Als wir auf die Highschool kamen, hatte jede von uns sich ihre eigene Welt zurechtgezimmert. Ich wurde nicht schlau aus ihr, also ignorierte ich sie. Sie konnte mich nicht in ruhigere Bahnen lenken, also ging sie mir aus dem Weg.

Viele Jahre lang umkreisten Maggie und ich uns in immer größer werdenden Kreisen. Monate nach meinem Highschool-Abschluss wurde bei uns zu Hause eingebrochen, und der Einbrecher versuchte, meine jüngste Schwester zu vergewaltigen. Meine Mutter gab ihren Job auf, das Haus wurde verkauft, und wir verließen Long Island und kehrten »aufs Land zurück« –

auf eine baufällige Farm in einem winzigen Kaff in Vermont. Maggie und meine jüngste Schwester gingen noch auf die Highschool, also zogen sie mit aufs Land. Eigentlich sollten wir alle diese Richtung einschlagen: die Richtung, die nach Meinung meines Vaters die ganze Welt einschlagen sollte. Nur der liebe Gott weiß, ob meine Mutter ein Leben als Bäuerin auf dem Lande führen wollte – es könnte gut sein, dass keiner von uns jemals wusste, was meine Mutter wirklich wollte. Aber sie tat zumindest so. In Wirklichkeit wäre ein Nein – ein Nein zu dem Wunsch, diese schmutzige, sogenannte zivilisierte Welt zu verlassen und gen Norden in die Wälder zu ziehen – gleichbedeutend mit Verrat gewesen. Wenn man ein guter Mensch war, ein moralischer Mensch, dann wirkte man den Übeln unserer Konsumgesellschaft dadurch entgegen, dass man nie wieder den Freeway benutzte, keinen Fernseher besaß oder sich in keinem Einkaufszentrum blicken ließ.

Maggie und ich übernahmen das Weltbild unserer Familie auf unterschiedliche Weise. Während ich gegen den Vietnamkrieg auf den Straßen New Yorks demonstrieren ging, studierte sie Botanik am Antioch College in Ohio. Während ich per Autostopp nach Kalifornien reiste, auf der Suche nach einem Guru, ging sie mit meiner älteren Schwester in den Bergen von Wyoming Wandern und Skifahren. Als ich in eine spirituelle Kommune eintrat, fing sie eine Ausbildung an einer Krankenpflegeschule an. Und dann zog Maggie – für uns alle überraschend – zurück in das winzige Dorf meiner Eltern, um ihren Highschool-Freund zu heiraten. Mit dieser Verbindung übertrumpfte sie sogar meine Eltern. Das Einheiraten in eine alteingesessene Vermonter Familie war wie eine Green Card. Die tiefe Verwurzelung ihres Ehemanns in New England verknüpfte sie mit Generationen von Vermontern. Meine Eltern würden für immer »Flachlandbewohner« bleiben, Flüchtlinge aus New York, leicht suspekte Außenseiter, den Stempel ihrer kosmopolitischen Vergangenheit für immer aufgedrückt. Maggie hingegen hatte ihre zwielichtige Herkunft mit einem Satz übersprungen. Sie gehörte jetzt dazu. Unter Anleitung ihres Ehemanns lernte sie, wie man Landwirtschaft betrieb, Tiere schlachtete und zu Wurst verarbeitete, Holz fällte, Scheunen baute, Ahornsirup herstellte und von dem lebte, was der Boden hergab, abgekoppelt vom Versorgungsnetz. Sie erschuf für sich das Leben, das mein Vater sich immer gewünscht hatte. Und bewies so, dass sie das brave Mädchen war – diejenige, die dem Strom zurück an die Küste folgte –, und ich die Abtrünnige, die ihren eigenen Weg ging, der nicht der richtige war.

Als wir Schwestern alle erwachsene Frauen waren, mit unseren eigenen Familien, war ich die Einzige, die nicht in Vermont lebte, die nicht ihr eigenes Holz hackte und stapelte, die Fernsehen glotzte und ab und zu aus dem Einkaufszentrum unnötiges Plastikspielzeug für ihre Kinder anschleppte. In den Ferien nach Hause zu fahren, war oft eine Übung darin, mich selbst zu verlieren. Alles, von meinen Klamotten bis zu meinem Auto, von meinem Wohnort bis zu meiner Arbeitsstelle, fühlte sich falsch an. Mein Leben war zu überbordend, zu stark verwoben mit der Welt da draußen zum einen und der sonderbaren inneren spirituellen Welt zum anderen. Maggies Leben passte da besser ins Familienbild. Sie und ihr Ehemann hatten sich ein Holzhaus gebaut, am Ufer des Saxtons River, weiter unten in der Straße, in der meine Eltern wohnten, in einem typischen kleinen Dorf in der unberührten Landschaft Vermonts. Es war ein raues und ehrliches Leben. Im Vergleich dazu fühlte sich meins schal und erbärmlich an. Ich schlug keinen Hühnern den Kopf ab oder sprang in einer sternenklaren Nacht nach einem von Holz befeuerten Saunagang in ein eiskaltes Wasserloch. Niemand hat mir je ins Gesicht gesagt, ich sei ein Weichei, aber ich fühlte mich so, wenn ich Maggie dabei beobachtete, wie sie einen Hammer schwang oder Honig aus den Wabenrähmchen kratzte, während die Bienen um ihren Kopf herumschwirrten. Alles, was sie tat, kam mir so heldenhaft vor.

Zurück in meinem eigenen Leben war ich mitnichten ein Faulpelz. Ich leitete eine große Organisation, ich schrieb Bücher, ich war eine alleinerziehende Mutter. Ich traf schwierige Entscheidungen, als erwachsener Mensch. Manche dieser schwierigen Dinge waren so schwierig, dass ich mich in Therapie begab – was ebenfalls Mut voraussetzte, aber nicht die Art von Mut, die in unserer Familie hochgehalten wurde. Psychotherapie war ganz gewiss nicht Teil des Wertekodex meiner Eltern. Es widersprach allem, was ihnen heilig war: Charakterstärke, emotionale Zurückhaltung und Selbstgenügsamkeit. Carl Rogers, einer der Pioniere der psychotherapeutischen Forschung Amerikas, schrieb über an Bedingungen geknüpfte Wertschätzung und Verhaltensvorgaben, von denen Kinder überzeugt sind, sie erfüllen zu müssen, um geliebt zu werden und Kritik zu vermeiden. Kinder verinnerlichen diese Bedingungen für Wertschätzung und münzen sie zu Instruktionen um. Kommt man schließlich an den Ufern des Erwachsenseins an, verbringt man, wenn man Pech hat, den Rest des Lebens damit, sich unreflektiert nach diesen Mustern zu verhalten, oder man stellt sie, wenn man Glück hat, auf den Prüfstand. Und trifft dann die Wahl, welche der Instruktionen zu einem passen und welche man überwunden hat.

An Bedingungen geknüpfte Wertschätzung ist nicht zwangsläufig schlecht – Familien- und Gesellschaftsverbände benötigen Standards, auf die sich alle geeinigt haben. Wenn ein Kind ein anderes Kind beißt und ein Elternteil seinen Missfallen darüber zum Ausdruck bringt, beginnt das Kind zu verstehen, dass es andere Kinder besser nicht beißt, wenn es in der

Sippe akzeptiert werden will. Wir sehnen uns vielleicht danach, sowohl bedingungslos zu lieben als auch bedingungslos geliebt zu werden, aber das ist kaum zu schaffen – außer man ist ein Heiliger oder ein Eremit, dessen Theorien niemals Begegnungen mit echten Menschen standhalten müssen. Was man aber schaffen kann, ist, darauf zu achten, wenn wir jemandem übertriebene Bedingungen für Wertschätzung aufzwingen, oder wenn diese Bedingungen lediglich unseren eigenen, nicht hinterfragten Ansichten und Gewohnheiten entsprechen, die nicht zwangsläufig mit dem inneren Kompass eines anderen Menschen übereinstimmen.

Die Bedingungen, an die die Wertschätzung meiner Eltern geknüpft war, deckten das gesamte Spektrum von klug bis lächerlich ab. Beide Elternteile stellten hohe Anforderungen, wenn es um soziale Gerechtigkeit ging. Sie erwarteten von ihren Töchtern, informiert zu sein, sich um andere zu kümmern und etwas Wertvolles für die Welt zu leisten. Es genügte nicht, dass wir nur zur Schule gingen, mit unseren Freunden spielten und im Haushalt halfen. Schon als Kinder bekamen wir die Botschaft vermittelt, dass unsere Leben nicht nur uns gehörten – sondern dass wir, konfrontiert mit Leid und vorgefassten Meinungen, die Pflicht hatten, etwas dagegen zu unternehmen. Dies ist eine Bedingung für Wertschätzung meiner Eltern, die ich in Ehren halte. Indem wir versuchten, ihren Ansprüchen gerecht zu werden, wuchs in meinen Schwestern und mir der Mut heran, sich für die Dinge einzusetzen, an die wir glauben.

Aber selbst die klügsten Bedingungen für Wertschätzung haben ihre Schattenseiten. Für Menschen, die Toleranz predigten, waren meine Eltern erstaunlich intolerant. Meine Mutter war in fast allen Dingen ein echter Snob – wie die Nachbarn ihre Häuser an Weihnachten mit Dekoration überhäuften, wie Teenager die englische Sprache entwürdigten, wie doch Fernsehen und Disneyland als das wahre Opium für die Massen fungierten. Mein Vater dagegen nahm die Plünderung der Natur persönlich. Er hegte seinen Groll auf die Nachbarn, die in den Häusern des Neubaugebiets schräg gegenüber von uns wohnten. Ihr Lebensstil war *falsch* – wie sie ihre Autos mit dem Gartenschlauch wuschen (Wasserverschwendung) oder ihre Wahl »protziger« Gartenbepflanzung (besonders die pinkfarbenen Azaleen) oder die Gartenstühle aus Plastik, die sie stolz auf ihrem unkrautfreien (giftig) Rasen zur Schau stellten. Sowohl meine Mutter als auch mein Vater trugen Trauer, als auf dem Boden der eigentlich letzten verbliebenen Farm nicht weit von uns ein Einkaufszentrum entstand. Und als wäre das noch nicht schlimm genug, bekam es den Namen Walt Whitman Mall verpasst, wegen seiner Nähe zu dem kleinen Haus, in dem Whitman geboren wurde. Das Zusammentreffen der frevelhaften Schändung des Farmlands und der Entehrung des amerikanischen Dichters vereinte meine Eltern in ihrer Entrüstung.

Ich bin stolz auf das Eintreten meiner Eltern für Gerechtigkeit und Naturschutz. Sie waren ihrer Zeit voraus. Ich habe versucht, ihre Fackel weiterzugeben. Aber ich habe auch ihre Intoleranz geerbt. Mutter Teresa sagte einmal: »Das Hauptproblem auf dieser Welt ist, dass wir den Kreis, wer zur Familie gehört, zu eng ziehen.« Den Kreis der Familie um die Menschen zu erweitern, die keine Grammatikregeln beherrschen, politisch anderer Meinung sind und auf Gartenstühlen aus Plastik sitzen, ist eine anstrengende Lebensaufgabe für mich – die Rädchen in meinem Kopf in die entgegengesetzte Richtung in Bewegung zu setzen als in die des verinnerlichten Wertempfindens meiner Eltern.

Denn die Sache ist die: Wir können unseren Kindern sehr wohl Wertvorstellungen und Bräuche, die wir schätzen, weitergeben, ohne diese »schlechten« Menschen auf der anderen

Straßenseite oder auf der ganzen Welt zu verteufeln. Und wir können damit anfangen, indem wir uns entspannen, wenn unsere Kinder Neigungen oder Interessen an den Tag legen, die mit denen kollidieren, an die unsere Bedingungen für Wertschätzung verknüpft sind. Eltern zu sein ist der härteste Job der Welt. Eingezwängt in einem straff organisierten Familienalltag, drängen wir unseren Kindern blind unzählige dieser Bedingungen auf. Manche davon schleppen wir seit unserer eigenen Kindheit mit uns herum. Andere agieren wir aus, ohne ihre Gültigkeit genauer zu hinterfragen, weil sie uns von der Kirche oder dem Staat eingetrichtert wurden. Man kann eine ganze Liste von weit verbreiteten psychischen Leiden – Depressionen, Angstzustände, Wutausbrüche, Unentschlossenheit – auf das schieben, was passiert, wenn unser sehr menschliches Bedürfnis, akzeptiert zu werden, mit der gleichermaßen überwältigenden Sehnsucht kollidiert, sich selbst »treu zu sein«.

Als ich mit Anfang dreißig eine Therapie machte, begann ich, die Bedingungen für die Erfahrung, wertgeschätzt zu werden, zu ermitteln, die mein Leben ohne meine Einwilligung bestimmten. Glaubte ich wirklich daran, dass ich, um ein guter Mensch zu sein, um geliebt und wertgeschätzt zu werden, immerzu Charakterstärke, emotionale Zurückhaltung und Selbstgenügsamkeit beweisen musste? Dass ich auf eine bestimmte Art leben muss, an einem bestimmten Ort und mit einer bestimmten Sorte Menschen? Am Anfang hatte ich furchtbare Angst davor, diese Fragen zu erforschen, als würde allein schon die Tatsache, sie überhaupt zu stellen, aus mir jemanden machen, der nicht liebenswert ist. Langsam, aber sicher jedoch gelang es mir, die Fäden meines erwachsenen Ich und die Fäden meiner Kindheit zu entwirren und den Wert meines Selbst selbst zu bestimmen. Es war eine befreiende Erfahrung, und sie schenkte mir nicht nur die Freiheit, ich selbst zu sein. Da ich meine von mir selbst verbannten Anteile lernte zu akzeptieren, fiel es mir leichter, auch andere Menschen zu akzeptieren – alle Menschen.

Aber nichts brachte mich schneller wieder an den Nullpunkt meiner Erfahrungen als ein Besuch bei meiner Familie. Bereits während der Fahrt auf der unbefestigten Straße zu Maggies Haus konnte ich spüren, wie Teile meines gerade erwachsen gewordenen Selbstwertgefühls wieder verloren gingen, als stünde der Kofferraum offen, und die Koffer plumpsten einfach heraus. Wenn ich die grob gehauenen Stufen zu ihrer Eingangstür erklomm, fühlte ich mich auf all das reduziert, was ich nicht war. Ich war keine auf dem Land lebende, heimwerkende Selbstversorgerin. Ich war nicht Laura Ingalls Wilder, die Heldin unserer Kindheit aus »Unsere kleine Farm«. Und das Allerschlimmste: nachdem ich das Undenkbare getan und mich hatte scheiden lassen, war ich nicht einmal mehr eine aufopferungsvolle verheiratete Frau! Maggie, die glückliche und rechtschaffene Maggie, verkörperte alles, was richtig war. Zumindest glaubte ich das.

Mittlerweile weiß ich, dass Maggie genauso Angst davor hatte, Teile ihrer selbst in meiner Gegenwart zu verlieren. Dass sie mich insgeheim bewunderte – meinen Mut, mein Leben unter die Lupe zu nehmen, den Mund aufzumachen, wann es mir passte und mich gegen die Kräfte zu behaupten, die bei der Arbeit, zu Hause und da draußen in der weiten Welt auf mich einwirkten. Ich wusste damals nicht, dass meine Anwesenheit sie inspirierte und gleichzeitig einschüchterte. Sie war fest entschlossen, in den Augen meiner Eltern und ihres Ehemanns und der Ärzte, für die sie arbeitete, das brave Mädchen zu sein. Wenn sie nicht länger an dieser starren Identität festhielt – diesem glücklichen, tatkräftigen, braven Mädchen – und einfach losließ, was würde dann aus ihrem Leben? Heute weiß ich, dass Angst uns daran hinderte, damals schon die Art von Freundinnen zu sein, die wir später wurden. Wir liebten uns innig, aber sie hatte Angst davor, mir zu nahe zu kommen. Ich hatte einen schlechten Einfluss; ihr Leben würde vielleicht ins Chaos stürzen, wenn sie sich mir öffnete. Und ich hatte Angst davor, ihrem Widerstand die Stirn zu bieten. Was, wenn sie Recht hatte mit ihrem Urteil über mich? Was, wenn ich immer die falsche Wahl getroffen hatte?

Ich trauere um diese verlorenen Jahre. Und erst recht trauere ich um das, was erforderlich war, damit wir wieder zueinander fanden.

WAS DIE SEELE SAGT

Die Telefonbombe mit den Neuigkeiten über Maggies Erkrankung explodierte genau in der Woche im August, in der wir als kleine Mädchen unseren Geburtstag mit einer gemeinsamen Party feiern mussten. Aber jetzt waren wir keine kleinen Mädchen mehr, sondern, wie Maggie es ausdrückte, erwachsene Frauen mit dicken Hintern. Ich war gerade fünfundfünfzig geworden, bei Maggie stand der zweiundfünfzigste Geburtstag an. Beide hatten wir erst vor Kurzem begonnen, unsere Leben wieder enger miteinander zu verflechten. Diese Veränderungen schufen die besten Voraussetzungen für eine neue Art von Schwesternschaft. Unsere Eltern waren gestorben – zuerst mein Vater, auf eine Art und Weise, die so gut zu seinem Lebensstil passte, dass sein Tod wie die Schlusspointe einer großartigen Geschichte wirkte. Mit damals fünfundachtzig war er besser in Form, als viele Menschen es mit fünfundzwanzig sind. Eines Tages ging er Skifahren, kam nach Hause, aß zu Abend, ging ins Bett, las ein Kapitel in seinem Lieblingsbuch, *Krieg und Frieden*, machte das Licht aus, schlief ein und wachte nie wieder auf. Ein paar Jahre später starb meine Mutter, und auch sie auf die Art und Weise, die zu ihrem Leben passte. Jahrelang hatte sie uns etwas verheimlicht: Sie litt unter einer ernsten, aber behandelbaren Krankheit, die sie jedoch jahrelang nicht behandeln ließ. Als wir es herausfanden, kam jede Hilfe für sie zu spät. Der Tod unserer Eltern hinterließ riesige Löcher in unseren Leben, und meine Schwestern und ich bemühten uns, sie gegenseitig füreinander zu stopfen.

Und dann, nur wenige Monate nach dem Tod unserer Mutter, verließ Maggie ihren Ehemann. Auch sie hatte uns etwas verheimlicht. Ihre Ehe, die immer so widerstandsfähig und stabil gewirkt hatte wie ihr Holzhaus, war in Wahrheit extrem schwierig. Als die Geschichte durchsickerte, wurde ich daran erinnert, wie wenig wir Bescheid wissen, was diejenigen, die uns am nächsten stehen, auf dem Herzen haben, und dass ihre Realität oft so ganz anders ist, als wir es uns vorstellen. Es gab wohl schon länger Ärger im Paradies, Ärger, für den Maggie sich so sehr schämte, dass sie niemandem davon erzählte. Ärger, der ihr so viel Angst einjagte, dass sie sich nicht traute wegzugehen. Aber dann ging sie doch – weg von dem Haus am Fluss, den Gärten, den Tieren, den Bienen und dem Atelier, von dem aus sie mit ihrer Kunst jahrelang die Familie ernährt hatte. Ihre Kinder waren beide auf dem College. Unsere Eltern waren tot. Die Zeit war reif. Also schleuderte sie sich aus dem Sonnensystem ihres kleinen Dorfes und weg von der Anziehungskraft ihrer Eltern, ihrer angeheirateten Familie und ihres Mannes.

Kurz vor dieser Sache und nur wenige Monate vor dem Tod meiner Mutter wurde mein zweites Buch veröffentlicht. Meine Mutter war stolz darauf, aber sie genierte sich auch dafür. In der Eröffnungsgeschichte geht es um eine Sitzung mit einem Medium in einer Wohnwagensiedlung. Meine Mutter hatte das Manuskript bereits in einem frühen Stadium gelesen. Hauptsächlich bezog sich ihre Kritik auf Grammatikfehler, aber sie bekniete mich auch, die Geschichte mit dem Medium wegzulassen. Sie schien keine Probleme mit den Stellen über Sex oder Scheidung zu haben – aber die Hellseher-Story verunglimpfte ihrer Meinung nach den restlichen Inhalt. Und sie strich regelmäßig das Wort »Seele« aus dem Text und schlug vor, Gott kleinzuschreiben. (»Stell dir Gott wie einen Eigennamen vor, wie Bob zum Beispiel«, sagte ich in dem Versuch, an die Englischlehrerin in ihr zu appellieren.)

Die Geschichte über das Medium blieb im Buch, und wie sich herausstellen sollte, war es genau die, die Maggie am meisten bedeutete. Ich hatte niemals erwartet, dass Maggie das Buch auch nur aufschlagen würde. Sie war eine passionierte Leserin, aber ihr gefiel nichts, was nur im Entferntesten nach Hilfe zur Selbsthilfe roch. Sie mochte Romane oder Sachbücher über Imkerei und Brotbacken. Dann verstarb meine Mutter und Maggie brach aus ihrer Ehe aus. Es geht doch nichts über eine traumatische Erfahrung, um die eigenen Lesegewohnheiten zu verändern. Eine Passage aus der Hellseher-Story schrieb Maggie mit der Hand auf eine Karteikarte, die sie in ihrem Auto deponierte. Eine ganze Weile lang war ihr Auto alles, was sie besaß. Sie fuhr in ihrem Auto davon, und sie bewahrte ihre Sachen darin auf, einschließlich der Karteikarte im Handschuhfach.

Manchmal nagten Angst und Schuld über das Ende ihrer Ehe und den Verlust ihrer Familie und ihres Zuhauses an Maggies Entschlossenheit. Wenn sie als mobile Krankenschwester auf irgendwelchen Nebenstraßen herumfuhr, spürte sie, wie das Auto zurück zu ihrem Haus fahren wollte, als wüsste es besser als sie selbst, wo es langging. Dann hielt sie am Seitenstreifen an, öffnete das Handschuhfach und las die Passage aus meinem Buch: »›Es ist an der Zeit, dass du dem Ruf deiner Seele folgst‹, sagte der Hellseher mit Nachdruck. ›Sie ruft, aber du hast zu viel Angst, um ihr zuzuhören. Du glaubst zu wissen, was wichtig ist, aber dem ist nicht so. Du glaubst, Sicherheit sei wichtig, aber das ist weder hier noch dort von Bedeutung. Wichtig im Leben ist, Lehren aus der Seele zu ziehen.‹«

Dort am Straßenrand diskutierte Maggie mit der Karteikarte: »Was meinst du mit den ›Lehren der Seele‹? Welche Lehren könnten denn wohl wichtiger sein als eine intakte Familie oder ein Eheversprechen oder ein Zuhause? Und was soll denn die ›Seele‹ sein?« Sie erzählte mir zuerst, ihre Fragen hätten sich an das Medium gerichtet, aber später gab sie zu, dass sie auch mit mir gestritten hat. »Tausche ich das alles für *das hier* ein?«, fragte sie laut und sah sich dabei in ihrem vollgestopften Auto um, in dem sich die Überreste ihres vorherigen Lebens befanden – Kartons mit Krankenakten, Kisten mit Spezimen von Blumen, die sie für ihre botanischen Drucke gepflückt, getrocknet und gepresst hatte, und dazwischen Wintermäntel und -stiefel in Müllsäcken.

Die Stimme der Seele ist, obschon gewaltig, nicht laut. Andere Stimmen sind lauter – die Stimme der Angst, die Stimme des Vorwurfs, die Stimme der Schuld oder der Leugnung oder der Verzweiflung. Manchmal denke ich, dass die Stimmen im Kopf wie ein wild gewordenes Orchester sind. Trompeten schmettern, das Schlagzeug dröhnt, und beide übertönen das ergreifende Geigensolo und die zarte Melodie der Flöte. Ohne das Wissen der führenden Hand desjenigen, der das gesamte Musikstück versteht, ohne den Dirigenten, ist es einfach nur Lärm.

Die Seele ist der Dirigent. »Übertrage der Seele die Verantwortung für dein Leben«, hatte der Hellseher zu mir gesagt. Ich befand mich damals mitten in meiner eigenen, trostlosen Scheidung – als ich alles veränderte, um etwas zu bekommen, das ich nicht benennen konnte, noch nicht mal für mich selbst. Was für ein Ruf war das, der aus einem Schmerz tief in meinem Innersten zu kommen schien? Diesem Was-auch-immer würde ich die Verantwortung für mein Leben übertragen? Auch ich habe lange mit meiner Seele debattiert, bis ich sie schließlich als mein klügstes Selbst, meinen Kompass kennengelernt habe, der mich zu einer anderen Art von Sicherheit führt, einer inneren Stabilität, die bei Weitem alles übertrumpft, was der Lärm in meinem Kopf sich vorstellen kann. Ruhig genug zu werden, um die Stimme der Seele zu hören, wurde mir zur Gewohnheit. Den Unterschied zu begreifen, was meine Seele war und was meine Furcht, Schuld oder mein Stolz, wurde meine Bestimmung. Nach der Seele zu graben und dann allen Mut zusammenzunehmen, um ihr die Verantwortung für mein Leben zu übertragen.

Ich begab mich auf die Suche nach Menschen, deren Seele bereits in der Verantwortung zu sein schien. Sie hatten ein gewisses Aussehen. Eine gewisse Statur: stark, und dennoch bescheiden, sachlich, und dennoch humorvoll, beeindruckend, und dennoch ganz normal. Sie wirkten entschlossen und selbstsicher, und gleichzeitig spürte man, dass sie alles stehen und liegen lassen würden, wenn man sie brauchte. Als ich auf einer Tagung Dr. Maya Angelou hinter der Bühne kennenlernte, begegnete ich meiner Ikone beseelter Lebensfreude. Sie ist die Person, an die ich denke, wenn ich den Kontakt zu meiner eigenen Seele verloren habe. Ich beschwöre das Bild ihres aufrechten Selbst herauf, wie sie gerade in hochhackigen knallroten Schuhen und mit einem noch knalligeren roten Lippenstift zum Rednerpult schreitet. Und das Bild ihrer würdevollen Körperhaltung. Daran erinnere ich mich am stärksten – wie sie sich auf dem Weg die Bühne hinauf bewegte und ihren Vortrag mit der ersten Strophe ihres Gedichts »Ich weiß, warum der gefangene Vogel singt / I Know Why the Caged Bird Sings« beginnt:

A free bird leaps
on the back of the wind
and floats downstream
till the current ends
and dips his wing
in the orange sun rays
and dares to claim the sky.

Ein Vogel in Freiheit hüpft
auf den Rücken des Windes
und schwebt flussabwärts
bis der Strom endet
und breitet seine Flügel aus
in den orangen Sonnenstrahlen
und wagt es, den Himmel zu erobern.

Genau das passiert, wenn man der Seele die Verantwortung für das eigene Leben überträgt. Man wagt es, den Himmel zu erobern. Dieser Himmel ist für jeden anders. Für den einen bedeutet der Himmel vielleicht, ein Kind zu bekommen, Vater oder Mutter zu sein, eine Familie zu gründen. Aber für jemand anderen bedeutet es, niemals Kinder zu bekommen, sondern die Welt zu bereisen oder die Welt zu retten. Ihr Himmel bedeutet vielleicht, dass Sie Ihre Arbeitsstelle kündigen, für jemand anderen bedeutet es, darum zu kämpfen. Ihre Eroberung des Himmels ist vielleicht ein Akt der Unterwerfung – dieser Moment, in dem man endlich lernt, wie man den anderen liebt. Oder aber Ihre Eroberung des Himmels findet statt, wenn Sie endlich aus einer Beziehung ausbrechen, die die Seele erniedrigt, und Sie somit Anspruch erheben auf Ihre Freiheit. Sie kennen Ihren Himmel. Sie streiten sich mit Ihrer Seele, anstatt ihr die Verantwortung für Ihr Leben zu übertragen.

Maggies Streit dauerte viele Monate, eigentlich sogar Jahre, weil sie, selbst nachdem sie ein Quäntchen Frieden durch die Eroberung ihres Himmels gefunden hatte, die Stimme ihrer Seele häufig nicht hören konnte, und wenn doch, dann glaubte sie einfach nicht daran, dass sie es verdient hätte, ihrem Ruf zu folgen. Ein Jahr, nachdem sie die Wahrheit über ihre Ehe erzählt hatte, ein Jahr, nachdem sie entwurzelt und obdachlos geworden war, ein Jahr, nachdem sie zum ersten Mal in ihrem

Leben für sich selbst einstand, spielte Maggies Körper verrückt. Die Gene in der DNA einer einzigen winzigen Stammzelle mutierten zu einer aggressiven Krebszelle und breiteten sich rasend schnell in ihrem Körper aus.

Einen Tag nach meiner Abreise aus Montana, an Maggies Geburtstag, traf ich sie im Dartmouth Medical Center in New Hampshire, wo sie die Diagnose Mantelzelllymphom im Stadium IV erhielt. Meine einzige deutliche Erinnerung an diesen Tag ist, wie ich dem Arzt zuhöre, der Maggie sagt, dass sie sterben wird – bald sterben wird –, wenn sie nicht noch am selben Nachmittag mit der Behandlung beginnt. Als er den Therapieplan beschrieb – Chemotherapie, Bestrahlung, monatelanger Krankenhausaufenthalt, ein Jahr Isolation –, fiel Maggie in Ohnmacht und rutschte vom Behandlungstisch. Ich stürzte los, um sie aufzufangen. Als ich dann mit ihr auf dem kalten Krankenhausboden saß und sie im Arm hielt, spürte ich, wie meine Eltern mich in ihre Arme nahmen. Und genau dann, an diesem Ort, gelobte ich ihnen, dass ich alles tun würde, um meiner Schwester zu helfen.

Das erste Jahr ihrer Behandlung war ein Wettrennen darum, was sie zuerst umbringen würde: der Krebs oder die Medikamente. Aber sie war so stark wie immer, und irgendwann war sie es, die das Rennen gewann. Sie kam in Remission. Sie nahm ihre Arbeit als Krankenschwester wieder auf, in ihrer ländlichen Gemeinde, wo sie bekannt und beliebt war als Dr. Maggie. Sie setzte ihre künstlerische Arbeit fort, sammelte und konservierte die Pflanzenwelt und machte daraus meisterhafte botanische Drucke, die sie auf Kunsthandwerksmessen und in Galerien verkaufte. Das Beste war, dass sie wieder ein Zuhause fand und einen wundervollen Partner – Oliver. Sie hatte sich schon vor der Diagnose in ihn verliebt, und er begleitete sie durch jede einzelne grauenvolle Therapiesitzung. Das Wort «geheilt« fing an, immer häufiger bei ihren zusehends seltener werdenden Krankenhausbesuchen aufzutauchen.

Während dieser fünf Jahre in Remission dachte ich oft an den Flug von Montana zurück, und ich höre, wie meine Seele mich ermahnt, Vertrauen zu haben.

»Du wirst sehen«, hatte meine Seele mir gesagt, »deine Schwester wird daran wachsen. Sie wird über sich selbst hinauswachsen. Alle, die sich mit ihr auf die Reise begeben, werden auf diesem Weg, den ihre Seele gewählt hat, überraschende Reichtümer ans Licht bringen.«

»Ja, ja«, sagte ich dann zu meiner Seele. »Du hast leicht reden mit Blick aufs große Ganze und deinem Gespür für Bedeutungen.«

Aber wir *wuchsen* alle daran, und wir brachten *überraschende Reichtümer ans Licht*. Und zwar in einem solchen Ausmaß, dass ich im Laufe der Jahre – erst einem, dann zwei, dann fünf und dann sieben – zu der Ansicht gelangte, wir wären genug gewachsen und hätten genügend Schätze gehoben. Ich stellte mir vor, dass dieser Weg, den ihre Seele gewählt hatte, auf einem Hochplateau aus Gesundheit und Stabilität und wohlverdientem Glück endete. Und während sie also ihr Leben wieder aufbaute, kehrte ich zurück in meins.

Zweiter Teil

DAS MARK DER KNOCHEN

Hinter der grauen Fassade
unserer mühseligen Tage
verbergen sich lauter prächtige Wunder,
wir ahnen es nur nicht.

SUE MONK KIDD *DIE BIENENHÜTERIN*

DIE ÜBEREINSTIMMUNG

Und dann kam der Krebs doch ganz plötzlich zurück, nach sieben Jahren. Oder genauer gesagt, er hatte sich der Behandlung nie ganz unterworfen. Ein paar kleine Zellen (und vielleicht wieder nur eine einzige) haben überwintert. Jetzt sind sie wieder wach und vervielfältigen sich in Maggies Blut, in ihren Lungenflügeln, ihren Lymphknoten. Sie hat es schnell gemerkt, aber der Krebs breitet sich noch schneller aus, und die einzige Möglichkeit, ihn diesmal zu bezwingen, ist eine Knochenmarktransplantation von einem genetisch übereinstimmenden Spender. Davor muss diese passende Person erst gefunden werden. Aber noch vor der Spende muss Maggie sich einer Chemotherapie unterziehen, die potenziell tödlich enden kann. Und sie muss diesmal eine hochdosierte Strahlentherapie über den ganzen Körper ertragen – damit ihre vom Krebs befallenen Blutzellen komplett zerstört werden, um den Zellen des Spenders Platz zu machen, falls eine passende Person gefunden wird. Mir gefiel nie, dass Krebsbehandlungen mit ähnlichem Vokabular beschrieben werden wie Kriege, aber unter diesen Umständen scheint es angemessen. Maggie gegenüber erwähne ich nichts davon, aber ich habe vor Kurzem gelesen, dass die Chemotherapie nach dem Ersten Weltkrieg entwickelt wurde, als in den Knochenmarkszellen der Soldaten, die im Krieg Senfgas ausgesetzt gewesen waren, Mutationen festgestellt wurden.

Zuerst verweigert Maggie die Behandlung, selbst als die Ärzte ihr erklären, dass sie ohne Therapie nur noch ein paar Wochen am Leben bleiben wird. Die Erinnerung, wie es beim letzten Mal ablief, überrollt sie wie ein Lastwagen, der eine Straße entlangrast und mit voller Wucht in ihre Würde donnert. Sie kann nur noch an das Erbrechen und die Halluzinationen denken und daran, wie ihr die Haare ausgefallen waren und sie wie ein Gespenst vor sich hin vegetierte, während die Welt da draußen an ihr vorüberzog.

»Ich werde das alles nicht noch mal durchmachen«, verkündet sie dem Arzt, als wir an einem eiskalten Februartag in seinem Behandlungszimmer am Dartmouth Medical Center in New Hampshire sitzen. Entsetzt stellen wir fest, dass es derselbe Raum ist wie vor sieben Jahren, derselbe Arzt, dieselbe Krankenschwester, die gleichen Fragen, das gleiche Fehlen von überzeugenden Antworten. Wir überschütten den Arzt mit Fragen: Wird eine Transplantation funktionieren? *Bei manchen, ja.* Wird sie die Behandlung überleben? *Viele Leute tun das.* Wie hoch ist die Überlebensrate? *Diese Art von Statistik ist nicht sehr hilfreich.* Wie lange leben die Leute nach einer Transplantation? *Das hängt von vielen Faktoren ab.*

Maggies Tochter hält die Hand ihrer Mutter. Sie weint, Maggie nicht. Stattdessen sieht sie aus wie ein Vogel in einer Falle, ihr Kopf bewegt sich zu mir, zum Arzt, zu Oliver, zu ihren Kindern. Sie will nur raus. Raus aus diesem Raum, raus aus ihrem Körper, raus aus dem Leben, wenn das Leben jetzt so aussieht. Aber der Arzt überzeugt sie und sagt, sie könne die Chemotherapie anfangen, aber auch jederzeit stoppen. Und während sie mit der Behandlung beginnt, suchen sie nach einem Knochenmarkspender. Sie werden zuerst uns Schwestern testen – nicht ihre Kinder oder andere Verwandte –, denn bei Geschwistern besteht die größte Chance auf eine »perfekte Übereinstimmung« mit identischen genetischen Gewebemerkmalen. Je ähnlicher sich diese HLA-Marker sind, desto erfolgreicher ist die Transplantation. Es besteht lediglich eine 25-prozentige

Wahrscheinlichkeit, dass Geschwister übereinstimmen, und eine noch geringere, dass diese Übereinstimmung perfekt ist. Wenn keine von uns Schwestern gut genug zu Maggie passt, werden sie die internationale Spenderdatei durchforsten, wobei die Wahrscheinlichkeit, einen hochgradig übereinstimmenden Spender zu finden, dort noch geringer ist.

Wenn ein Spender gefunden wurde und wenn Maggie die Hochdosis-Chemotherapie und die Bestrahlung verträgt (eine beschönigende Umschreibung für überlebt), und wenn die Spende ihren Körper von dem Lymphom befreit, steht es ihr frei, mit der Transplantation weiterzumachen. Alles, was sie im Moment tun muss, ist, mit der Chemo anzufangen, und alles, was ihre Schwestern jetzt tun müssen, ist, sich für einen Abstrich der Wangenschleimhaut bereit zu halten und auf die Ergebnisse zu warten.

Maggie nickt und segnet fürs Erste die Vorschläge des Arztes ab. Das reicht, um den Anfang zu machen. Wir marschieren direkt vom Arztzimmer in die Tiefen des Krankenhauslabyrinths für ihre erste Chemotherapie. Ich leiste ihr im Infusionsraum Gesellschaft. Um uns herum liegen lauter Leidensgenossen zwischen haufenweise Kissen, Decken – und Schläuchen. Andere ruhen in Liegesesseln unter wärmenden Plaids, von denen die engelsgleichen Krankenschwestern immer wieder Nachschub holen. Freunde und Familienangehörige unterhalten sich leise oder starren aus dem Fenster, während der New-Hampshire-Eisregen gegen das Glas prasselt.

Ich beobachte Maggie beim Beobachten. Ein junger Mann in dem Bett neben ihr erhält seine erste Chemotherapie-Infusion und zittert buchstäblich vor Angst. Eine ältere Frau – eine Chemo-Veteranin – sitzt allein in einem Kippstuhl und liest. Sie ist kahlköpfig, ihre Augen sind tief eingesunken, und ihrem Gesichtsausdruck nach zu urteilen, akzeptiert sie das alles hier mit Sarkasmus. Ich lächele ihr zu, und sie blinzelt mit den Augen. Eine Krankenschwester bringt ein Tablett mit Essen zu einem Mann auf der anderen Seite des Infusionsraums. Der Duft der Suppe vermischt sich mit dem Desinfektionsgeruch der Putzmittel. Ich greife nach der schmalen Hand meiner Schwester, die kalt unter den angewärmten Decken liegt, und tätschele sie, bis sie einschläft. Die Chemo tropft wie das Ticken einer Uhr in ihre Venen. Ich bleibe, bis es dunkel wird.

Bevor ich gehe, nehme ich meinen ganzen Mut zusammen und sage Maggie, dass ich überlege, bald Urlaub in der Karibik zu machen. Die Worte »Urlaub« und »Karibik« im Infusionsraum der Onkologie auszusprechen kommt mir grausam vor, und ich fühle mich wie eine der bösen Stiefschwestern, die auf den Ball geht und Cinderella vorm Kamin beim Linsensortieren zurücklässt.

»Ich werde nicht fliegen, wenn du das nicht möchtest, Maggie«, sage ich.

»Nein! Zisch ab!«, bittet sie mich eindringlich. »Ich will, dass du dein eigenes Leben lebst. Wenigstens eine von uns sollte das tun. Versprochen?«

»Also gut. Ich werde fliegen. Und ich genieße den Urlaub für uns beide.«

»Na ja, übertreib's nicht«, sagt Maggie.

Und so entscheiden mein Mann und ich uns für etwas, das Millionen von Menschen tun: dem Winter eine Woche zu entfliehen, irgendwohin, wo es warm ist. Nur, dass es für uns etwas ist, was wir sonst nie tun. Wir sind beide besessen von unserer Arbeit und unserer Familie, und Urlaub davon fühlt sich wie Hochverrat an.

Aber das vergangene Jahr war schwierig, und der Winter ist eisig. Und deshalb stehen wir jetzt am Flughafen von Miami, haben alle unsere Pläne auf den Kopf gestellt und fliegen auf eine Karibikinsel. Als ich neben meinem Mann auf einem der in Reih und Glied stehenden orangefarbenen Schalensitze Platz nehme, spüre ich bereits, wie mein Körper sich entspannt. Warmes Sonnenlicht strömt durch die großen Fensterfronten des Flughafengebäudes. Vielleicht wird es mir ja gelingen, das zu tun, worum Maggie mich gebeten hat – sie für ein paar Tage zu vergessen. Ich lehne mich zurück und atme tief aus.

Aus dem Lautsprecher kommt die Ansage, dass bald mit dem Boarding begonnen wird.

»Ich bin gleich wieder da«, sagt mein Mann. »Pass bitte auf meine Tasche auf, ja?« Er schiebt seinen Rucksack zu mir herüber.

»Nein, ich werde nicht auf deine Tasche aufpassen«, erwidere ich. Mein Mann hat die unerträgliche Angewohnheit, Minuten vor dem Abflug zu verschwinden, überwältigt von dem dringenden Bedürfnis, noch eine Packung Kaugummi kaufen zu müssen. Wir haben zwar noch nie einen Flug verpasst, aber wir waren nahe daran, und wir waren noch viel näher daran, dass ich ohne ihn abfliege. Ich glaube, dass er mir die Tasche deshalb zuschiebt.

»Ich werde nicht auf deine Tasche aufpassen«, wiederhole ich, »und du wirst nicht verschwinden.« Ich halte ihn am Arm fest. »Siehst du?« Ich zeige auf die Reisenden, die sich am Gate versammeln. »Gleich beginnt das Boarding. Wir brauchen diesen Urlaub.«

Genau in diesem Moment klingelt mein Handy. Ich hole es aus meiner Handtasche, sehe den Namen des Krankenhauses auf dem Bildschirm und wappne mich für schreckliche Nachrichten. Ich zeige die Nummer des Anrufers meinem Mann. Er setzt sich wieder hin.

Eine Krankenschwester aus dem Büro der Transplantationskoordinations-Stelle ist am Apparat, um mir mitzuteilen, dass die Laborergebnisse für alle Schwestern vorliegen. »Ich habe tolle Nachrichten!«, sagt sie und klingt überglücklich, der Überbringer von so positiven Neuigkeiten zu sein.

»Wir haben einen Spender für Maggie«, ruft sie. »Sitzen Sie? Denn das sind Sie!«

Ich bin sprachlos.

»Und es kommt sogar noch besser!«, fährt die Krankenschwester fort. »Sie sind sogar die perfekte Spenderin. Alle zehn genetischen Merkmale entsprechen denen von Maggie.« Sie will mir die wissenschaftlichen Tests von genetischen Gewebemerkmalen erklären, aber ich blende sie komplett aus. Mein Verstand wandert in mehrere Richtungen gleichzeitig: Habe ich mir jemals vorgestellt, dass ich perfekt mit Maggie übereinstimme? Nein, nicht wirklich. Wenn ich raten müsste, hätte ich auf eine der anderen Schwestern getippt. Ich frage mich, ob sie eifersüchtig sein werden. Aber vielleicht sind sie auch nur erleichtert, höchstwahrscheinlich beides. Ich frage mich, ob es einfach nur Glück ist, dass wir perfekt übereinstimmen, oder Schicksal, Kismet, Karma? Es fühlt sich absurd an – wie eine Science-Fiction-Story. Aber vielleicht ist es auch ein Wunder. Ich bin mir nicht sicher, wer so etwas bestimmen darf, aber für mich fühlt es sich wie ein Wunder an. Ich frage mich auch, was Maggie denkt.

»Weiß es Maggie schon?«, frage ich die Krankenschwester.

»Ja. Ich habe gerade mit ihr gesprochen. Sie sagt, Sie sollen in den Urlaub fliegen und sie später anrufen.«

Ich spüre, dass jemand hinter mir ist, und drehe mich um. Aber da ist niemand. Dann spüre ich es wieder. Ich sehe mich erneut um, aber es ist niemand da. Alle stehen Schlange, um das kleine Flugzeug zu besteigen. Ich beende das Telefonat, greife nach der Hand meines Mannes, und dann folgen wir den anderen ins Flugzeug. Wir finden unsere Plätze, das Flugzeug hebt ab, und mein Mann lehnt sich zurück und schließt die Augen. Ich hingegen sitze einfach nur da und höre immer wieder die Stimme der Krankenschwester aus dem Büro für Transplantationskoordination: »»Ich habe tolle Nachrichten! Wir haben einen Spender für Maggie! Sitzen Sie? Denn das sind Sie!«

»Wahnsinn«, flüstere ich mir zu. »Wahnsinn.« Mehr fällt mir dazu nicht ein.

Und dann spüre ich es wieder – diesen Jemand hinter mir, der versucht, meine Aufmerksamkeit auf sich zu ziehen. Ich drehe mich um und werfe einen Blick über die Kopfstütze. Die Plätze hinter uns sind frei geblieben. Also drehe ich mich wieder nach vorne, lehne mich an meinem Mann an und schließe ebenfalls die Augen. Und dann sehe ich sie – meine Eltern. So deutlich, als wären sie hier mit uns im Flugzeug. Meine Mutter und mein Vater lächeln mir zu und nicken, als eine Art Zeichen ihrer stillschweigenden Zustimmung. Sie haben uns nie mit Lob oder Dank überschüttet, und sie tun es auch jetzt nicht. Sie tun etwas viel Besseres – sie fordern mich dazu heraus, Hoffnung zu haben.

Ich lasse meine Augen zu und bewege mich so wenig wie möglich. Ich möchte nicht, dass sie wieder weggehen. Ich möchte, dass sie mir etwas erklären, dass sie mir ihre plötzliche Anwesenheit erklären und die Übereinstimmung des Knochenmarks. Ich warte. Sie bleiben bei mir. Und dann stelle ich mir vor, dass Worte aus ihren Geistermündern fließen.

»Wir haben euch Mädchen mit Liebe erschaffen«, sagen sie.

»Unsere Liebe hat Maggie das erste Mal ihr Leben geschenkt«, sagt mein Vater.

»Deine Liebe kann ihr ein zweites Leben schenken«, sagt meine Mutter.

Und dann verstehe ich es. Ich bin mir nicht sicher, ob es

Schicksal oder Karma oder ein Wunder ist, aber ich bin mir sicher, was die Liebe betrifft. Tränen steigen mir in die Augen.

»Wahnsinn«, flüstere ich meiner Mutter und meinem Vater zu.

»Wahnsinn«, flüstern sie zurück.

feldnotizen • 1. märz

meine 3 schwestern wurden darauf getestet, ob sie möglicherweise als stammzellenspender in frage kommen. die wahrscheinlichkeit liegt bei – 25%. jede schwester musste mit einem zungenspachtel die innenseite der wangen abkratzen und die probe an ein labor schicken. bei spenderzellen von geschwistern ist die chance höher, dass sie ansiedeln und vom eigenen blutkreislauf und knochenmark angenommen werden, als bei einem nicht-familienmitglied. die krankenschwester am dartmouth hat mir heute am telefon mitgeteilt, dass liz und ich eine 10/10-übereinstimmung haben. eine perfekte übereinstimmung. ich konnte spüren, wie meine stimmung auf der hoffnungsskala hochschnellt. wobei mir hoffnung suspekt ist. sie hat mich schon mal reingelegt, und ich weiß sowieso nicht, auf was ich eigentlich hoffe. ein jahr? zwei jahre? heilung? ich habe angst, die statistiken zu lesen. angst, es nicht zu tun. angst vor der hoffnung. angst, keine zu haben. liz hat mich aus dem urlaub angerufen. ich habe ihr gesagt, dass ich angst vor der hoffnung habe. sie hat mir eine geschichte aus der griechischen mythologie erzählt, über die göttin der hoffnung. jedes mal, wenn ich mit ihr rede, zitiert sie walt whitman oder quatscht über eine griechische gottheit. ich glaube, sie verwandelt sich in unsere mutter. aber vielleicht brauche ich gerade auch nur dringend eine mutter.

ELPIS

In der griechischen Mythologie wurde Hoffnung von der Gottheit Elpis verkörpert. Sie und andere Gottheiten sowie Geister wurden von Zeus in einem Krug verschlossen und der ersten Frau, Pandora, anvertraut. Doch Pandora konnte ihre Neugier nicht zügeln und öffnete das Gefäß. Die Gottheiten stiegen zum Olymp auf und verließen die Sterblichen. Aber die bösen Geister blieben auf der Erde. Neid, Mühe, Krankheit und ihre unleidlichen und grausamen Vasallen flogen an die vier Ecken der Welt. Als sie begriff, was sie da ausgelöst hatte, beeilte sich Pandora, den Krug wieder zu verschließen. Zu spät! Alle waren entflohen, bis auf einen Geist. Nur Elpis kauerte noch in diesem Gefäß … die Hoffnung. Es heißt, Elpis blieb im Krug, um den Menschen zu helfen, jetzt wo das Böse freigelassen worden war. Wann immer die Welt zu schwer zu ertragen schien, konnten wir Menschen den Deckel anheben und Elpis um Vertrauen und Optimismus bitten.

Ich rufe Maggie von der Veranda unseres Häuschens aus an, mit Blick auf das Karibische Meer. Ich erwarte, dass ihre Stimme ein bisschen hoffnungsvoller klingt als bei unserem letzten Gespräch im Infusionsraum. Ich weiß, sie wurde von der Krankenschwester informiert, dass unser Knochenmark übereinstimmt und eine Transplantation jetzt möglich ist.

»Ist dort Maggie-Liz?«, sage ich ins Telefon. Letztendlich wird es so sein, dass wir diesen zusammengesetzten Blutsschwesternamen während des gesamten Transplantationsverlaufs verwenden werden, aber in diesem Augenblick ist sie nicht in der Stimmung für unbeschwertes Geplänkel. Sie sei noch nicht so weit, der Transplantation zuzustimmen, sagt sie. Sie sei sich nicht sicher, ob sie es erträgt, mit der Behandlung weiterzumachen. Ihre Haare würden ausfallen. Ihr sei ständig schlecht, und sie könne nichts essen. Sie habe ihren Kampfgeist verloren, sagt sie. Warum weiterkämpfen, wenn alle Anzeichen auf eine Niederlage hindeuten? Warum hoffen? Hoffnung mache es nur noch schlimmer, wenn alles schiefgeht.

»Und es wird schiefgehen«, sagt sie. »Tut mir leid, dass ich so griesgrämig klinge, Liz.«

Ich erzähle ihr die Geschichte von Elpis. Ich erzähle ihr, wie die Griechen die Hoffnung darstellten: als eine junge Frau mit einem Blumenstrauß im Arm. Elpis trug angeblich die Kraft des Frühlings in sich, den grünen Saft, der in den Adern der Bäume aufsteigt, den Geruch nach Regen, der auf die trockene Erde aufschlägt. Ihr Gegenspieler, Moros, der Geist der Hoffnungslosigkeit und des Untergangs, war ein buckliger, schwarz gekleideter Mann.

»Mit wem willst du durch die Gegend ziehen?«, sage ich ins Telefon. »Einem Mädchen mit Blumen im Arm oder einem total deprimierten Typen, der Moros heißt?«

»Du weißt, wie sehr ich Blumen liebe«, erwidert Maggie. »Aber ich hasse es, wenn alle mir sagen, ich soll Hoffnung haben. Als würde alles wieder gut werden, wenn ich nur positiv eingestellt bin.«

»Aber darum geht es nicht bei der Hoffnung. Es geht nicht darum, dass alles sich wieder zum Guten wendet. Es geht darum, mit dem im Reinen zu sein, was auch immer passiert.«

»Du hast leicht reden.«

Mir ist schön öfter aufgefallen, wie schnell Maggie wütend wird, wenn jemand die Strapazen der Transplantation schönredet und nur von dem möglichen Erfolg spricht. Ich glaube, sie fühlt sich allein und verlassen, wenn die anderen große Reden über Hoffnung schwingen. Sie denkt, wir verstehen weder, wie tief die Angst in sie hineingekrochen ist, noch das Ausmaß der Risiken, noch den sich abzeichnenden Berg aus körperlichen Schmerzen und Erschöpfung. Dass wir sie beim Erklimmen des Berges alleine lassen. Dass Hoffnung angesichts einer so einschüchternden Aufgabe bescheuert ist.

»Elpis war nicht dumm, Maggie«, sage ich. »Sie wusste, dass die bösen Geister uns erschüttern und davon überzeugen würden, dass die Welt dem Untergang geweiht ist, genau wie wir alle. Sie blieb in der Büchse, damit wir ein paar Schlucke Optimismus trinken können, wenn wir ihn brauchen. Denn Hoffnung verleiht Kraft, Verzweiflung lähmt. Was du jetzt brauchst, ist die Kraft der Hoffnung. Sie wird dir dabei helfen, eine Entscheidung zu treffen. Es ist wie Kaffeetrinken. Urplötzlich verziehen sich die Wolken.«

Ich weiß nie, ob ich das Richtige sage. Ich weiß nie, ob Maggie mir überhaupt zuhört, oder ob ich nur Binsenweisheiten von mir gebe oder an ihren Nerven zerre mit meinen naiven Durchhalteparolen.

»Worauf soll ich denn hoffen?«, fragt Maggie, und ihre Stimme klingt düster vor Traurigkeit. »Dass mich die Transplantation nicht umbringt? Dass es mir, wenn sie mich rettet, nicht für den Rest meines Lebens beschissen geht? Dass der Rest meines Lebens länger dauert als ein paar Monate?«

»Du kannst auf die Stärke hoffen, das zu bewältigen, was auch immer auf dich zukommt. Vielleicht wird es Heilung sein. Vielleicht Schmerz. Vielleicht der Tod. Niemand weiß, was als Nächstes passieren wird – die Ärzte nicht, das Internet nicht, du nicht. Wir wissen noch nicht einmal, was passieren *sollte*. Das Leben ist geheimnisvoller und bedeutungsvoller, als unser winziges Gehirn sich vorstellen kann. Das bedeutet Hoffnung für mich – sich dem Mysterium anzuvertrauen.« Die letzten Sätze flüstere ich fast. Es gehört schon ein bisschen Überheblichkeit dazu, als gesunder Mensch einer kranken Person mit spirituellem Kram zu kommen.

»Okay, aber du klingst jetzt wie Walt Whitman«, sagt Maggie. »Oder wie Marsh, die Walt Whitman zitiert.« (Als Kinder haben meine Schwestern und ich unsere Mutter nie »Mutter« genannt. Wir verwendeten ihren Vornamen Marcia oder ihren Spitznamen Marsh.) Maggie ahmt die Lehrerinnenstimme unserer Mutter nach und zitiert Whitman: »Und Sterben ist anders, als je einer gedacht, und glücklicher.«

»Wie Walt so schön sagt«, entgegne ich lachend. Es ist mir egal, ob sie sich lustig macht über mich. Wenigstens weiß ich jetzt, dass sie mir zuhört. Und vielleicht nimmt sie sich Whitmans Worte sogar zu Herzen. Ich riskiere es, noch weiterzugehen. »Weißt du«, sage ich, »wer lebt, hat auch ziemlich viel Glück. Und wer mit Hoffnung lebt, bis er stirbt – der ist am glücklichsten.«

Maggie schweigt. Auf der Veranda zieht ein Lüftchen an mir vorbei. Es riecht nach Zitronenblüten. Ich spüre die heiße, tropische Luft auf meiner nackten Haut. Ich schließe die Augen und stelle mir Maggie in ihrem Bett vor, unter den vielen Decken, erschöpft und beunruhigt, mit Blick auf einen bleiernen Himmel und gefrorene Felder.

»Bist du noch da?«, frage ich.

»Ja, so gerade noch.« Und dann sagt sie: »Ist schon irgendwie verblüffend, dass wir perfekt übereinstimmen, oder? Ich habe nicht geglaubt, dass keine der Schwestern passen würde. Aber dass ausgerechnet du es bist, hätte ich wirklich nicht gedacht.« Ich höre, wie das Leben in ihre Stimme zurückkehrt. Ich höre Stärke und Humor. Und ich höre die alten scharfzüngigen Bemerkungen aus unserer Schwesternschaft.

»Ich weiß«, sage ich. »Ein schwerer Schlag. Aber dann auch wieder nicht. Für mich fühlt es sich wie ein Privileg an, Maggie. Und wie unser Schicksal.«

»Tatsächlich? Schicksal? Aber wir beide sind so verschieden. Ich dachte, es würde eins der anderen Mädchen werden.«

»Ich werde mich bemühen, das nicht persönlich zu nehmen«, sage ich.

»Warte, Liz, so war das nicht gemeint. Es wäre eine Ehre für mich, dein Knochenmark zu bekommen und den Rest meines Lebens als Maggie-Liz zu verbringen.« Jetzt höre ich Verwunderung in ihrer Stimme, und Schrecken und Tränen.

»Also, ich möchte nur, dass du weißt, dass ich hundertprozentig mit von der Partie bin«, versichere ich ihr. »Wenn du Ja sagst zur Transplantation, dann tue ich das auch – von ganzem Herzen. Aber du musst es auch nicht durchziehen. Für was auch immer du dich entscheidest, ich werde bei jedem Schritt an deiner Seite sein. Wir stehen das jetzt gemeinsam durch.«

Während unseres Gesprächs spüre ich bereits, wie eine neue Person Gestalt annimmt: Maggie-Liz. Das Kind der Liebe, geboren aus unserer Bereitschaft, zu geben und zu nehmen, die Vergangenheit ruhen zu lassen und etwas Neues zu beginnen. Nein zu sagen zur Angst und Ja zur Hoffnung.

»Auf Maggie-Liz«, sage ich, gieße Hoffnung aus dem Krug in ein Glas und biete es Maggie über den Ozean hinweg an.

»Auf die Hoffnung«, sagt Maggie.

feldnotizen • 5. märz

jetzt, wo die möglichkeit real besteht, muss ich mich wegen der transplantation entscheiden. ich fühle mich in die enge getrieben, ohne ausweg. egal, was ich mache, es ist verkehrt. ich bin festgefroren. meine haare fallen aus, ich wiege noch dreiundvierzig kilo, und alles tut mir weh. in meinem körper und in meinem herzen. heute habe ich mich mit meiner tochter getroffen. wir fuhren im auto und wollten eigentlich shoppen gehen. mein einziges vorhaben für diesen ausflug war, positiv zu bleiben. aber dann bin ich am steuer zusammengebrochen, und wir mussten am straßenrand anhalten, als ich meine tränen nicht länger zurückhalten konnte. ich hatte es satt, so zu tun, als sei ich stabil, als würde alles wieder gut werden. ich war erschöpft davon, immer gut gelaunt zu sein und meinen schmerz darüber verstecken zu müssen, dass ich die hochzeiten meiner kinder, ihre zuhause, ihre kinder wahrscheinlich nie sehen werde. ich werde nicht für sie da sein. während ich weinte, sagte ich norah, ich weiß nicht, ob es richtig ist, dass du diesen teil des fortgangs deiner mutter mitbekommst. sie hielt mich im arm, und wir weinten gemeinsam. nachdem wir geweint hatten, saßen wir einfach nur so da, bis sie mich bat, die sache mit der transplantation in betracht zu ziehen, damit wir mehr zeit miteinander verbringen könnten. selbst wenn es nur ein bisschen mehr zeit ist. ich spürte, wie sich etwas in meinem herzen bewegte. ich spürte das vorhandensein von hoffnung. vielleicht war es dieser geist, von dem liz geredet hat. elpis. zum ersten mal zog ich es ernsthaft in betracht, der transplantation eine chance zu geben. der gedanke brachte mich erneut zum weinen, aber nur, weil ich diesmal spürte, wie sich die tiefe trauer lichtete. ich spürte die anwesenheit von irgendwas – ein winziges aufflackern eines kampfgeistes, ein aufflackern von hoffnung.

BLAUE LÖCHER

Wir treffen uns mit Freunden in der Karibik. Sie schnorcheln gerne, also mieten wir ein Boot und fahren eine Stunde aufs offene Meer hinaus, zu einem »Blue Hole«, einem blauen Loch. Ein blaues Loch ist wie eine vertikale Höhle – ein kreisrund geformter Abgrund mit steilen Seitenwänden und eindrucksvoll aufgeschichteten Blauschattierungen des Wassers: in der Tiefe dunkles Tintenblau, und lichtdurchströmtes Türkis näher an der Oberfläche. Fische zieht es zu dem Pflanzenreichtum am Rande eines blauen Lochs. Und nicht nur bunte kleine Fische, sondern auch Hammerhaie, riesige Zackenbarsche und Stachelrochen.

Ich habe furchtbare Angst. Das Boot ankert am Rand des blauen Lochs. Alle anderen schwimmen sofort in den gähnenden Abgrund der Höhle hinein, tummeln mit den Fischen und machen sich gegenseitig Zeichen, wenn sie etwas »Interessantes« entdeckt haben. Ich bleibe am Rand, bis ich einen Fisch sehe, der für meinen Geschmack zu groß ist, also schwimme ich zurück zum Boot, und zwar schnell. Ich begründe mein Verhalten damit, dass Gott das Leben unter Wasser nicht in tiefen, fast schwarzen Löchern verborgen hätte, wenn wir es denn sehen sollten.

Also sitze ich auf einer langen Bank im Boot, allein, mal abgesehen vom Kapitän, der auf seinem Stuhl ein Nickerchen hält, und denke über verborgene Dinge nach. Verborgenes Leben unter dem Meer, unter dem Grund, unter der Haut. Das in meinen Knochen eingebettete Mark und die geheim gehaltenen Geschichten in meinem Herzen. Was sollen wir sehen und hören, zeigen und erzählen? Sind manche Dinge zu unserem eigenen Besten verborgen, oder geht es auf der menschlichen Reise darum, den Schatten zu betreten und nach der tieferen Wahrheit über uns selbst und alle anderen zu suchen, über das Leben an sich?

Als Hebamme veranstaltete ich Geburtsvorbereitungskurse für zukünftige Mütter und Väter. Je mehr Babys ich zur Welt brachte, desto klarer wurde mir irgendwann, dass die Paare, die während der Anatomiestunden gut aufgepasst hatten, schneller und leichtere Geburtswehen hatten. Um sie zu ermutigen, sich mit den inneren Vorgängen des weiblichen Körpers vertraut zu machen, gab ich ihnen nach jeder Stunde die gleiche Hausaufgabe: Verlieben Sie sich in die Gebärmutter. Das gefiel längst nicht allen Teilnehmern – Männern wie Frauen gleichermaßen nicht. Selbst nachdem ich ihnen erklärt hatte, dass die Gebärmutter wunderschön und außergewöhnlich intelligent ist, wollten sie sich die Fotos des rot glänzenden Organs in Birnenform, das zwischen Blase und Rektum liegt, lieber nicht zu genau ansehen. Es war zu plastisch und intim.

Ich versprach den Frauen, sie würden wahrscheinlich weniger Medikamente oder andere Eingriffe benötigen, wenn sie sich die Gebärmutter bildlich vorstellen und die Funktionsweise des Muttermundes nachvollziehen könnten – dieser kleine Muskel, der sich von der Größe einer geballten Faust bis auf das Format eines Kinderkopfes ausdehnen muss. Kämpft man gegen den Schmerz an und widersetzt man sich den Kontraktionen, dann wird der Schmerz nur größer. Ich erzählte ihnen, dass Geburtswehen wie das Leben sind, und dass das Leben wie eine Geburtswehe ist: Manchmal bringen die schmerzhaftesten Erfahrungen die besten Dinge hervor – ein neues Leben, unerwartete Erkenntnisse, die Chance, sich auszudehnen und zu wachsen. Es war die wichtigste Lektion, die ich in den Jahren, in denen ich Babys auf die Welt brachte, gelernt habe: Widersetze dich dem Schmerz nicht, finde seine Aufgabe heraus, arbeite *mit ihm zusammen*, dann wird die Kraft des Universums dir zur Seite stehen.

Also brachte ich in meine Kurse medizinische Schaubilder und Modelle mit und zeigte Videos einer Gebärmutter während der Wehen, aber die Empfindlichen und Verängstigten unter den Teilnehmerinnen und Teilnehmern hielten sich die Augen zu, als würde ich einen Horrorfilm vorführen. Das Innenleben des weiblichen Körpers war den Paaren in meinen Geburtsvorbereitungskursen so fremd, wie es mir die Fische in dem blauen Loch waren. Ich blicke über das Wasser und beobachte meinen Mann und unsere Freunde dabei, wie sie die Pracht des Unterwasserlebens genießen. Ich beneide sie um ihren Mut. Ich weiß, dass meine Angst irrational ist. Niemand wurde in diesem blauen Loch jemals beim Schnorcheln angegriffen. Die Wahrscheinlichkeit, dass ich an einem Hitzschlag sterbe, ist vermutlich höher. Ich rutsche nach vorne an den Rand des Bootes und schicke mich an, wieder ins Wasser zu springen. Aber die Angst ist zu groß.

Stattdessen strecke ich mich auf der Bank aus, schließe die Augen und denke über Maggie nach und darüber, dass ich ihr passender Knochenmarkspender bin. Ich lege beide Hände mittig auf meine Hüfte und drücke mit den Handballen so fest dagegen, bis ich die großen Knochen unter den Haut-, Fett- und Muskelschichten spüren kann. Diese Knochen liegen nur Zentimeter unter der Hautoberfläche, aber sie scheinen so weit weg und unfassbar zu sein wie der Meeresgrund. Plötzlich möchte ich alles lernen, was es über Knochen und Mark, Blut und Stammzellen zu wissen gibt. Wenn Maggie Ja zu der Transplantation sagt, möchte ich ganz und gar angstfrei dabei sein. Genau so, wie ich meine schwangeren Paare ermutige, sich in die Gebärmutter zu verlieben, möchte ich mich in das Mark meiner Knochen verlieben. Ich muss lachen – seit mehr als fünfzig Jahren umkreise ich diesen Körper und habe null Ahnung, was in den verborgenen blauen Löchern der Knochen vor sich geht. Es wird Zeit, das zu ändern. Wenn es bei der Geburt eines Babys hilft, über die Gebärmutter Bescheid zu wissen, dann hilft, sich Wissen über das Knochenmark anzueignen meiner Schwester möglicherweise dabei, sich vorsichtig in ein neues Leben hineinzubegeben.

Ich bin vielleicht nicht mutig genug, ein Loch im Ozean zu erforschen, und ich möchte mich eher nicht in Hammerhaie verlieben. Aber ich bin bereit, für meine Schwester das Mark meiner Knochen auszugraben und das Mark meiner Seele – mein Innerstes – offenzulegen. Während ich auf dem offenen Meer in einem Boot vor mich hin dümpele, verspüre ich eine stürmische Liebe für Maggie, die mich selbst überrascht. Ich wusste, dass ich sie liebe, aber nicht auf diese Art und Weise. Den Großteil unseres Lebens haben wir damit verbracht, uns zu umkreisen und uns, wenn man sich im Spiegel des Lebens der anderen betrachtete, mangelhaft zu fühlen. Die Worte meiner Eltern schießen mir wieder durch den Kopf: »Unsere Liebe hat Maggie das erste Mal ihr Leben geschenkt. Deine Liebe kann ihr ein zweites Leben schenken.« Jetzt weiß ich, was sie damit meinten. Sie redeten nicht über irgendwelche Liebesschwüre am Ende eines Telefongesprächs. Sie redeten davon, in die Tiefe zu gehen. Und nicht nur in die Tiefe der Knochen, sondern in alles, was verborgen und ungeheilt zwischen uns liegt.

Ich höre die Schnorchler zurück zum Boot schwimmen, setze mich wieder hin und winke ihnen zu. Sie werden mir jede Menge Geschichten über das Leben in Unterwasserhöhlen erzählen. Und wenn alles gut geht, werde ich das auch tun können. Maggie und ich werden gemeinsam in die blauen Löcher unserer Körper und unserer Seelen schwimmen und aus der Tiefe Geschichten mitbringen.

Ein paar Wochen später kaufe ich mir ein sehr dickes Buch über Zellbiologie und versuche, frische Nervenbahnen in mein Gehirn zu meißeln, um wenigstens die Grundlagen zu verstehen. Doch bevor ich mich mit voller Aufmerksamkeit auf den Text konzentrieren kann, muss ich mir zuerst den Weg durch einen Berg mentaler Widerstandskräfte freisprengen. Mathematik und Naturwissenschaften sind mir schon immer schwergefallen. Wäre ich heute Kind, würde man bei mir vermutlich eine Lernschwäche diagnostizieren. Denn so hat es sich wirklich meine ganze Schulzeit über angefühlt. Die erste Begegnung mit Mathematik-Hirnfrost hatte ich bereits in der Grundschule, als ich mich langen Teilungsaufgaben stellen musste. In der Highschool sah ich mich dann einer kompletten Hirnlähmung ausgesetzt, als es darum ging, das Periodensystem der Elemente auswendig zu lernen. Aber hier und jetzt bin ich wild entschlossen, mich in Knochenmark und Stammzellen zu verlieben, also bleibe ich jeden Abend lange auf und lese im *Lehrbuch der Molekularen Zellbiologie*.

Ich erfahre, dass Knochen, obwohl sie so leblos wirken wie Felsgestein, in Wahrheit voller Leben sind. Sie sind wie lebendiges, geschichtetes Gestein, das einen weichen Kern schützt. Der Kern des Knochens ist das Knochenmark, und im Knochenmark befinden sich die Stammzellen, der Ursprung des Lebens. Stammzellen werden auch als Mutterzellen bezeichnet, weil sie das Potenzial besitzen, viele unterschiedliche Arten von neuen Zellen herzustellen, die der Körper braucht, um leben zu können.

Der menschliche Körper besteht aus hundert Billionen Zellen – plus/minus eine Milliarde –, und jede Zelle ist auf eine Funktion spezialisiert, zum Beispiel als Hautzelle, Blutzelle, Muskelzelle, Organzelle, Gehirnzelle. Spezialisierte Zellen leben nicht besonders lange, also muss der Körper sie laufend ersetzen. Ich habe mir den Körper immer als etwas Konstantes vorgestellt – einen zuverlässigen Streitwagen, der mich herumkarrt, bis dass der Tod uns scheidet. Faktisch ist mein Körper heute nicht mehr der, der er gestern war oder der er morgen sein wird. Menschen stoßen ihre Hautzellen alle siebenundzwanzig Tage ab und erneuern sie, das heißt, dass wir ungefähr tausendmal im Leben eine neue Haut bekommen. Jeden Tag werden fünfzig Milliarden Zellen im ganzen Körper ersetzt, was dazu führt, dass wir im Grunde genommen jedes Jahr einen neu ausgestatteten Streitwagen zur Verfügung gestellt bekommen. Jede Sekunde sterben fünfhunderttausend Zellen und werden wieder ergänzt. Rote Blutzellen leben einhundertzwanzig Tage, Blutplättchen nur eine Woche, weiße Blutzellen kaum acht Stunden.

Und dann gibt es die Stammzellen, die tief im Knochenmark leben. Anders als die spezialisierten Zellen, die sterben und ersetzt werden müssen, erneuern sich Stammzellen von selbst – sie teilen sich unbegrenzt und werden zu neuen Zellen. Ein Teil dieser neuen Zellen existiert weiterhin als Stammzellen, andere wiederum verlassen das Knochenmark und treten in den Blutkreislauf ein. Wie durch Zauberei verwandeln sie sich in die Art von spezialisierter Zelle, die der Körper gerade braucht. Eine Stammzelle ist wie eine Mutter. Sie schickt ihre Kinder hinaus in die Welt, damit aus ihnen wird, was ihnen von Geburt an bestimmt ist.

Wenn Ärzte Knochenmark von einem Spender ernten, dann sind sie hinter den Stammzellen her – den Mutterzellen. Die Prämisse ist ziemlich einfach: Das Knochenmark des Krebspatienten wird zerstört und durch mehrere Millionen gesunde Stammzellen des Spenders ersetzt. Dann wird alles erdenklich Mögliche getan, um diese gespendeten Stammzellen dabei zu unterstützen, sich in den entleerten Knochenhöhlen des Patienten anzusiedeln. Verläuft alles nach Plan, richten sich die Mutterzellen in den neuen Knochen häuslich ein und fangen an, sich selbst zu erneuern. Sie bauen eine neue Knochenmark-Fabrik auf, in der Baby-Blutzellen produziert und in den Blutkreislauf geschickt werden und so den Patienten ins Leben zurückbringen.

Klingt nach einem guten Plan, der aber auch gefährlich ist, weil bei der Vorbereitung des Patienten auf die Transplantation mit Hilfe einer hochdosierten Chemotherapie und Ganzkörperbestrahlung – der sogenannten Konditionierung – gesunde Zellen ein Kollateralschaden sind. Der Patient muss eine Nahtoderfahrung durchstehen, um zu leben. Während ich in meinem stillen dunklen Haus sitze und Sätze im *Lehrbuch der Molekularen Zellbiologie* unterstreiche, kommt es mir so vor, als könne ich den Fluss aus Leben und Tod, Wandel und Wiedergeburt, förmlich in meinem Blutkreislauf hören. Ich schlage das Buch zu, schließe die Augen, sage meinen Stammzellen kurz Hallo und bedanke mich bei ihnen. Nur für den Fall, dass wir demnächst ein paar Millionen von ihnen herbeirufen müssen.

feldnotizen • 20. märz

ich habe immer gesagt, dass ich in meinem nächsten leben als aubergine zurückkommen will. ein riesiger dummer lilafarbener klumpen, der in der sonne herumliegt, blind gegenüber dem vielschichtigen chaos, das wir menschen erschaffen. bis ich denise traf. jetzt ziehe ich die möglichkeit in betracht, meine auberginen-anfrage zurückzuziehen und eine neue zuteilung zu beantragen. vielleicht möchte ich doch als mensch zurückkommen. heute hatte ich eine weitere runde prä-transplantations-bestrahlung. auf dem weg nach hause hielten wir bei lou an, um dort zu mittag zu essen. ich hatte meine nach spucke stinkende, viel zu warme, dampfende maske auf, wir saßen am tresen, und ich konnte einfach nicht mehr und ließ die tränen die maske aufweichen. denise, meine kellnerin, selbst eine krebsüberlebende (wer hätte das gedacht?) hat mich gerettet. ein blick auf meinen kahlen kopf und meine maske, und schon stand sie neben mir. zuerst nahm sie mich in den arm, dann gab sie mir atemunterricht, dann gab's ein paar aufmunternde worte, und dann schenkte sie mir ein buch mit zitaten. dann ein karamell-törtchen. denise wies mich auf ein zitat von gilda radner hin: »ohne die ganzen nachteile wäre krebs das allerbeste, und jeder würde sich darum reißen.« normalerweise hasse ich es, wenn leute so was sagen. aber es stimmt. diese krankheit lehrt dich, was wirklich wichtig ist, und dabei stellt sich heraus, dass es die sachen sind, die man schon hat. deine kinder, dein partner, dein zuhause, ein gutes essen, ein guter freund, ein guter tag. das hier ist übrigens mein lieblingszitat aus dem buch, von roger ebert. er hat einen schrecklichen krebs, der ihm das gesicht wegfrisst. »Ich glaube fest daran, dass wir, wenn wir am ende aller tage und entsprechend unserer möglichkeiten etwas getan haben, damit andere ein bisschen glücklicher und wir selbst ein bisschen glücklicher sind, dann ist das mit das beste, was wir tun können. andere weniger glücklich zu machen ist ein verbrechen. uns selbst unglücklich zu machen, ist der punkt, an dem jedes verbrechen seinen lauf nimmt. wir müssen versuchen, unseren beitrag an lebensfreude in dieser welt zu leisten. das gilt immer, egal was wir für probleme oder krankheiten haben oder wie unsere lebensumstände gerade sind. wir müssen es versuchen.«

also werde ich es versuchen. ich werde versuchen, guten mutes weiterzumachen, weil »andere weniger glücklich zu machen ein verbrechen ist«. ich beginne gerade erst, das zu verstehen. ich hoffe, mir bleiben noch ein paar jahre, um tatsächlich nach diesen worten zu leben.

DAS MYSTERIUM

Wieder einmal latschen wir über die Flure der Krebsstation, um uns mit dem Onkologie-Team zu treffen. Ihr Team: ein Arzt, eine Krankenschwester, ein Transplantationskoordinator. Unser Team: Maggies Lebensgefährte Oliver, Maggies Kinder Norah und Hayden, ich und natürlich Maggie. Ihre Kleidung schlackert um ihren schmalen Körper, und ihre Augen sehen noch größer und dunkler aus als sonst. Die Teams tragen Uniformen. Die Krankenschwestern haben hellgrüne OP-Kittel an, und Mundschutze baumeln unterhalb des Kinns. Der Arzt trägt einen weißen Kittel, sein weißes Haar ist akkurat geschnitten. Team Maggie ist ein zusammengewürfelter Haufen. Ich komme geradewegs aus New York und sehe auch dementsprechend aus – schwarze Hose, schwarzer Pulli, schwarze Stiefel, schwarzer Mantel. Maggies Sohn Hayden ist Förster; er trägt einen roten Wollpulli, Arbeitshosen und Stiefel mit Stahlkappen. Als ich ihn in den Arm nehme, riecht er nach Pinienbäumen und Kettensägenschmiere. Ihre Tochter Norah bewirtschaftet eine große Farm, und ich habe stets bewundert, wie sie sich trotzdem wie eine Studentin anzieht und in den seltsamsten Outfits herumläuft, wo sie doch die meiste Zeit damit zubringt, Traktoren zu reparieren oder Schweine zu füttern. Wir zwängen uns in den kleinen, antiseptischen Untersuchungsraum. Wir reden und machen Witze und sind glücklich darüber, uns zu sehen, trotz der problematischen Umstände. Unser Geplapper und unsere Kleidung und unsere Gerüche bringen das verbotene Durcheinander und die unzulässigen Keime der Außenwelt ins

Krankenhaus. Wir wirken komplett fehl am Platz, bis ich mich daran erinnere, dass dieser Ort hier genau dafür da ist – für das Durcheinander und die Keime, die uns Menschen ausmachen.

Der Zeitpunkt ist gekommen: Maggie muss sich entscheiden. Wir nehmen Platz. Wir sind so viele, dass ich meinen Neffen auf den Schoß nehme und wir uns gegenseitig Halt geben. Der Arzt geht noch einmal alle Möglichkeiten durch: Falls Maggie beschließt, nicht mit der Transplantation weiterzumachen, wird sie bald sterben, und falls sie sich für die Transplantation entscheidet, wird sie vielleicht daran sterben. Natürlich sagt er das nicht so gerade heraus – das tut er nie –, aber das ist die verborgene Nachricht seines vage formulierten Textes. Und wenn sie die Transplantation überlebt, fragen wir immer und immer wieder, kann man diese Entscheidung an irgendeiner festen Anzahl von Monaten oder Jahren festmachen? Wieder bekommen wir nur vage Antworten, die wir schon mal gehört haben.

Obwohl Maggie in dem überfüllten Raum von lauter Menschen umgeben ist, weiß ich, dass sie sich einsam fühlt und mit den sich bekämpfenden magnetischen Anziehungskräften ringt. Dem Sog, so lange wie möglich zu leben, hier auf Erden, mit uns zusammen. Noch einmal die milde Frühlingsluft genießen, die feuchte Sommerhitze, die entsetzliche Kälte im Winter, Liebesglück, Trauer eines Verlusts, die Schönheit, den Schmerz, das Chaos. Und dann, die andere Anziehungskraft – der Sog zu sterben, aufzugeben, Nein zu sagen zu einer weiteren Chemotherapie und Bestrahlungen und der Transplantation, zu Monaten der Übelkeit wegen der Medikamente, Nein zur Isolation und der unablässigen Angst, dass der Krebs vielleicht zurückkommt. Sich jetzt verabschieden und mit ein bisschen Würde abtreten, solange sie das noch kann. Ich weiß nicht, welchen Weg ich wählen würde oder welchen sie wählen sollte. Ich beuge mich zu ihr vor, streichele ihren Arm und bete im Stillen.

Ich sage »im Stillen«, denn Maggie kann – gelinde gesagt – mit Beten nichts anfangen. Letzte Woche schrieb unsere Wiedergeborene-Christen-Kusine eine E-Mail und verkündete, sie würde für Maggies Genesung beten. Maggie wurde furchtbar wütend, als hätte unsere Kusine sie zu ihrem Glauben einberufen; sie rief mich sofort an und schimpfte über die Dummheit von Religion. Ich erlaubte mir den Einwand, dass der Glaube unserer Kusine vielleicht gar nicht so dumm war, wie sie es sich vorstellte – dass Intelligenz und Spiritualität nicht völlig entgegengesetzte Pole sind und einander ausschließen. Dass man ein seriöser, denkender Mensch sein kann und trotzdem gerne christliche Musik im Radio hört.

»Genau deshalb bin ich so überrascht, dass du und ich genetisch perfekt übereinstimmen«, erwidert Maggie. »Und wenn ich spiritueller werde, falls wir die Transplantation machen? Wenn dann mein Blut dein Blut ist?«

»Genau. Ehe man sich's versieht, wirst du in fremden Zungen reden«, antworte ich.

»Nein, im Ernst, Liz. Werde ich plötzlich an Gott glauben? Das wäre ja momentan gar nicht so schlecht. Aber woran glaubst du eigentlich genau? Vielleicht sollte ich das wissen, bevor ich auf der gestrichelten Linie unterschreibe.« Diese Frage hat sie mir noch nie gestellt, und sie ist nicht so leicht zu beantworten, aber jetzt ist vielleicht der richtige Moment, es zu versuchen.

Zuerst sage ich ihr, an was ich nicht glaube. Ich glaube nicht daran, dass wir Gott mit unserem Verstand voll und ganz begreifen oder mit hieb- und stichfesten Antworten auf die großen Fragen aufwarten können: Wer sind wir, warum sind wir hier, woher kommen wir und wohin gehen wir? Auf keine dieser Fragen haben wir eine durchdachte Antwort parat, wir können höchstens versuchen, welche zu finden. Mir gefällt die

Art und Weise, wie wir es versuchen – mit Hilfe von Wissenschaft, Kunst, Religion, Wein, Bergsteigen und so weiter. Aber bis jetzt hat noch niemand diese Frage definitiv beantwortet. Also sage ich zu Maggie: »Wenn ich bete, bete ich darum, mich zu beruhigen und dem Mysterium zu vertrauen. Beten bedeutet für mich, mich genau in diesem Moment dem Mysterium hinzugeben.«

»Tatsächlich? Das ist Beten?«

»Na ja, vielleicht nicht für jeden, aber es interessiert mich auch nicht, wie andere Leute beten. Für mich heißt beten, die Angst loszulassen und mich dem unermesslichen, immerwährenden Mysterium hinzugeben. Mir ist es egal, wie man dieses Mysterium nennt – Gott, Bewusstsein, Universum, Geist, Seele, Sinn. Das sind alles erfundene Namen für das Unsagbare. Alles, was ich weiß, ist, dass es nichts Besseres gibt als dieses befreiende, vorgefasste Meinungen sprengende Alles-ist-möglich- und Alles-ist-gut-Gefühl beim Beten.«

Folgendes möchte ich gerne sagen, aber ich tue es nicht, denn vermutlich ist jetzt *nicht* der richtige Moment dafür: »Wer weiß, Maggie, wenn du dich entschließt, auf die Transplantation zu verzichten, bist du vielleicht die Glückliche von uns allen – vielleicht wirst du aus ruhmvollen Gründen aus dieser Welt abberufen und lässt uns Dummköpfe hier zurück, die wir uns einen weiteren Tag lang abrackern müssen. Vielleicht ist es für deine Kinder keine Tragödie. Vielleicht verwandeln sie ihre Trauer in Stärke, vielleicht hilfst du ihnen von der anderen Welt aus aufzublühen. Oder vielleicht entscheidest du dich dafür, die Transplantation durchzuziehen und überlebst uns alle und beweist so, dass Wunder möglich sind. Vielleicht geschieht das alles nur, damit du endlich aufhörst, an dir selbst zu zweifeln, und mutig zu dem Menschen wirst, der du immer schon sein solltest. Vielleicht wirst du eine weltberühmte Künstlerin, vielleicht gehst du auf Wanderschaft und wirst Mönch. Wir wissen es einfach nicht. Daran glaube ich. Ich glaube, wir leben im Mysterium, und auch wenn dieses Mysterium manchmal ätzend ist, wache ich beim Beten auf und dann weiß ich, dass alles seinen Grund hat, dass nichts umsonst ist, und dann ist alles gut.«

Und jetzt sitzen wir hier in diesem Untersuchungsraum, und ich atme tief durch und wende mich an dieses Mysterium, während wir auf Maggies Entscheidung warten.

»Also, junge Dame«, sagt der Arzt und legt eine Hand auf Maggies Schulter, »machen wir weiter? Sollen wir uns auf die Transplantation vorbereiten?«

Maggie sieht uns, ihren zusammengewürfelten Haufen, der Reihe nach an, holt einmal hörbar tief Luft und antwortet dann, ohne zu zögern: »Okay, los geht's.«

Wir fahren zurück und lassen das Krankenhaus hinter uns, an einem dieser frühen Frühlingstage in New England, an denen das Wetter sich nicht entscheiden kann. Auf dem Parkplatz hat es noch geregnet, aber bis wir auf dem Highway sind, schneit es. Oliver fährt. Ich sitze auf dem Beifahrersitz, Maggie hat sich auf der Rückbank ausgestreckt. Ich drehe mich zu ihr um. »Wie geht es dir?«, frage ich.

»Pst«, sagte sie, hebt einen Finger an die Lippen und schließt die Augen. »Pst, ich gebe mich gerade dem Mysterium hin.«

ABWEHR UND ANGRIFF

Im Zuge meiner Vorbereitung als Stammzellenspenderin musste ich jeden der Menschheit bekannten Test machen: Bluttest, Stuhltests, Urintests, Röntgen-Thorax, Elektrokardiogramm, gynäkologische Untersuchungen, Mammographie, Aids-Test, sogar einen Syphilis-Test. Dazu noch eine lange Befragung über meinen Gesundheitszustand, in dem man mir sehr intime Fragen stellt, von meinem sexuellen Vorleben bis hin zu meiner psychischen Stabilität. Sie wollen wissen, ob ich jemals irgendwelche medizinischen Probleme gehabt habe oder momentan habe, die es mir erschweren würden, den Spenderprozess zu durchlaufen, oder die darauf hinauslaufen könnten, dass meine Zellen Maggie mit einer Krankheit infizieren. In dem Moment, in dem meine Stammzellen in ihren Blutkreislauf transplantiert werden, wird sie kein eigenes Immunsystem mehr haben. Als Spender muss ich so gesund wie nur irgend möglich sein. Sie nehmen mir für die Tests so viel Blut ab, dass ich mich frage, ob überhaupt noch welches für das Transplantat übrig sein wird.

Spenderstammzellen können direkt aus dem Knochenmark geerntet werden oder aus dem Blut, das in den Venen zirkuliert. Diese Ernte bezeichnet man als periphere Blutstammzellspende. »Ernte« – so nennen sie das Einsammeln der Stammzellen. Mir gefällt dieser Begriff, es klingt nach selbst Angebautem. Das Bild hilft mir dabei, meine Fantasie weg von einem Krankenhaus-TV-Drama hinein in einen dieser italienischen Filme zu lenken, in dem traumhaft schöne Menschen in einer lauen Sommernacht an einem rustikalen Tisch mitten auf einer Wiese zusammensitzen und Essen frisch von den Feldern genießen.

Als meine Testergebnisse da sind, wird beschlossen, dass die Stammzellen aus meinem Blut geerntet werden. Ich lese alles in den Broschüren über die periphere Stammzellentransplantation, die mir eine sehr freundliche Transplantations-Krankenschwester im Krankenhaus in die Hand drückt. Wir sind uns einig, dass es hilfreich wäre, einen Doktortitel in Zellbiologie zu haben, um das Informationsmaterial zu verstehen. Ich gebe hier den Inhalt so gut es geht wieder: Eine erfolgreiche Stammzellenernte ergibt mindestens zwei Millionen Stammzellen, wobei die bevorzugte Anzahl bei fünf Millionen liegt. Es handelt sich dabei um eine riesige Menge Stammzellen, verglichen mit der Zahl, die normalerweise im Blutkreislauf zirkulieren. Um das Wachstum der Stammzellen zu stimulieren, wird dem Spender an fünf Tagen vor der Ernte täglich ein wachstumsförderndes Medikament gespritzt, das einen rapiden Anstieg der Zellproduktion bewirkt. Dadurch wird das Knochenmark dazu gezwungen, Millionen von Stammzellen aus dem Knochenmark in den Blutkreislauf auszuschwemmen. Am fünften Tag kehrt der Spender ins Krankenhaus zurück, man legt ihm oder ihr einen Venenkatheter in eine große Vene am Arm oder in der Brust, und dann wird während bis zu sechs Stunden das Blut durch eine Maschine geleitet, die Stammzellen werden von anderen Blutzellen getrennt. Die Stammzellen werden zurückbehalten, während das übrige Blut dem Spender durch denselben Katheter wieder zugeführt wird. Dieses Verfahren kann an einem einzigen Tag durchgeführt werden, allerdings muss es sehr oft an mehreren Tagen wiederholt werden, so lange, bis eine ausreichende Anzahl Stammzellen eingebracht werden konnte.

Vorläufig ignoriere ich die Seiten der Informationsbroschüre, auf denen die schmerzhaften Nebenwirkungen und möglichen Risiken des Verfahrens beschrieben werden, und konzentriere mich auf die eher mirakulösen Aspekte von Knochenmark, Zellen und Blut. Ich werde zu einem richtigen Blut-Fan und fühle mich wie ein Vampir, allerdings wie ein ziemlich doofer. Denn vor ein paar Wochen hatte einer der Ärzte, der meine Tests durchführte, mir gesagt: »Wenn Maggie mit der kompletten Chemotherapie und der Bestrahlung durch ist, wird sie keine einzige eigene Stammzelle mehr im Körper haben. Und nach der Transplantation werden Ihre Stammzellen sie am Leben erhalten. Sie werden zum Ursprung ihres Blutes werden. Ihr Blut wird Maggies Blut sein, für den Rest ihres Lebens.« Damals habe ich nicht wirklich verstanden, was der Arzt mir da erklärte. Heute schon.

Als ich weiterlese, schieße ich mich auf zwei Hauptrisiken ein, denen Maggie nach der Transplantation ausgesetzt sein wird: das Scheitern der Ansiedelung oder die Transplantat-gegen-Wirt-Reaktion. Das Scheitern der Ansiedelung tritt auf, wenn das Infektionen bekämpfende System des Patienten die transplantierten Spenderzellen als fremd erkennt und sich dagegen wehrt. Zu einer Transplantat-gegen-Wirt-Reaktion kommt es, wenn die transplantierten Spenderzellen den Körper des Empfängers als fremd erkennen und zum Angriff übergehen. Beide Komplikationen führen möglicherweise zu Maggies Tod.

»Abwehr« und »Angriff«: diese Terminologie zieht sich durch die gesamte Literatur zur Knochenmark- oder Stammzellentransplantation. Sie kommt mir so bekannt vor, vor allem im Kontext meiner Beziehung zu Maggie, zu all meinen Schwestern, in all meinen Beziehungen – eigentlich in allen menschlichen Beziehungen. Abwehr und Angriff, dafür entscheiden wir uns doch so oft, wenn wir andere Menschen so anders finden als uns selbst, wenn wir uns bedroht fühlen, uns außerhalb unseres gewohnten Bereichs befinden, oder einfach nur keine Ahnung haben, wie wir unser Dasein als Menschen miteinander gestalten sollen. Wir deuten Verschiedenheit als Gefahr und wehren uns – verdeckt oder offensichtlich – gegen das Fremde oder greifen es an. Manchmal ziehen wir uns zurück, schützen uns, machen dicht, reagieren abweisend. Ein andermal versuchen wir, den Fremden zu kontrollieren, zurechtzubiegen, und wenn uns das nicht gelingt, dann geben wir unserem fatalen Hang zu Aggressivität nach – wir greifen an. Selbst wenn wir wahnsinnig ineinander verliebt sind, selbst wenn wir es besser wissen, selbst wenn wir es uns zur moralischen Aufgabe gemacht haben, unsere Abwehr- oder Angriffsbestrebungen zu zügeln, selbst dann überwinden wir diese beiden problematischen instinktiven Verhaltensweisen nicht ohne Weiteres.

Ich habe ganz sicher Schwierigkeiten, diese beiden problematischen instinktiven Verhaltensweisen zu überwinden. Egal, ob es darum geht, wie ich meinen Ehemann in die Verbannung schicken will, weil er mit dem Golfspielen begonnen hat, oder darum, reflexartig Menschen mit einer anderen politischen Meinung abzulehnen. Häufig verbringe ich meine Tage damit, mein instinktives Verhalten von Abwehr und Angriff zu korrigieren. Wir wissen alle, dass es etwas Besseres gibt, eine entspannte Sicht auf die Dinge, eine tiefergehende Anstrengung: akzeptieren, umarmen, die Waffen niederlegen, den ersten Schritt in Richtung Toleranz oder Vergebung machen. Heben Sie die Hand, wenn Sie das gemeistert haben. Als Spezies sind wir noch weit davon entfernt. Auf der größeren Bühne beginnen Abwehr oder Angriff als kleine Handlungen, mit denen wir uns von dem Fremden abgrenzen, die sich explosionsartig zu Feindschaften und Kriegen auswachsen. Im Alltag sind die meisten von uns nicht im wörtlichen Sinne gewalttätig, aber wir tun unseren Seelen Gewalt an, wenn wir andere Menschen ausgrenzen und sie auf persönlicher Ebene attackieren. Wie interessant, dass es sogar auf der untersten Zellebene diesen Drang in beide Richtungen gibt: friedliche Koexistenz und instinktives Abwehr- oder Angriffsverhalten.

Wenn meine Stammzellen nach der Transplantation zum Ursprung von Maggies Blut werden und somit die Verantwortung tragen, Maggie am Leben und gesund bis ans Ende ihrer Tage zu erhalten, dann erscheint es mir sinnvoll, etwas zu unternehmen, um das Verlangen nach einer friedlichen Koexistenz zu steigern und ihre Angriffslust abzuschwächen. Das Gleiche gilt für Maggie – ihr Körper wird auf Alarmstufe Rot gegen die fremde Invasion gepolt sein. Können wir etwas tun – psychologisch, emotional, spirituell –, um die rein medizinische Seite der Transplantation zu unterstützen? Zahlreiche Studien (einige wurden in genau dem Krankenhaus durchgeführt, in dem der Eingriff erfolgen wird) haben die Potenz der geistigen und emotionalen Heilungskräfte nachgewiesen – durch Senkung des Blutdrucks und der Ausschüttung von Stresshormonen, durch Schmerzlinderung, durch eine Verbesserung des Immunsystems und zur Unterstützung der Patienten bei der Bewältigung eines ernstzunehmenden klinischen Zustands. Sicherlich beweisen diese Forschungsergebnisse, dass Maggies Chancen auf Erfolg nur erhöht werden könnten, wenn sie und ich vor der Ernte und vor der Transplantation dem Frieden unserer Seelen und der Offenlegung unserer wahren Gefühle Aufmerksamkeit zollen.

Ich blättere die Broschüren durch und suche nach einer Stelle, die diese Gedankengänge aufgreift. Nach einem Vorschlag, wie wir über unsere Gefühle und Ängste reden können und über den alten Ballast, den wir vielleicht loswerden wollen, bevor wir das Blut austauschen? Aber da ist nichts. Wir müssen uns selbst etwas ausdenken – einen Weg finden, wie wir unsere Geschichte gegen das Licht halten und unseren lebenslangen Drang nach Abwehr oder Angriff überwinden können. Gibt es eine Methode, die mir dabei hilft, wohlmeinende Stammzellen in Hülle und Fülle zu generieren? Die Maggie dabei unterstützt, die Zellen mit einem offenen Herzen und voller Vertrauen zu empfangen?

Vielleicht können wir die Bereitschaft ihres Körpers, meine Zellen anzunehmen, beeinflussen, indem wir uns zusammensetzen und unter Mithilfe eines Therapeuten die Jahre unserer Schwesternschaft zurückverfolgen und alte Wunden oder Missverständnisse bereinigen. Wir können meine Zellen um einen friedlichen Eintritt in ihren Blutkreislauf ersuchen. Wir können besser vorbereitet auf das Geben und Nehmen in diesen medizinischen Eingriff gehen, wenn wir unausgesprochenen Groll, verborgene Schamgefühle, erfundene Geschichten, Schuldzuweisungen oder vorgefasste Meinungen beiseiteschieben. Wir könnten vor der Knochenmarktransplantation eine Seelenmarktransplantation versuchen – wenn jede von uns die alten Geschichten, die uns für so lange Zeit einander entfremdet haben, ad acta legt, damit eine ehrlichere Vertrautheit zwischen uns wachsen kann.

Ich suche nach Worten, um Maggie mein Vorhaben zu beschreiben, ohne Begriffe wie »Therapie« oder »Ritual« verwenden zu müssen. Ich will sie nicht verscheuchen. Und dann entdecke ich in der heiligen Schrift meiner Eltern, dem *New Yorker,* den idealen Weg, Maggie meine Idee zu unterbreiten: mit einem Cartoon, auf dem zwei Frauen abgebildet sind, die sich gerade unterhalten. Die eine sagt: »Ich habe ihm die Dinge, die ich mir selbst ausgedacht habe, nie verziehen.« Die andere schaut die erste wissend an. Ich schneide den Cartoon aus und schicke ihn in einem Briefumschlag an Maggie, genau wie meine Eltern es immer getan haben, sorgfältig ausgeschnittene *New Yorker*-Cartoons, manchmal mit Kommentaren, manchmal nur das Stück Papier.

Maggie ruft mich an. »Worum geht's in diesem Cartoon?«

Ich erzähle ihr von meiner Idee, die Stammzellen bei einem friedlichen Eintritt in ihren Blutkreislauf zu unterstützen, von der Möglichkeit einer Abwehr oder eines Angriffs, und von den Körper-Geist-Forschungsstudien, die beweisen, dass ein Zusammenhang besteht zwischen der Art, wie wir denken und wie wir gesund werden. »Wir haben uns gegenseitig ganz schön viele Geschichten übereinander ausgedacht«, erkläre ich ihr. »Wenn wir darüber reden, finden wir vielleicht Dinge, die wir loslassen können, damit wir uns verzeihen können, und solche, die wir vor der Ernte und der Transplantation aus dem Weg räumen und wegschmeißen können. Was meinst du, sollen wir aus der Deckung kommen und uns an das heranwagen, was wirklich wichtig ist?« Ich bin davon überzeugt, dass sie mit Abwehr oder Angriff reagiert. Wie sich herausstellt, ist auch das wieder nur eine Geschichte in meinem Kopf.

»Die Idee gefällt mir«, sagt Maggie, »ich bin dabei.«

Bevor wir einen Therapeuten auswählen, schreiben Maggie und ich eine Liste mit Fragen auf, die wir während unserer ersten Sitzung ausloten wollen.

Hier sind Dinge, die ich getan habe, durch die ich dich möglicherweise verletzt habe. Wirst du mir verzeihen?

Hier sind Angewohnheiten von dir, durch die ich mich verletzt gefühlt habe. Kann ich dir gefahrlos meine Wahrheit erzählen?

Kann ich in deiner Gegenwart ich selbst sein?

Wirst du mich akzeptieren?

Wirst du mich lieben?

Wirst du mir in deinem Innersten einen Platz einräumen?

Allein schon durch das Aufstellen des Fragenkatalogs und der Tatsache, dass wir ihn uns laut vorlesen, spüren wir die Antworten auf uns zurollen, wie Wellen auf die Küstenlinie.

»Siehst du«, sagt Maggie, »wer braucht da noch einen Therapeuten?«

Dritter Teil

DAS MARK DES SELBST

»Das authentische Selbst
ist die sichtbar gemachte Seele.«

SARAH BAN BREATHNACH

BASCHERT

Es gibt kein Wort im Englischen, das die Bedeutung des jiddischen Ausdrucks »baschert« vollständig erfasst. Übersetzt wird es gewissermaßen als »vorbestimmt«, aber dieses Wort hat nicht annährend dieselbe Kraft wie »baschert«. Wenn Ehestifter es benutzen, benennt »baschert« die eine Person, für die Sie bestimmt sind, den Seelenverwandten oder, wie es ein Rabbi mal ausdrückte, die andere Hälfte der zweigeteilten Eierschale.

»Baschert« wird auch benutzt, um Synchronizität zu beschreiben. Wenn Sie an jemanden denken, den Sie ewig nicht gesehen haben, und dann begegnen Sie dieser Person am selben Morgen auf dem Weg zur Arbeit in einer Straße, die Sie sonst nie benutzen. Warum haben Sie an diese Person gedacht? Und warum haben Sie sich heute für diesen Weg entschieden? Und was, wenn Sie selbst – oder Ihr Freund – zu einem anderen Zeitpunkt aus dem Haus gegangen wäre? Sie kennen die Antworten auf diese Fragen nicht, aber sie regen Sie dazu an, darüber nachzudenken, wer bei dieser Veranstaltung hier Regie führt. Das ist die andere Bedeutung von »baschert«: Etwas, das vorbestimmt gewesen zu sein scheint auf eine Art, die Sie nicht verstehen, und dennoch vertrauen Sie darauf, dass es so sein sollte.

So empfinde ich die Stammzellentransplantation. Dass es so sein sollte. Es kam, obwohl wir es nicht bestellt oder uns darauf geeinigt hatten, es kam einfach, und deshalb ist es baschert. Würde ich die Zeit zurückdrehen, das Schicksal ändern und die Notwendigkeit der Transplantation rückgängig machen wollen? Das Lauffeuer ersticken, bevor es sich im Körper meiner

Schwester ausbreitet? Natürlich. Aber das kann ich nicht, und deshalb müssen wir vorwärtsgehen und darauf vertrauen, dass, indem wir die zerbrochenen Eierschalen unserer Liebe wieder zusammensetzen, sich für uns beide etwas ergibt, das baschert ist – das so sein soll.

Was könnte das sein? Für Maggie ein langes Leben. Für mich das Privileg, ihr Leben zu ermöglichen. Aber ich glaube, dass Amor noch ganz andere Dinge im Kopf herumschwirren, und vielleicht kommen wir diesen Dingen in der Therapiesitzung näher. Durch die Zusammenführung der Maggie-Liz-Eierschalen und durch das erneute Eintauchen in die Geschichten, die uns einander entfremdet haben, gelingt es uns vielleicht sogar, auch andere schmerzliche Baustellen in unseren Leben zu heilen. Denn diese Geschichten, die wir alle seit unserer Kindheit mit uns herumschleppen, unerledigt und niemals verziehen, verankern sich tief in unserer Psyche und werden zu dem, der wir zu sein glauben. Währenddessen ist das Mark unserer wahren Identitäten verhüllt, und unsere Seelen bleiben ungenutzt.

Es erfordert Mut, gemeinsam mit einer anderen Person nach der Seele zu graben. Die meiste Zeit war ich beim Erforschen meiner Seele nur auf mich gestellt, auf einsamen Inseln wie Meditation und Therapie. Es verlangt mir weniger ab, mein Ich ungeschminkt in der Privatsphäre meiner Gedanken zu untersuchen oder in einem Raum mit einem Therapeuten, der alles vertraulich behandelt. Ich bin immer wieder überrascht, wie schwer es ist, mein besonders verletzliches und authentisches Selbst vor meinem Mann offenzulegen, mit dem ich schon seit fast dreißig Jahren zusammenlebe, oder vor meinen engsten Freunden und Kollegen.

Wir gieren nach Nähe zu anderen Menschen, und gleichzeitig fürchten wir sie. Wir wollen um unserer selbst willen gesehen und geliebt werden, dabei wissen *wir* doch gar nicht, wer wir sind! Darin liegt die Tragödie und Komödie des Menschen. Vor lauter Angst, unsere verschiedenen Identitäten zu genau zu erforschen, vor lauter Angst, unsere Mitmenschen zu fragen: »Wer bin ich für dich?«, umkreisen wir einander und halten uns an alten Geschichten fest, von denen viele noch nicht einmal stimmen. Ich war mein Leben lang mutig. Ich bin an gefährliche Orte gereist, ich habe Babys auf die Welt geholt, ich habe Reden vor großen Menschenmengen und in kleinem Kreis gehalten, ich habe mich von der Arbeit und in der Welt nicht unterkriegen lassen. Aber einer anderen Person unerschrocken gegenüber zu stehen – dafür braucht es meiner Meinung nach den größten Mut. Eigentlich sollte doch Vertrautheit einfacher sein – es sollte uns doch angeboren sein, oder wenigstens beigebracht, wie wir unsere Seelen auf ehrliche Weise vor anderen Menschen in unseren Leben offenlegen. Wie wir, statt auf Abwehr oder Angriff umzuschalten, mit Neugier und Wärme auf den anderen zugehen, selbst wenn wir uns bloßgestellt oder verletzt fühlen oder wütend und ängstlich sind. Aber genau das fällt uns Menschen nicht leicht. Um das zu lernen, brauchen wir Hilfe.

In seinem Meisterwerk *Die Kunst des Liebens* schreibt Erich Fromm, dass die Liebe eine Kunst ist, die gelernt sein will, aber »trotz unserer tiefen Sehnsucht nach Liebe halten wir doch fast alles andere für wichtiger als diese: Erfolg, Prestige, Geld und Macht. Unsere gesamte Energie verwenden wir darauf zu lernen, wie wir diese Ziele erreichen, und wir bemühen uns so gut wie überhaupt nicht darum, die Kunst des Liebens zu erlernen.«

Ich erhoffe mir von der gemeinsamen Therapiesitzung mit Maggie, dass wir beide dort praktizieren, was Fromm als den ersten Schritt in der Kunst des Liebens beschreibt – die Liebe »aus der Mitte«. Er schreibt: »Liebe ist nur möglich, wenn zwei Menschen sich aus der Mitte ihrer Existenz heraus miteinander verbinden, wenn also jeder sich selbst aus der Mitte seiner Existenz heraus erlebt … Wenn ich bei einem anderen Menschen hauptsächlich das Äußere sehe, dann nehme ich nur die Unterschiede wahr, das, was uns trennt; dringe ich aber bis zum Kern vor, so nehme ich unsere Identität wahr, ich merke dann, dass wir Brüder sind.« Und in unserem Fall: Schwestern.

Ich habe angefangen, die Fotoalben meiner Mutter zu zerfleddern. Sie und ihr Bruder – mein verrückter Onkel, Arzt für Psychiatrie – waren die Fotografen in unserer Familie. Man erkennt sofort, welche Aufnahmen meine Mutter gemacht hat: Gruppenfotos der Familie am Strand, beim Wandern, in der näheren Umgebung. Die Fotos meines Onkels sind pseudokünstlerische Aufnahmen von Einzelpersonen mit launischem Gesichtsausdruck in schummrig beleuchteten Räumen. Über die Jahre hinweg hat meine Mutter die Fotos sorgfältig in zwanzig große schwarze Alben eingeklebt. Als sie starb, haben meine Schwestern und ich die Kollektion aufgeteilt. Ich habe meine fünf schwarzen Wälzer auf dem obersten Regal in einem Schrank verstaut, aber ab und zu hole ich sie herunter. Und obwohl ich das Entsetzen meiner Mutter spüren kann, als ich ihr Ordnungssystem über den Haufen werfe, nehme ich die Kindheitsfotos von Maggie vorsichtig heraus und reihe sie chronologisch vor mir auf dem Schreibtisch auf.

Da ist sie, ein Bündel in den Armen meiner Mutter – das dritte Mädchen, das aus dem Krankenhaus nach Hause gebracht wird. Und da bin ich und beäuge sie kritisch mit fragendem Blick, was ich von diesem kleinen Eindringling halten soll. Auf einem anderen Foto ist sie zwei Jahre alt, ich bin vier. Wir plantschen im flachen Wasser vor Long Island herum. Ich habe zwei lange Zöpfe und einen kurzen Pony, und ich blicke geradeaus in die Kamera und sehe dabei sehr zufrieden aus. Maggie hat ganz kurze Haare und sieht aus wie eine verstrubbelte kleine Maus. Sie blickt übers Wasser, mit einem ernsten und besorgten Gesichtsausdruck. Auf einem anderen Foto veranstalten wir eine Kinderteeparty mitten auf dem Bürgersteig. Ich serviere den Tee. Maggie wartet, die Hände brav im Schoß gefaltet. Und hier ist sie mit sieben oder acht, unter einem blühenden Apfelbaum, und spielt Geige. Sie sieht so zierlich und hinreißend aus. Dann wird sie langsam zum Teenager. Sie bleibt zierlich, wird aber atemberaubend schön. Und da ist ein Foto von ihr mit achtzehn, sie lehnt an einem Steg am Strand – das von der Sonne ausgeblichene Haar fällt ihr bis über die Schulter, ihre dunklen Augen funkeln, ihr Lächeln ist sanft. Kein Wunder, dass alle Jungs in sie verliebt waren. Kein Wunder, dass sie es immer noch sind.

Alle lieben Maggie – so lautete ein geflügeltes Wort in unserer Familie, und wenn ich es ihren Freunden gegenüber erwähne, stimmen mir alle sofort zu. Was hat sie nur an sich? Ist es ihre vibrierende Kolibri-Energie? Ihre Liebe zu allem, was ungezähmt ist – der Wald, die wilden Tiere, ihr eigener ungebändigter Charakter? Sie ist eine ungewöhnliche Mischung: teils Wildfang, teils Bedenkenträgerin, teils Kriegerin. Sie ist im Wasserflugzeug in die Tundra nach Alaska geflogen, als die Wildblumen blühten, um die Natur für ihre Kunstwerke zu plündern, sie hat dort im Zelt übernachtet, allein zwischen Gletschern und Grizzlybären. Und gleichzeitig ist sie immer in der Nähe ihrer Wurzeln geblieben und lebte jahrelang in der Heimatstadt unserer Eltern, heiratete den Nachbarsjungen und kümmerte sich um alle, außer um sich selbst. Sie schlug Schlachten für ihre Patienten, aber wenn es darum ging, in eigener Sache in den Kampf zu ziehen, hatte sie für Ermahnungen – sich gegen Leute wehren, die sie schlecht behandeln, die Warnzeichen ihres Körpers ernst nehmen – nur Spott übrig. Sie tanzte die ganze Nacht mit unbändiger Freude auf Konzerten, sie nahm an Ausdauer-

Schwimmwettbewerben rund um die Inseln in Maine teil, und sie brachte mich so sehr zum Lachen, dass ich mir in die Hose pinkelte. Und dennoch verbrachte sie zu viele Jahre damit, ihr strahlendes Licht unter den Scheffel zu stellen, damit es keine Schatten über alle anderen warf.

Sie hinterließ bei allen anderen einen tiefen Eindruck, hielt sich aber selbst für unbedeutend.

Manchmal denke ich, Maggie sah sich so, weil meine ältere Schwester Katy und ich zum Zeitpunkt ihrer Geburt bereits ziemlich viel Raum okkupierten. Katy kam mit einer Extrapackung Energie auf die Welt, und meine Mutter wusste nicht, was sie mit ihr machen sollte. Genauso wenig wie unser damaliger konformistischer Grundschullehrer. An den Elternabenden erzählte meine Mutter den Lehrern regelmäßig, mit hoffnungs- und sorgenvoller Stimme, Katy sei vielleicht ein »Spätzünder«. Vielleicht würde sie später einmal zur Ruhe kommen und sich anpassen. Dazu kam es nie, und die Welt ist genau deshalb ein besserer Ort.

Als ich geboren wurde, war Katy vier Jahre alt. Offensichtlich habe ich nur einen Blick auf das angespannte Verhältnis zwischen ihr und meiner Mutter geworfen und noch im selben Augenblick beschlossen, die Sache anders anzugehen. Ich war ruhiger und introvertierter als Katy, stand ihr aber, was die Willensstärke betraf, in nichts nach. Wir beide schienen von klein auf zu wissen, dass wir bestimmte Dinge erledigen und gewisse Orte aufsuchen wollten. Damals nannte man willensstarke kleine Mädchen »rechthaberisch«. Und genau das waren Katy und ich.

Maggie und unsere jüngste Schwester Jo hielten sich in Gegenwart ihrer älteren Schwestern im Hintergrund. Sie waren brave Mädchen. Maggie war aller Leute Liebling, eine quirlige Elfe, die Geheimnisse für sich behalten konnte, auch ihre eigenen. Jo war die Kleine, »die Letzte der Lessers«, wie sie es heute ausdrückt. Wir schlossen sie beim Spielen meistens aus, weil sie das Baby war. Sie war schüchtern und sprach in ihren ersten Lebensjahren kaum. Alles war bereits gesagt worden. Sowohl Maggie als auch Jo redeten weniger als die großen Mädchen.

Bis Teenager aus ihnen geworden waren. Dann wurden wir alle vier zu Geschöpfen unserer Zeit. So gut wie jeder Aspekt des amerikanischen »Way of Life« stand während unserer Teenagerzeit unter Beschuss. Wir erhoben unsere Stimme gegen den Vietnamkrieg und für die Bürgerrechtsbewegung. Wir trugen Miniröcke und knappe T-Shirts. Wir hatten Sex, kifften und hörten Rockmusik, die Schallmauern durchbrach. Wir nannten uns »Revolutionsschwestern«. Unsere armen Eltern.

Genau in die Mitte der Fotos von Maggie breite ich ein paar mit den anderen Mädchen aus. Katy, Liz, Maggie, Jo. Mein Vater nannte uns KaLiMaJo. Auf einem Foto stehen wir in marineblauen Sweatshirts am Strand, mit aufgesetzten Kapuzen, die fest unterm Kinn zugebunden sind. Und hier sind wir auf der Hochzeit einer Kusine, in den gleichen Festtagskleidern, der Größe nach aufgereiht. Und da sind wir junge Frauen, lange Haare, glückliches Lächeln, auf einem Feldweg in Vermont dahinschlendernd. In mancherlei Hinsicht hielten wir fest zusammen. Wir waren die vier Lesser-Mädchen. Wir waren KaLiMaJo. Aber gleichzeitig waren wir auch Rivalinnen. Wir hielten uns gegenseitig in Rollen unter Verschluss, die man uns als Kinder zugeteilt hatte, selbst als wir schon längst aus ihnen herausgewachsen waren, in unsere sonstigen Leben. Wo wir wohnten, welche Männer wir heirateten, wo wir arbeiteten, wie wir eine Familie gründeten, welche Entscheidungen wir trafen: Alles diente ebenso dazu, uns nahe zu sein, wie auch uns voneinander fernzuhalten. Zu keinem anderen Zeitpunkt fühlte ich mich so eng mit anderen Menschen verbunden wie in der Gegenwart meiner Schwestern, und dennoch fühlte ich mich auch niemals gleichzeitig so verunsichert oder in Schubladen gepackt oder genervt. Würde ich jemals aus der Rolle der rechthaberischen Prinzessin, der hochnäsigen Großstadtschickse, die den Staat Vermont verließ – und die dadurch auch jeglichen Anspruch auf Gnade verloren hatte – entlassen werden? Würde jemals einer von uns den anderen ohne die Scheuklappen der Brandmarkung durch die Familie sehen? Und was bedeuteten wir einander *ohne* die dazugehörenden Geschichten?

Obwohl wir im selben Haus aufwuchsen, mit denselben Eltern, erzählt jede von uns vier Mädchen eine andere Geschichte unserer Schwesternschaft. Seit wir denken können, waren wir damit beschäftigt, Geschichten zum Besten zu geben – über unsere Mutter, unseren Vater, über uns vier und darüber, wie das alles zusammenpasst. Alle Geschwister tun das, alle Menschen. Das ist das große Geheimnis unseres gemeinsam erlebten Daseins – inwiefern jeder Einzelne von uns etwas als Realität bezeichnet, das nur der winzige Ausschnitt einer unüberschaubaren und komplexen Geschichte ist. Bittet man zwei Geschwister oder zwei x-beliebige Menschen, ein wichtiges Ereignis zu beschreiben, erhält man zwei unverwechselbare und manchmal auch widersprüchliche Berichte, wobei beide mit sehr persönlichen Überzeugungen gespickt sind, die als Fakten getarnt daherkommen. Memoirenschreiber sehen sich andauernd mit diesem Phänomen konfrontiert, sie bleiben zwar so nahe wie möglich am Wahrheitsgehalt einer Geschichte dran, aber ihre eigene Voreingenommenheit kommt ihnen ständig in die Quere. Anaïs Nin, eine der größten Memoirenschreiberinnen des zwanzigsten Jahrhunderts, sagte einmal: »Wir sehen die Dinge nicht, wie sie sind. Wir sehen sie so, wie wir sind.« Joan Didions Memoiren sind meisterliche Erkundungen der intentionalen Erzählkunst. Sie schreibt: »Wir erzählen uns Geschichten, um zu leben. … Wir interpretieren, was wir sehen, wir wählen unter den vielfältigsten Möglichkeiten die brauchbarste aus.«

Es gibt vier Multiple-Choice-Antworten zu den Fragen, die ich über meine Kindheit, meine Jugend, meine Familie stellen möchte. Vier Antworten, verfasst im Laufe der Jahre von vier Mädchen, vier Teenagern, vier Frauen. Manchmal enthält die Antwort, die ich wähle, Informationen, die kurioserweise nicht in den Antworten auftauchen, für die meine Schwestern sich entschieden haben. Ich erinnere mich möglicherweise an eine ausgeteilte Bosheit oder eine ausgestreckte Hand, und eine meiner Schwestern wird den Kopf schütteln und sagen: »Nein! Nein! So war das nicht!« oder »Das habe ich nie gesagt« oder »Das glaubst du vielleicht!«

Über die Jahre habe ich in meinem Herzen Dinge sorgfältig weggepackt, eine schwesterliche Beleidigung hier, eine überhörte Bemerkung da; ich habe meinen Schwestern hier einen kleinen Groll und da größere Wunden angehängt, wie ein Magnet, der Metallspäne und rostige Nägel anzieht. Wenn ich den Groll größer werden lasse, hat er die Kraft, eine Beziehung jahrelang zu vergiften. Manchmal finde ich den Mut, einer Schwester mein Herz auszuschütten, und manchmal kommt sie mir auf halbem Weg entgegen. Wenn das passiert, fallen mir jedes Mal zwei Dinge auf, die nie aufhören werden, mich zu faszinieren: erstens, wie unterschiedlich unsere Realitäten sind, und zweitens, wie die Späne und rostigen Nägel verschwinden, wenn wir uns gegenseitig unsere Geschichten erzählen – wenn wir unsere Verletzungen offenbaren, unser Verhalten erklären, die Sichtweise des anderen respektieren, uns entschuldigen oder eine Entschuldigung annehmen. Wenn wir die Späne und Nägel loslassen, kommen wir nach Hause, in die Wahrheit unserer Gegenüber, in eine weitreichendere Wahrheit: dass wir uns lieben.

Dann können wir von vorne anfangen.

GANZ IN UNSERER NÄHE VERSTECKT

Auch wenn sie mit einer Therapie einverstanden ist, warnt Maggie mich, nicht zu große Erwartungen zu haben. »Ich ändere mich nicht mehr, Liz, dazu ist es zu spät«, sagt sie.

»Warum solltest du dich denn ändern?«, frage ich zurück.

»Ist das nicht der Sinn und Zweck einer Therapie?«

»Eigentlich geht es um das genaue Gegenteil«, erwidere ich. »Du versuchst nicht, dich zu ändern. Du versuchst, dich kennenzulernen, und dann bist du *du selbst* – dein wahres Selbst, so, wie du wirklich bist.«

»Was bedeutet das denn überhaupt, ›dein wahres Selbst‹?«, fragt Maggie. »Ich fühle mich im Moment ziemlich real.«

»Um das zu beschreiben, fehlen mir die richtigen Worte«, sage ich und entschuldige mich im Voraus für meinen unzureichenden Wortschatz. »Über diese Dinge kann man kaum reden, ohne wie ein Vollidiot zu klingen.«

»Probier's aus«, fordert sie mich heraus.

»Was ich damit sagen will, ist, dass wir alle genau so geboren werden, wie wir sein sollen, aber wir machen seltsame Schlenker, um dazuzugehören oder anderen zu gefallen, um unseren Kopf durchzusetzen, oder einfach nur, um zurechtzukommen. Wir werden verletzt und tragen Narben davon. Du weißt doch, was Shakespeare gesagt hat? ›Sei dir selber treu‹. Na ja, den meisten von uns fällt es immer schwerer, diese Stimme zu hören, die einem rät, sich selbst treu zu bleiben, denn andere Stimmen haben das Kommando übernommen. Therapie ist dazu da, die Stimmen in deinem Kopf voneinander zu trennen und eine Entscheidung zu treffen, welchen du zuhören willst und welche dich von deinem wahren Selbst wegführen, deiner wahren Bestimmung, von dem, was du liebst und was dir wichtig ist. Es liegt viel Kraft darin, die Stimmen in deinem Kopf zu benennen: Das hier ist die Stimme meines Vaters, diese hier gehört einer Schwester, diese andere da einem Lehrer, einem Ehemann, einer Ehefrau, der Kultur, dem Land. Ah, und diese hier, die gerade an die Oberfläche steigt, diese gehört mir. Mein eigenes Selbst. Darf ich dieser Stimme vertrauen? Ist sie echt? Darum geht's in einer Therapie.«

»Klingt überhaupt nicht idiotisch«, sagt Maggie. »Aber gelingt es den Leuten tatsächlich, das alles jemals herauszufinden?«

»Na ja, es braucht seine Zeit«, gebe ich zu.

»Wir haben aber nur ein paar Stunden.«

»Ja, und wir haben die tickende Zeitbombe, die Transplantation. Sie wird uns anspornen, weil wir es füreinander tun«, sage ich. »Wir haben einen triftigen Grund, uns bis ins Mark vorzuarbeiten, ins Innerste unseres Selbst.«

»Dies über alles: Sei dir selber treu!« Meine Englisch unterrichtende Mutter hatte es eilig, uns darauf hinzuweisen, dass Shakespeare diese berühmten Worte Polonius in den Mund gelegt hatte, der sich selbst am wenigsten treu seienden Figur in *Hamlet*. Mit dieser Ironie brachte der Dichter zum Ausdruck, dass, obwohl doch der Schlüssel zum Leben Wahrhaftigkeit ist, diese Idee für die meisten von uns nur als Lippenbekenntnis taugt und wir uns niemals wirklich zu dem goldenen Körnchen Wahrheit im Innersten des Selbst durchbeißen.

Niemals den Rückhalt, das Wissen und den Mut zu besitzen, dieses Gold zu schürfen, das goldene Körnchen Wahrheit zu leben und weiterzugeben: Das ist die Tragödie im Zentrum von *Hamlet*. Und die Tragödie unserer aller Leben, bis wir endlich den Mut aufbringen, in der Tiefe zu graben, unsere Wahrheit auszusprechen, unsere Wahrheit zu sein.

In jedem von uns steckt ein goldenes Körnchen Wahrheit. Es ist das Mark, das Innerste, wer man wirklich ist. Es existiert – das wahre Selbst, die Seele des Selbst – glänzend und kraftvoll, frei von Angst, ohne Neid, ohne eine bestimmte Absicht. Und gleichzeitig ist dieses Selbst dennoch aufreizend außer Reichweite, versteckt unter vielen Schichten beschissener Dinge, die einem gesagt und angetan wurden: benachteiligt oder sogar bedroht wegen des Geschlechts, der Herkunft oder Hautfarbe, übertönt von dem Lärm der eigenen Ängste, Schamgefühle oder Eifersucht, voller Furcht, sein einzigartiges und beschädigtes Gesicht einer Welt zu zeigen, die nur Konformität und Perfektion wertschätzt.

»Dies über alles: sei dir selber treu!«, rät man uns immer wieder im Leben – wenn Entscheidungen, große oder kleine, anstehen, wenn wir darüber nachdenken, wen wir lieben oder wo wir leben wollen und was wir aus unseren Talenten und Träumen machen. Wie nehme ich mein Schicksal in die Hand? Wie lebe ich ein sinnvolles Leben? Wie bewirke ich etwas im Leben der anderen?

»Sei einfach nur du selbst.«

Sie haben das bestimmt schon gehört. Sie glauben, dass es stimmt. Oder zumindest wollen Sie, dass es stimmt – diese Vorstellung, dass man ein authentisches Selbst besitzt und ihm folgt. Vielleicht haben Sie schon nach diesem Selbst gesucht, im Kokon der Praxis eines Therapeuten oder auf einer Kirchenbank. Vielleicht sind Sie ihm entgegengefahren- oder gelaufen, sind weit in die Ferne gereist oder ganz in der Nähe geblieben, um ihrer Spur zu folgen, vielleicht haben Sie ihn während einer anstrengenden Aufgabe oder eines kreativen Ausbruchs nahe bei sich gefühlt. Vielleicht haben Sie sie fast in Ihrem Bett gesehen oder auf einem Drogentrip oder bei einem Saufgelage. Alles, was Sie wissen, ist, dass es wehtut, von Ihrem einzigartigen wahren Ich getrennt zu sein. Deshalb suchen Sie weiter nach ihm oder ihr, manchmal effektiv, manchmal wie ein Hofnarr, wie ein Fanatiker, wie eine verlorene Seele.

Und manchmal, ohne es eigentlich zu wollen, spüren Sie sie, fühlen ihn neben sich – ihr schwer erreichbares authentisches Selbst. So nah, wie es der Zen-Dichter Ryōkan beschreibt, als verstecke sie oder er sich irgendwo in Ihrer Nähe:

In allen zehn Richtungen des Buddha-Landes
Gibt es nur ein Fahrzeug.
Wenn wir klar sehen, gibt es keine Unterschiede
in all diesen Lehren.
Was gibt es da zu verlieren? Was gibt es da zu erlangen?
Wenn wir etwas erlangen, war es von Anfang an da.
Wenn wir etwas verlieren, ist es in der Nähe verborgen …

Vielleicht kommen Sie auf Ihrem Weg zur Arbeit wie jeden Tag an demselben Schaufenster vorbei, doch heute steigt Gnade vom Himmel herab, und Ihr wahres Selbst kommt aus seinem Versteck. Sie sehen Ihr Spiegelbild im Schaufenster, und für einen Augenblick wissen Sie einfach ganz genau, dass Sie, aus unerfindlichen Gründen und ganz ohne Sinn oder Zweck, genau hierhergehören, genau jetzt, in Ihren Körper, in Ihr Leben. Sie blicken sich um nach den Menschen, die in beiden Richtungen an Ihnen vorbeihasten, und statt des gewohnten Gefühlscocktails aus Verärgerung und Einsamkeit, Eifersucht und Vorverurteilung, lieben Sie diese Menschen, Sie fühlen sich mit ihnen vereint, Sie wünschen ihnen das Beste. Sie sind sich nicht sicher, woher diese Gelassenheit kommt, aber es fühlt sich an wie die, die Sie in Wahrheit sind, es fühlt sich an wie

Ihre Seele. Sie würden dieses Gefühl gerne einfangen und sich zunutze machen. Sie würden ihm gerne die Verantwortung für Ihr Leben übertragen. All das sehen Sie auf dem Weg zur Arbeit in Ihrem Spiegelbild. Aber dann kommen Sie dort an, und Sie gehen in eine Sitzung, wo Sie Ihre eigene Meinung hinunterschlucken oder Ihre Position verteidigen. Sie sagen etwas, das Sie später bereuen, oder Sie sagen nicht das, was Sie unbedingt sagen wollten. Ihre Seele verschwindet rasch wieder in ihrem Versteck.

Vielleicht bringen Sie gerade mit dem Auto Ihre Kinder in die Schule, mit den Gedanken woanders, wie immer gestresst. Ihr Blick bleibt im Rückspiegel an dem Gesicht Ihres Sohnes hängen. Und aus keinem besonderen Grund öffnet sich Ihr Herz, und Ihre Laune steigt, so dass Sie plötzlich und zu Ihrem großen Glück befreit sind von allen Anstrengungen, der gewohnten Hetze und den kreisenden Gedanken. Es ist egal, dass Sie zu spät dran sind oder dass die Reste des Frühstücks rund um den Mund Ihres Sohnes kleben. Es ist egal, dass Winter ist und dass Sie fünf Kilo Übergewicht haben und dass Ihr Junge seinen Namen von hinten nach vorne schreibt. Sie blicken in sein Gesicht, und etwas kommt über Sie, und in diesem Moment bekommen Sie eine Ahnung von der Freude des »genug«. Ihr Sohn ist genug, genau so, wie er ist. Er ist mehr als genug! Und Sie sind genug. Sie schlüpfen durch das Schlüsselloch und betreten einen enormen Raum von Freiheit – der Freiheit, ohne Rechtfertigung zu wissen und zu lieben, wer genau Sie sind.

Für diese Momente lebe ich. Ich habe große Anstrengungen dafür unternommen – um Kontakt zu meinem wahren Selbst aufnehmen zu können. Ich empfehle nicht zwangsläufig alles, was ich getan habe. Ich habe ein paar seltsame Therapien ausprobiert und bin riskante Abenteuer eingegangen – stundenlange nächtliche Zeremonien, fragwürdige Lehrer, exotische Heilrituale. Das alles nur, um das zu finden, was noch nicht einmal verloren war. Das alles nur, um aufzudecken, was dicht unter der Oberfläche ist. Alles das nur, um zu offenbaren, was auf einzigartige Weise meins zu sein scheint, und dennoch aus genau demselben Stoff gemacht ist, aus dem das ist, was auf einzigartige Weise Ihnen gehört.

Und warum, fragen Sie sich vielleicht, verwendet man so viel wertvolle Zeit darauf, nach etwas so schwer zu Fassendem wie der Seele zu suchen? Warum lässt man sie nicht dort, wo sie sich versteckt – ganz in unserer Nähe, trotzdem schwer zu finden, und manchmal gefährlich, wenn man ihr folgt? Aus zwei Gründen: Erstens suchen Sie nach der Seele um Ihres eigenen Lebens willen – für eine Bestimmung, einen Sinn, für Stärke, für Freiheit und Frieden und Liebe. Zweitens suchen Sie nach Ihrer Seele um aller anderen Menschen willen. Sie tun es für Ihre Familie, Ihre Kinder, Ihre Mitarbeiter, die ganze Welt. Die Welt braucht Ihre Originalität, Ihre Ideen, Ihren Humor, Ihre Kreationen. Alles das lebt in Ihnen, ganz in Ihrer Nähe versteckt, unter vielen Schichten, tief, tief, tief im Inneren Ihrer Seele.

WAS IST DIE SEELE?

Es ist das eine, über Knochenmark zu schreiben – es gibt eine Menge Forschungsmaterial da draußen, das mir Rückendeckung gibt, wenn ich über Knochen und Blut und Stammzellen schreibe. Etwas ganz anderes ist es, etwas über das Mark der Seele, das Innerste des Selbst, zu sagen. Das Knochenmark ist die Heimat Ihrer Stammzellen. Das Mark Ihres Selbst ist die Heimat Ihrer Seele, auch wenn ich keine klinischen Studien als Beweis heranziehen kann. Es gibt Traditionen und Zeremonien, Dichtung und Musik, mystische Spekulationen und erleuchtende Erfahrungen. Aber jedes Gespräch über die Seele ist subjektiv. Ich biete Ihnen hier meine Definition an. Vielleicht weicht sie von der Ihren ab. Für mich geht das in Ordnung. Ich habe kein Problem mit den vielen unterschiedlichen Arten, Seele, Geist oder Gott zu definieren. Je mehr, desto besser.

Was ist die Seele? Im innersten Kern unseres Selbst sind wir alle ein und dasselbe. Mein Sein und Ihr Sein, entstanden aus demselben flüssigen Licht, das aus dem weiten Ozean in die kleine Hülle jeden einzelnen Körpers geflossen ist. Worte allein reichen nicht, um unsere essentielle, ewige, spirituelle Beschaffenheit zu beschreiben. Doch leider stehen mir nur Worte zur Verfügung. Musiker können über das Spirituelle singen, und Künstler können sein Leuchten malen. Ich habe nur Worte. Ich benutze das Wort »Seele«, um auszudrücken, wie der immerwährende Wesenskern wie gebrochenes Licht durch das Prisma unserer menschlichen Natur gekrümmt wird. Seele ist Sein, gefiltert durch Genetik und Geschlecht und Vorfahren und Erziehung und das Zeitalter, in dem wir leben.

Ihre Seele hier auf Erden ist einmalig, es ist Ihre. Sie ist anders als meine Seele, obwohl irgendwann alle Strömungen wieder zurück in den weiten Ozean führen. Manche Menschen nennen diesen Ozean Gott, manche nennen ihn Geist, manche haben kein Wort dafür – sie erleben ihn einfach als unermessliche Weite oder als Fragezeichen, oder als bleibende Sinneserfahrung von Liebe und Licht. In der Weite verschmelzen unsere Unterscheidungen und Unterschiede im Einssein, aber während wir hier sind, ist es uns bestimmt, unsere Einzigartigkeit auszudrücken. Jeder von uns ist eine Schneeflocke, die aus dem Sein auf die Erde gefallen ist. Es ist uns bestimmt, uns an unserer Individualität zu erfreuen, auch wenn wir uns an unsere wesentliche Gemeinsamkeit erinnern. Die Seele ist die Brücke zwischen reinem Sein und menschlicher Individualität.

Wenn die Seelenbrücke vorhanden ist, können wir zwischen Sein und Ego hin- und herwandern, zwischen Einssein und Verschiedenheit. Wir erinnern uns daran, wie wir alle von demselben Ort abstammen, aber wir haben während unseres Aufenthalts hier unterschiedliche Bestimmungen. Wir begreifen, welche großartige Chance wir erhalten haben, dass wir den Himmel auf Erden bringen dürfen. Wenn unsere Egos aufgeblasen werden oder rationales Denken überhandnimmt, oder unsere Gefühle und Sinneseindrücke auf uns einstürzen, zieht sich die Seele zurück. Die Brücke wird hochgezogen, wir sind im Getrenntsein gestrandet.

Aber die Seele kann wieder zurückgelockt werden. Setzen Sie sich aufrecht und still hin. Schließen Sie die Augen, lassen Sie die Schultern locker, entspannen Sie Ihren Bauch. Atmen Sie. Und jetzt beschwichtigen Sie Ihren hyperaktiven Verstand. Schschsch. Atmen Sie. Schschsch, halt! Hier! Diese Ruhe, die

Sie verspüren, diese entspannte Gegenwärtigkeit, diese Offenheit, diesen Frieden. Das ist Ihre Seele. Selbst wenn Sie der Seele nur für den Bruchteil einer Sekunde gewahr werden, selbst wenn Sie für diesen kurzen Augenblick durch einen Sumpf aus Ruhelosigkeit und Langeweile waten müssen, selbst wenn Sie kaum an das glauben, was Sie da gerade tun, ist es dennoch weise, die Seele aus ihrem Versteck zu locken. Um ihre Sprache zu lernen. Damit sie Sie führt.

GENIUS UND JUNO

Es gibt noch eine weitere Möglichkeit, über die Seele zu reden. Die Griechen glaubten, jedes Kind sei von Geburt an mit einem persönlichen Daimon gesegnet – einem Schutzgeist, einem goldenen Faden, der es mit seiner persönlichen Bestimmung und seinem ultimativen Schicksal verbindet. Heutzutage haben wir kein angemessenes Wort mehr für Daimon. »Seele« trifft es für mich ganz gut, aber der Begriff hat Konnotationen, die manchen Leuten weniger gefallen. »Schutzengel« passt wiederum für einige ganz gut, aber andere wiederum werden den Ausdruck wortwörtlich nehmen und sich verächtlich über die Vorstellung einer immateriellen Gestalt äußern, die dazu in der Lage sein soll, Lastwagen aufzuhalten, wenn man gerade über die Straße geht. Den Griechen ging es auch um etwas anderes. Für sie lebte ihr Daimon – ihr Schutzgeist – mit ihnen zusammen. Sie wurden mit ihm geboren, sie betraten diese Welt mit ihm, eingebettet in ihrem Körper – so wie die große Eiche bereits in der Eichel gegenwärtig ist – als eine Art spirituelle DNA, die bereits weiß, wer er ist, was er tun soll, wie er leben soll. Griechische Philosophen sprachen von der Pflicht, dem Daimon die Verantwortung für das eigene Leben zu übertragen. Wer das unterließ – wer versuchte, das Leben eines anderen zu leben, oder sein Licht unter den Scheffel stellte oder seine Chancen verspielte –, der würde den anderen die Fülle seiner Begabungen vorenthalten.

Die Römer, die sich viele griechische Denkmodelle zu eigen machten, bezeichneten den Daimon als Genius. Jede Person (na ja, im Römischen Reich wohl eher jeder Mann) besaß einen eigenen Genius. Wir haben die Bedeutung des Wortes »Genius« auf intellektuelle Fähigkeiten zurechtgestutzt, aber ursprünglich bezeichnete es den einer Person innewohnenden, einzigartigen Charakter. Für die Römer besaß jeder einen unverkennbaren Charakter und deshalb eine unverwechselbare Bestimmung. Orten, Gegenständen und Ereignissen wohnten ebenfalls Eigenschaften inne, ebenso den Häusern und Straßen, in denen man wohnte, den Städten, Gebirgen, den Jahreszeiten und Festspielen. Der Genius wurde oft als vitaler, frischer Junge abgebildet, der die alterslose, immerwährende Seele symbolisieren sollte, die sich vorübergehend in einer Person, an einem Ort oder auf einem Gegenstand niedergelassen hatte.

Als Frau im alten Rom durfte man auch einen Genius besitzen, allerdings nannte man den weiblichen Schutzgeist Juno. Juno war eine Göttin und Roms Schirmherrin. Sie wurde als junge Frau unter einem grünenden Feigenbaum symbolisiert, in Gesellschaft eines prächtigen Pfaus. Der Monat Juni wurde nach ihr benannt. Sie verkörperte die Fülle des Lebens – süß, aber auch unerschütterlich. Sie beschützte Leben und war bekannt dafür, Blitze auszusenden, wenn man ihr in die Quere kam (eine nützliche Fertigkeit, zu der Sie Ihre persönliche Juno ermutigen sollten).

Im alten Rom war es die Aufgabe der Eltern, die Mädchen dabei zu unterstützen, ihre Juno kennenzulernen und auf sie zu vertrauen, und den Jungen dabei zu helfen, ihren Genius zu entdecken und ihm zu folgen. Ich bin mir nicht sicher, wie viele Mütter und Väter der Antike ihre elterlichen Pflichten dahingehend erfüllten. Ich stelle mir vor, dass sie genauso viele Fehler machten wie wir. Aber in der Theorie glaubten sie eben nicht daran, dass es die Rolle der Eltern sei, das Selbstverständnis eines Kindes übermäßig zu beeinflussen oder seine Schritte in der Welt unverhältnismäßig stark zu lenken.

Heutzutage wurden die meisten von uns auf eine Weise erzogen und so sozialisiert, dass unser Schutzgeist, wenn wir erwachsen sind, tief verschüttet unter so vielen Sollen-, Müssen- und Nicht-dürfen-Regeln liegt, dass wir oft nicht mehr wissen, wo wir nach unserer Juno, unserem Genius, unserem authentischen Selbst Ausschau halten sollen. Tatsächlich finden wir diesen Gedanke allein schon fragwürdig. Gibt es denn wirklich so etwas wie ein »authentisches Selbst«, »ein »wahres Selbst«? Ich bin der Meinung: ja. Vielleicht ist es unterdrückt oder schwer angekratzt, aber es kann befreit und aufpoliert werden. Ich habe diese Erfahrung persönlich gemacht. Nach jahrelangen Versuchen und Fehlschlägen, auf die noch mehr Versuche und sporadisches Gelingen folgten, weiß ich jetzt genau: Sobald ich mein kleines Ego und meine eingeschüchterte Art zu reagieren aus dem Weg schaffe, wird meine Wahrhaftigkeit, meine beseelte Lebensfreude herbeistürzen und die Grenzen meines Seins ausfüllen. Sie wird meine Schritte leiten und selbst den härtesten Zeiten einen Sinn geben.

Ihre Juno, Ihr Genius muss umworben werden. Obwohl stark und strahlend, sind Schutzgeister unaufdringlich und schüchtern. Sie reagieren auf hartnäckiges und dennoch freundliches Bitten. Sind sie erst mal erwacht, überstrahlen sie jede Unaufrichtigkeit in Ihnen und Ihrem Leben. Aber sie brauchen Raum und Zeit, sich auszudehnen, während sie wachgerüttelt werden. Ihre Juno, Ihr Genius wissen, wer Sie sind – sie wissen, dass Sie unter einer Form von irriger Identität leiden. Aber sie gehören nicht zu denen, die gerne streiten. Sie sind nicht so laut wie manche der anderen Stimmen in Ihrem Kopf. Was aber nicht bedeutet, dass sie nicht da sind.

Es ist anstrengend, mit der eigenen Juno oder dem eigenen Genius in Kontakt zu treten. Sie brauchen dafür vielleicht Unterstützung. Eine Psychotherapie kann hilfreich sein. Genau wie Meditation. Beides ist geeignet, die Stimmen in Ihrem Kopf zu zügeln – die, die den ganzen Tag und die ganze Nacht lang lautstark falsche Anweisungen erteilen.

Herauszufinden, wo man Unterstützung findet, ist nicht so schwer. Wenden Sie sich an Therapeuten oder Lehrer (oder nutzen Sie Bücher oder Denkmodelle), die ihrem eigenen Genius oder ihrer eigenen Juno zu folgen scheinen. Woran Sie das erkennen? Diejenigen, die in Verbindung zu ihrer Wahrhaftigkeit stehen, besitzen ähnliche Eigenschaften. Sie sind ausgeglichen, sowohl sanft als auch stark. Sie machen sich nicht übertrieben viele Gedanken darüber, was andere Menschen von ihnen halten, und dennoch machen sie sich sehr viele Gedanken über das Wohlergehen ihrer Mitmenschen. Sie sind so im Einklang mit sich selbst, dass sie allen gegenüber offen sind. Sie haben von der Süße und der Bitterkeit ihres eigenen Lebens gekostet und beides gleichermaßen für gut erklärt; und jetzt möchten sie, dass auch Sie von Ihrem eigenen Leben kosten. Sie fordern keine Loyalität von Ihnen, sie möchten, dass Sie sich befreien. Sie werden Ihnen nicht nachlaufen – Sie müssen auf sie zugehen. Und wenn Ihre Arbeit mit ihnen erledigt ist, werden sie Ihnen Flügel geben, um davonzufliegen.

Und dann beginnt die eigentliche Arbeit. Die Selbstverpflichtung, in allem, was Sie sagen oder tun, aufrichtig zu sein. Der Mut, verletzbar zu sein, sich bemerkbar zu machen in einer Welt, die nur darauf aus ist, dass Sie sich anpassen. Unerschrocken und liebevoll auf diejenigen zuzugehen, deren eigene Aufrichtigkeit so blockiert ist, dass sie sich von Ihnen bedroht fühlen werden. Es ist ein lebenslanger Weg voller Abenteuer, diese Zurückgewinnung Ihres authentischen, wahren Selbst, aber es lohnt sich. Durch sie kehren Sie heim in eine würdevolle und dankbare Existenz.

Und wie erkennen Sie Ihre eigene Juno, wenn sie sich Ihnen

vorstellt? Wie erkennen Sie das Gesicht Ihres Genius? Sie werden das Gefühl von »zu Hause sein« haben, das Fehlen von Heuchelei, nichts Gestelztes mehr, ein Gefühl von Ganzheit. Sie werden sie als etwas Unverfälschtes erkennen – wie ein frisch vom Baum gepflückter Apfel oder die angeschlagene Teekanne Ihrer Großmutter oder Ihre Lederjacke, die niemandem außer Ihnen gefällt und die Sie immer behalten werden, weil sie aus irgendeinem Grund eine große Bedeutung für Sie hat, weil sie etwas ausdrückt, weil sie Sie ist. Das ist Ihre Juno. Das ist Ihr Genius. Irgendwann werden Sie mit all Ihren Gehirnzellen herausfinden, dass Ihr authentisches Selbst genau das ist, worauf Sie sich am meisten verlassen können.

AUTHENTIZITÄTSDEFIZITSTÖRUNG

Ich höre nie auf, mich darüber zu wundern, wie sehr wir alle unter ADS leiden. Ich verstehe unter ADS eine *Authentizitätsdefizitstörung*, und Sie werden diese Erkrankung in keinem medizinischen Lehrbuch der Welt finden, weil ich sie erfunden habe. Aber sie existiert dennoch. Und wie bei so vielen psychischen Störungen gibt es auch bei Authentizitätsdefizitstörungen ein breites Spektrum an Ausprägungmöglichkeiten. Manche von uns leiden an einer milden Form. Wir verbringen den Tag mit dem schwach ausgeprägten irritierenden Gefühl, ein Mensch zu sein, und zögern, unser wahres Gesicht mit seinen vielen merkwürdigen und wunderbaren Unregelmäßigkeiten zu zeigen. Wir blicken nur widerwillig nach innen, um ein bisschen aufzuräumen und ans Mark des Selbst heranzukommen. Manche von uns erreichen jedoch das eher bedenkliche Ende des Spektrums einer Authentizitätsdefizitstörung. Dort ist die Wahrnehmung unserer eigenen Unzulänglichkeiten und unserer Schamgefühle erdrückend und lähmend. Eine ausgeprägte Form der Authentizitätsdefizitstörung kann sich in Depressionen, Angststörungen, Panik und Vereinsamung äußern. Sie kann uns daran hindern, in vollen Zügen zu leben.

Die meisten von uns decken das mittlere ADS-Spektrum ab – manchmal gefällt uns, wer wir sind, manchmal schämen wir uns dafür. Manchmal wissen wir, wo es in unserem Leben langgeht, manchmal sind wir durcheinander und stecken fest. Insgeheim hängen wir an der hirnrissigen Überzeugung fest, dass alle anderen die richtige Handlungsanweisung bekommen haben – nur wir nicht. Wir hegen sogar den Verdacht, dass mit uns vielleicht etwas nicht stimmt. Aber diese Verunsicherung behalten wir für uns, sie bleibt unser Geheimnis. Und dann versuchen wir, sie mit allen möglichen Fassaden und Schutzmaßnahmen zu überspielen, die uns im Laufe unseres Lebens zur Gewohnheit werden. Wir bemühen uns, wie jemand auszusehen, der alles im Griff hat. Je nachdem, was wir gerade glauben, das von uns erwartet wird, versuchen wir cool zu klingen, durchsetzungsstark aufzutreten und clever zu sein. Oder aber wir verstecken uns vielleicht hinter der Macho-Maske oder in der Braves-Mädchen-Rolle. Vielleicht spielen wir das liebe Mädchen, wenn eigentlich nach der Rebellin verlangt wird, oder wir rebellieren, wenn es gar nichts gibt, wogegen es sich zu kämpfen lohnt. In der Zwischenzeit, tief im Innersten, liegt unsere strahlende Seele, die die Welt wirklich von uns sehen will. Aber wir glauben nicht daran. Wir glauben genau das Gegenteil – dass unser folgenschweres Nicht-dazu-Passen offensichtlich wird, wenn wir zu sehr in die Tiefe gehen oder zu viel von uns preisgeben.

Also lassen wir uns nur oberflächlich aufeinander ein, weil wir Angst davor haben, dass wir, wenn wir alle Karten offen auf den Tisch legen, nicht geliebt werden, nicht akzeptiert werden und niemals dazugehören. Dass man uns ausnutzt. Dass man über uns richtet und uns ausgrenzt. Doch das ist ein totales Missverständnis. Wenn wir uns gegenseitig nur unsere oberflächlichen Narben zeigen – unsere Schutzmechanismen, unsere übliche Art zu reagieren, unsere falsche Intimität –, dann bekommen wir auch nur das zurück. Zeig mir deine Oberfläche, und ich zeige dir meine.

In Wahrheit ist es so: Hinter den Fassaden und Narben und Bewältigungsstrategien sind Sie durch und durch schön und gut. Sie sind nicht perfekt. Aber Sie sind schön und gut. Wenn wir uns gegenseitig unser ganzes Selbst zeigen – mit allen Narben und was sonst noch dazugehört –, dann dringen wir zum Mark durch, zum Innersten, zur Seele. Sich einer Person zu öffnen, fällt nicht leicht. Manchmal bedeutet es zuzugeben, dass man Angst davor hat, dorthin zu gehen, dass man dieser Person nicht vertraut, dass man in der Vergangenheit verletzt wurde. Aber wenn es Ihnen gelingt, werden Sie Ihr Gegenüber zu ehrlich gemeinter Offenheit inspirieren. Es ist keine perfekte Gleichung – manche Menschen sind harte Brocken, manche werden sich Ihnen gegenüber nie öffnen –, aber es ist immer einen Versuch wert.

In der Tiefe wird uns die Chance geboten, das Gute im anderen in Anspruch zu nehmen und es in die Beziehung, die man zu der Person hat, einzubringen. Das klingt vielleicht viel zu mühsam, viel zu riskant. Aber ich glaube, dass es noch viel mühsamer und riskanter ist, es nicht zu tun – sich nicht über das Gute in einem selbst klar zu werden und das Gute in den anderen nicht zu suchen. Wir verwenden so viel Zeit und Sorge darauf, unsere so wenig authentischen, verletzten Selbstentwürfe zu umkreisen, und dabei ist es so wahnsinnig befreiend, diesen Teufelskreis der Authentizitätsdefizitstörung zu durchbrechen. Und der erste Schritt dorthin ist, sich zu vergegenwärtigen, wie sehr wir alle unter ADS leiden.

Während meiner langjährigen Tätigkeit am Omega Institute war ich so etwas wie ein Spion im Allerheiligsten einer Initiative, die sich um das Potenzial des Menschen Gedanken macht und herausfinden will, was den Menschen wirklich hilft, ihre Wunden zu heilen und ihre Begabungen aufzuspüren. Was hilft den Menschen bei der körperlichen Gesundung? Der psychologischen? Was hilft ihnen dabei, ihr Unglücklichsein und ihre Angst loszulassen und zu entdecken, wie man sich selbst lieben und wertschätzen kann? Was hilft ihnen in ihrem spirituellen Wachstum, wenn sie die begrenzte, angsterfüllte Sicht auf ihre Leben gegen eine weitreichendere Bewusstwerdung eintauschen? Und am wichtigsten – was hilft den Menschen dabei, ihre Selbstheilungskräfte in ein Geschenk für unsere leidende Welt zu verwandeln? Ich habe in vielen Seminarräumen und Hörsälen gesessen und einigen Antworten auf diese Fragen aufmerksam zugehört. Ich habe Heiler interviewt, spirituelle Lehrer, Wirtschaftsbosse, Nobelpreisträger, Künstler und Futuristen und Wissenschaftler – alles nur, um diese Reise, wie Menschen sich von einer Authentizitätsdefizitstörung erholen können, zu kartographieren.

»Wahnsinn, du hast mit so vielen aufregenden Lehrern zu tun gehabt, wie sind die denn so?«, fragt man mich oft. Was hat dich am stärksten inspiriert? Wie lautet das große Geheimnis? Ich hoffe, meine platte Antwort enttäuscht Sie nicht: Das große Geheimnis lautet: Jeder Lehrer oder Autor oder Wirtschaftsboss oder Künstler, mit dem ich gearbeitet habe, ist ein ganz normaler Mensch – jeder einzelne von ihnen. Das ist das große Geheimnis. Ja, sie sind klug und tiefgründig, aber sie sind auch einfach genau wie Sie und ich. Sie essen, sie gehen auf die Toilette, sie vergessen, wo sie ihre Schlüssel hingelegt haben, sie streiten sich mit ihrer Familie. Sie bemühen sich, ihren großmütigen Vorsätzen gerecht zu werden, und manchmal gelingt es ihnen, manchmal aber auch nicht. Sie haben Liebeskummer und blinde Flecken und verhalten sich widersprüchlich. Und aufgrund der Zeit, die ich mit einigen der klügsten Wissenschaftler und schlauen Rattenfängern und gelassenen Heilern hinter der Bühne verbracht habe, kann ich Ihnen zweifelsfrei berichten, dass es da von sonderbaren Neurosen und überraschenden Unsicherheiten nur so wimmelt und jeder Momente hat, in denen er oder sie verwirrt über sein oder ihr Menschsein ist. Wir erwarten Antworten von ihnen, dabei sind auch sie auf der Suche. Diese Erkenntnis hat mich tief mit der Wahrheit verwurzelt, die man uns seit Ewigkeiten erzählt, aber an die wir dennoch nie wirklich geglaubt haben: dass du, du selbst, die Antwort bist.

In meinen Anfangsjahren bei Omega, ich war Mitte zwanzig, war es mir unangenehm, wenn die Vortragenden und Lehrer von ihren Podesten fielen. Es fühlte sich an, als erführe man während eines Abendessens, dass ein berühmter Paartherapeut sich scheiden lässt, oder als organisiere man ein Retreat für Friedensaktivisten und muss feststellen, dass das alles ziemlich aggressive Leute sind. Oder als lerne man einen deprimierten Glückscoach kennen. Oder den Mönch mit einem Riesenego. Anfangs habe ich mich darüber geärgert. Aber mit den Jahren hat es sich befreiend angefühlt. Ich konnte toleranter mit den Ungereimtheiten im Verhalten der Leute umgehen, und ich wurde mir gegenüber milder. Es hat mir gezeigt, dass niemand genau das Leben lebt, das man sich für ihn vorstellt. Wenn man also das eigene Leben mit dem einer anderen Person vergleicht, vergleicht man es meistens mit der eigenen Fantasie. Der Anblick der menschlichen Schwächen meiner Lehrer, Seite an Seite mit ihrer Genialität, hat mir geholfen, meine eigenen Ansprüche nach Perfektion zu reduzieren, lockerzulassen und mir vorzunehmen, einfach authentisch zu sein.

Das Ende einer Authentizitätsdefizitstörung ist nicht der Beginn einer strahlenden neuen Persönlichkeit. Es ist viel weniger aufregend und doch viel schöner: Man wird mehr man selbst. Man wird gegenwärtiger, wacher, lebendiger. Man entdeckt eine natürliche Intelligenz, die weiß, was man braucht, um seine Bestimmung zu erfüllen. Man sucht immer weniger außerhalb von sich selbst nach Anerkennung und Führung. Das eigene Leben wird zu dem, der man ist, und nicht zu dem, was man tut.

Die Aktivistin und Schriftstellerin Eve Ensler, die das Theaterstück *Die Vagina-Monologe* schrieb, hat oft Vorträge am Omega Institute gehalten. Einmal kam sie direkt nach einer Reise in ein afrikanisches Kriegsgebiet zu uns. Sie erzählte mir die Geschichte, wie sie in eine Sitzung von Regierungsmitgliedern hereinplatzte und ihnen den Marsch blies über das erschreckende, stetig ansteigende Ausmaß von Gewalt gegen Frauen. Ich fragte sie: »Woher nimmst du den Mut, diesen mächtigen Menschen gegenüber die Wahrheit auszusprechen?« Und sie antwortete mir: »Weil ich weiß, dass alle sich immer nur was ausdenken, selbst Präsidenten. Wo immer ich hingehe, überall denken sich die Leute Dinge aus. Also dachte ich mir, wenn die das können, kann ich das auch. Mir aus tiefster Überzeugung etwas ausdenken und in den Dienst der Liebe stellen.«

Menschen wie Eve Ensler haben mir gezeigt, dass die Arbeit am eigenen Selbst nicht egoistisch ist. Einen milden Blick auf sich selbst zu entwickeln, kann ein Liebesdienst an der Welt sein, wenn wir das Licht nach innen wie nach außen richten. Wenn Sie das Gute in sich selbst kennenlernen – Ihr innerstes Selbst –, wird Ihnen die naheliegende, aber auch überraschende Erkenntnis zuteil, dass andere Menschen ebenfalls ein tiefes Selbst besitzen, das es verdient, kennengelernt und geliebt zu werden. Und deshalb ist die Offenlegung des eigenen wahren Selbst kein Selbstzweck, denn nur wer sich selbst kennt, bringt genug Mitgefühl auf, sich auf den »anderen« einzulassen, und ist mutig genug, den »anderen« an sich heranzulassen.

DAS BEGLAUBIGTE HANDBUCH MENSCHLICHER KINDERERZIEHUNG

Mein erster Mann war Arzt. Er bildete mich als Hebamme aus, und ich assistierte ihm bei Hausgeburten. Bei meiner ersten war ich gerade zwanzig und mein Mann kaum viel älter. Wir waren selbst noch Kinder. Er machte gerade ein Praktikum in einem Krankenhaus in San Francisco, und ich beendete das College. Ich war nicht etwa aus Lust wieder an die Uni gegangen, sondern weil ich sonst das Herz meiner Mutter gebrochen hätte.

Wir lebten mit diesem Guru unter einem Dach, den ich in Kalifornien gesucht und gefunden hatte. Er war kein Feld-Wald-und-Wiesen-Guru, sondern ein hochgebildeter Religionswissenschaftler, der in Frankreich aufgewachsen war, im Zweiten Weltkrieg mit den Alliierten gekämpft hatte und nach Amerika gezogen war, als junge Amerikaner damit anfingen, sich für fernöstliche Religionen zu interessieren. Sein Vater war ein verehrter indischer Mystiker, seine Mutter Amerikanerin, die Nichte von Mary Baker Eddy, der Begründerin der Christian-Science-Bewegung – für mich ein überzeugender Zufall.

Tagsüber besuchte ich lustlos das College in San Francisco. Sobald meine Kurse vorbei waren, überquerte ich die Golden Gate Bridge nach Marin County, wo wir wohnten, und widmete mich meiner Ausbildung in Meditation, fernöstlichen Religionen, westlichen Religionen und allen sonstigen Arten von Glaubenstraditionen. Meine akademische Ausbildung am College verblasste im Vergleich zu den spirituellen Anleitungen meines Lehrers und dem medizinischen Training meines Ehepartners.

Ich lernte etwas über das innere Wesen der Dinge – das innere geistige Leben, das Innere des weiblichen Körpers, die Eingeweide des Daseins als Mensch. Endlich.

Wie sich herausstellt, ist der Körper genauso unerklärlich wie der Kosmos. Nach allem, was wir wissen, ist er ein Spiegel des Kosmos. Die Geheimnisse des Universums wohnen in uns, vom Mark unserer Knochen bis hoch in die Fingerspitzen. Wussten Sie, dass die Chance, dass Ihr Fingerabdruck mit dem eines anderen Menschen übereinstimmt, bei eins zu vierundsechzig Milliarden liegt? Und dass diese winzigen Rillen und Wirbel an der Spitze jeden Fingers vom Druck auf die sich entwickelnden Hände des Babys in der Gebärmutter stammen? Es wurden noch nie zwei Menschen mit identischen Fingerabdrücken gefunden.

Während meiner beruflichen Tätigkeit als Hebamme arbeiteten wir nach der Geburt eines Babys peinlich genau eine Checkliste ab, in die Herzfrequenz, Hauttonus, Reflexe und andere Merkmale, Maße und Gewichte über den Gesundheitszustand des Neugeborenen eingetragen wurden. Nachdem ich mit der Checkliste fertig war, nahm ich jedes Mal die winzige Hand des Babys und untersuchte den Abdruck auf jedem der winzigen Finger. Es war, als läse ich in dem Baby, als läse ich die Fingerabdrücke seiner Seele. Dadurch, dass ich so viele Babys in den ersten Minuten ihres Lebens auf Erden begrüßt habe, reifte die Überzeugung in mir, dass wir hier nur eine einzige Bestimmung haben: den Fingerabdruck unserer eigenen Seele zu studieren, um sie kennenzulernen, sie zu lieben, in ihr zu leben.

Allerdings gibt es ein Problem. Von dem Moment an, in dem wir beginnen, der Welt den Fingerabdruck unserer Seele zu offenbaren, bieten uns Familie und Gesellschaft widersprüchliche Richtungsvorgaben an. Ein lebhaftes Kind wird man schon im frühen Alter auffordern, sich ruhig zu verhalten; ein schüchternes Kind wird man dazu drängen, Kontakte zu knüpfen; ein stilles Kind wird aufgefordert werden, mehr zu reden; ein lautes Kind wird zur Ruhe ermahnt. »Du bist zu __________ (aggressiv, passiv, zurückhaltend, wild, ängstlich, unordentlich, zimperlich ...), sagen die Eltern und Lehrer. Natürlich schwingt bei diesen Worten der Vergleich mit dem perfekten menschlichen Wesen mit, das genau genommen gar nicht existiert. Diese ganzen anderen Kinder, denen wir ähnlicher sein sollen – Geschwister und Kusinen und Freunde – werden wiederum aufgefordert, sich ihren Geschwistern und Kusinen und Freunden anzunähern. Kein Wunder, dass wir alle so verwirrt sind.

Die Babys, die ich auf die Welt gebracht habe, machten niemals einen verwirrten Eindruck auf mich. Ihr Blick war ruhig und klar. Bevor ich sie gewickelt und sie oder ihn an seine Eltern übergab, habe ich ihnen immer einen einfachen, formlosen Willkommensgruß ins Ohr geflüstert, so etwas wie »Hallo! Hurra! Wir haben auf dich gewartet.« Neugeborene suchen bei ihren ersten Erdlingen – Mutter, Vater, Geschwistern, Sippe – nach Anzeichen, dass sie hier willkommen sind. Sie sondieren die ersten Gesichter, die sie erblicken, mit einer so gefühlstiefen Neugier, als wollten sie sagen: »Hier bin ich! Das hast du bekommen! Lernen wir uns gegenseitig kennen. Lass uns zusammengehören.« Und so gut sie eben können, versuchen Eltern, ihre neuen kleinen Menschen freudig zu begrüßen und sie anzunehmen.

Aber Elternsein ist ein harter Job; niemand ist wirklich darauf vorbereitet. Wenn man Müttern und Vätern Auszüge aus einem »Beglaubigten Handbuch menschlicher Kindererziehung« aushändigen würde, damit sie ihren Neugeborenen daraus vorlesen, würde sich das in etwa so anhören:

Hallo, kleiner Erdenbürger! Wir sind froh, dass du hierhergekommen bist. Wir wollen alles über dich wissen – tief hinein in dein Innerstes, tief hinein in deine Fingerabdrücke. Bitte zeige uns, wer du bist. Wir werden genau zuhören, was deine Seele braucht und was sie gerne zum Ausdruck bringen möchte. Aber wir werden dir auch beibringen, was hier auf Erden möglich ist. Es gibt Dinge, die man nicht ändern kann, aber auch viele Dinge, die man ändern kann und soll. Wir werden dir helfen, das alles zu verstehen, weil wir wissen, dass du hierhergekommen bist, um etwas zu bewirken. Wir werden dir helfen, diese Bestimmung zu finden.

Du wirst dein ganzes Leben lang die Wege vieler »anderer« kreuzen, die ebenfalls ihre einzigartige Bestimmung herausfinden und ihre Pläne erledigen wollen. Das wird deine größte Herausforderung: dir selbst bis ins Mark treu zu bleiben, während du die Wahrhaftigkeit der anderen ehrst – ihre Werte, ihre Herkunft, ihre Blessuren und ihre Stärken. Falls du Geschwister hast, werden sie in dieser Arena deine ersten Lehrer sein. Sie werden dir einen verwirrenden Cocktail aus Fürsorge und Konkurrenzkampf, Freundschaft und Zurückweisung anbieten. Bitte vergib ihnen, dass sie dich als Eindringling betrachten.

Und bitte vergib uns – deinen Eltern –, falls wir dir widersprüchliche Anweisungen geben; wenn wir dich zu Eigenständigkeit drängen und gleichzeitig darauf bestehen, dass du gut mit allen anderen auskommst. Irgendwo zwischen diesen beiden Polen liegt der gesunde Mittelweg. Sich selbst treu zu sein und fair gegenüber den anderen. Unser größtes Geschenk an dich wird sein, dass wir diesen Mittelweg selbst gehen, denn wir wissen, es ist wertlos, nur über diesen Weg zu reden. Wir versprechen dir, auf unsere Worte Taten folgen zu lassen.

Diese Worte hätte man uns mit auf den Weg geben sollen, und wir hätten sie unseren Kindern sagen sollen und sie wiederum ihren Kindern. Aber selbst wenn man in den Vereinten Nationen so einen Text zustande gebracht und ihn bei jeder Geburt weltweit ausgeteilt hätte, wäre das immer noch keine Garantie für umfassenden Erfolg in welcher Form auch immer. Babys zermürben selbst die Stärksten unter uns. Ganz zu schweigen von Kleinkindern und Teenagern und erwachsenen Kindern. Das beglaubigte Handbuch menschlicher Kindererziehung sollte tatsächlich die erschütternde Information enthalten, dass dieser Job nie endet, und dass man diesem Text Jahr für Jahr folgen muss. Irgendwer hat vergessen, uns darauf hinzuweisen.

Außerdem vergaß man, uns zu sagen, dass auch unsere eigene Reise niemals endet. Es gibt keine Ziellinie. Es gibt immer Neues zu entdecken, mehr zu wissen, mehr zu heilen, mehr zu lieben, mehr zu geben. Sich selbst treu zu sein ist eine wilde Achterbahnfahrt, voller Herausforderungen und Wunder. Der Jungianer James Hollis schrieb: »Wir sind nicht hier, um uns anzupassen, ausgeglichen zu sein oder anderen als Vorbild zu dienen. Wir sind hier, um verschroben zu sein, anders, vielleicht sonderbar, vielleicht bloß, um unser kleines Stück, unser winziges, klobiges, ungehobeltes Selbst zu dem großen Mosaik des Lebens hinzuzufügen. Wie die Götter es wollten, sind wir hier, um mehr und mehr wir selbst zu werden.«

DAS GESICHT MEINER MUTTER

Vor vielen Jahren, als ich viel Energie darauf verschwendet habe, »mich anzupassen, ausgeglichen zu sein oder anderen als Vorbild zu dienen«, schleppte mich mein mutiger Ex-Mann in einen berühmt-berüchtigten Selbstfindungs-Workshop einer Gruppe namens »est – erhard seminar's training« um den Denker Werner Erhard mit ihrem »The Six Days«-Programm. Wir waren Mitte dreißig, unsere zehn Jahre alte Ehe war ins Taumeln geraten, und wir hatten zwei kleine Kinder, stressige Jobs und eine ungewisse Zukunft.

Die Strategien des »est«-Programms glichen denen des Militärs: Stelle eine Gruppe zusammen, nimm den Mitwirkenden alle persönlichen Dinge ab und verbiete ihnen für längere Zeit jeglichen Kontakt zur Außenwelt. Dann bombardiere während dieser Zeit – in diesem Fall, sechs Tage – die ungefähr hundert Teilnehmer von frühmorgens bis tief in die Nacht hinein nonstop mit Befehlen, gruppendynamischen Prozessen und extrem harten sportlichen Herausforderungen, gewähre ihnen gleichzeitig eine kalorienreduzierte Diät und als Soundtrack eine lautstarke musikalische Dauerberieselung, zu der in diesem Fall der Titelsong des Films *Rocky* gehörte. Die Prämisse war, dass mit Hilfe des rigiden Tagesablaufs und der Härte des Programms die Einsicht uns einen Schlag auf den Kopf versetzen würde, so dass …, dass wir, ich zitiere »The Six Days«, »es endlich kapieren« und »aufhören, uns mit der Realität zu streiten«.

Auf dem Papier klang das toll. Mein Mann und ich befanden uns mitten in einem Streit, mit dem anderen und mit der

Realität. Die Realität war, dass wir verheiratet waren. Der Streit ging darum, dass wir nicht mehr verheiratet sein wollten. Er hat mein Vertrauen zerstört und mein Herz gebrochen, ich hatte mich revanchiert. Würde das Sechs-Tage-Programm unseren Streit beenden? Würde es uns dabei helfen, uns heimlich mit eingekniffenem Schwanz zurück in unsere Ehe zu schleichen und mit der Realität Frieden zu schließen? Ich wollte das unbedingt. Aber ich hatte auch so meine Zweifel. Erstens haftete der gesamten Organisation eine Aggressivität an, die mir nicht gefiel. Selbst wenn ich im Clinch mit der Realität lag, konnte ich mir nicht vorstellen, wie mir jemand diesen Streit ausreden sollte. Und zweitens wollte ich mich nicht vor einer Gruppe von wildfremden Leuten streiten. Für mich fühlte sich das gefährlich an. Mein Mann und ich trugen lauter Pflaster kreuz und quer auf unseren Herzen. Ich hatte Angst, dass das Sechs-Tage-Programm von uns verlangen würde, sie abzureißen, und dass unsere Ehe damit den Bach runtergeht.

Andererseits mussten wir unbedingt etwas tun. Wir waren zu jung, um eine verbitterte Ehe zu ertragen, aber alt genug, um zu wissen, wie viel auf dem Spiel stand. Also trottete ich meinem Mann hinterher in den Workshop und meckerte den ganzen Weg über. In den Unterlagen stand, dass das Programm in der Sekunde begann, in der man sich einschrieb, und dass man sich auf die Erfahrung vorbereiten konnte, indem man auf seine wahren Gefühle hört und sich Notizen dazu macht. Womit wir mitten im Problem waren! Ich wusste nicht, was meine wahren Gefühle waren, und selbst wenn, hätte ich nicht auf sie gehört. Damals verstand ich nicht, was ich heute weiß: Mein eigenes wertvolles Selbst war es wert, dass man ihm zuhört; dass das, was ich wollte, einen Wert und eine Bedeutung hatte; und dass das Aussprechen der Seelenwahrheit besser nicht in einem militärisch angehauchten Camp stattfindet.

Es wäre ganz sicher besser gewesen, wenn ich auf eine sanftere Art und Weise gelernt hätte, welch eine befreiende Wirkung das Aussprechen der Wahrheit auf mich hatte, als so, wie es in diesem Sechs-Tage-Programm ablief. Mein Gedächtnis hat die meisten Erinnerungen an das gelöscht, was mein Mann und ich einander während nie enden wollender Manöver und kurzen, kalorienreduzierten Mahlzeiten gesagt haben. Ich erinnere mich nur noch daran, wie ich sage – oder brülle? –: »Ich habe dich niemals wirklich geliebt.« Tja, das stimmte ganz sicher nicht. Ich liebte ihn so, wie jemand, der sich selbst nicht lieben konnte, zu lieben fähig war.

Doch die Menschen lernen auf eine merkwürdige und lädierte Art und Weise. Wir wagen uns weit vor, um herauszufinden, was wir bereits besitzen. Bedeutet das, dass ich mein wahres Selbst ohne diese Reise hätte entdecken können, ohne mich stümperhaft im Kreis zu drehen, ohne die schmerzlichen Verluste, ohne die ausgeteilten und eingesteckten Lieblosigkeiten? Den Glücklichen unter uns mag es gelingen, hoch oben auf einer Wolke durch die Stürme des Lebens zu ziehen. Diese Erfahrung wurde mir nicht zuteil, und es ist auch nicht die Route, wie ich bemerkt habe, die die meisten Sterblichen nehmen. Manchmal ist es im Auge des Sturms, wo wir das Auge des Herzens finden – das authentische Selbst, die Essenz, das Mark dessen, was wirklich von Bedeutung ist.

Also zogen wir los in den Workshop, beide wild entschlossen, unser leckgeschlagenes Schiff zu reparieren. Ich kann nur ein paar wenige Marschrouten der »Trainer« – so nannte man den Sechs-Tage-Gruppenleiter – aus meiner Erinnerung hervorkramen. Einmal verlangte der Trainer stundenlang von der gesamten Gruppe, dass sie auf seinen Befehl aufstand oder sich hinsetzte, bis endlich, weit nach Mitternacht, alle im Einklang dem Kommando folgten. Uns wurden von angeheuerten Friseuren die Haare geschnitten oder eine neue Frisur verpasst, als Unterstützung, unser altes Ich leichter abzuwerfen. Wir aßen wenig und liefen mehrere Kilometer am Tag. Und die ganze Zeit über traf die Gruppe sich immer wieder, und wir wurden ermutigt, unsere Herzen auszuschütten.

Ich wusste, was dieses Training zu erreichen versuchte. Ich respektierte die Zielvorgaben. Aber ich lehnte die martialischen Methoden ab. Aus welchen Gründen auch immer war ich stets jemand gewesen, dem es leichtfiel, anderen sein Herz auszuschütten. Und eigentlich probierte ich, mich in die andere Richtung zu bewegen. Ich hatte das Bedürfnis, Grenzen zwischen mir und anderen Menschen zu ziehen. Je mehr alle anderen mit dem System kooperierten, desto stärker weigerte ich mich zu gehorchen. Ich war die erste Besetzung für die Rolle der Wütenden. Man brachte mich in das Büro des Haupttrainers, als ich die Erlaubnis einforderte, zu Hause anzurufen, um zu hören, wie es meinen Kindern ging. Ich sagte dem Trainer, dass ich aussteigen wolle, dass mir dieses Programm rein gar nichts brachte, außer meine Kinder zu vermissen und stinksauer zu sein. Er sagte mir, dass mein Widerstand gegen das Programm nicht anders zu bewerten sei als mein Widerstand gegen das eigentliche Leben, und je mehr ich dagegen ankämpfte, desto weiter würde ich mich von der Wahrheit entfernen, die zu erkennen ich mir doch so sehnsüchtig wünschte.

Einen Satz, den er zu mir sagte, werde ich nie vergessen, ein Satz, der während der gesamten sechs Tage laufend wiederholt wurde: »Du bist bereits in Baltimore, du weißt es nur nicht, also versuchst du immer weiter, nach Baltimore zu kommen.«

»Aber das hier ist nicht Baltimore«, entgegnete ich, genervt von dem Psychogebrabbel. »Das hier ist Up-State New York!«

Der Trainer sah mich mitfühlend an. »Liebes«, sagte er, »DU

bist Baltimore, okay? Wir bemühen uns, dir zu helfen, nach Baltimore zu kommen.«

Also blieb ich da, weil ich tatsächlich nach Baltimore wollte. Die abschließende Aufgabe des Sechs-Tage-Programms fand nach dem Essen am letzten Abend statt und dauerte »so lange, bis es auch der Letzte kapiert hat«. Ich hatte vor, mein »Kapieren« – was immer das hieß – zu simulieren; ich wollte nicht diejenige sein, die die gesamte erschöpfte Gruppe die halbe Nacht wachhielt. Die Aufgabe bestand darin, sich über die gesamte Breite eines Wandspiegels aufzureihen, auf einem Stuhl, mit dem Gesicht zum Spiegel. Man trug uns auf, unser Gesicht anzustarren, uns tief in die eigenen Augen zu sehen, unsere Gesichtszüge in uns aufzunehmen, unseren Körper mit den Augen abzutasten. Uns anschauen, anschauen und noch mal anschauen und dabei wirklich etwas sehen.

Um mich herum hörte ich die Leute lachen oder weinen oder schreien. Aber schon bald wurden die Geräusche im Raum immer leiser, und ich nahm nur noch mein Gesicht im Spiegel wahr. Nur dass es nicht mein Gesicht war, sondern das meiner Mutter. Ich kniff die Augen zusammen, blinzelte und sah weg, weil ich das Gesicht meiner Mutter nicht sehen wollte, ihre Züge in meinem Gesicht – ihre hohen Wangenknochen, ihre braunen Augen und buschigen Augenbrauen, ihr lustiges Lächeln, ihr feines Haar. Sie sah aus wie ich. Eine Welle der Abscheu stieg in mir auf, und dann wurde aus Abscheu Wut. Ich wollte nicht aussehen wie meine Mutter. Je mehr ich meinen eigenen Gefühlen freien Lauf ließ, desto mehr schämte ich mich. Und dann erinnerte ich mich wie aus dem Nichts an ein Gespräch mit meiner Mutter, das einige Jahre nach dem Wegzug meiner Eltern aus dem Zuhause meiner Kindheit auf Long Island stattgefunden hatte. Typisch für ihre impulsive Art schmiss meine Mutter alles weg, was sie nicht mit in das neue Haus in Vermont mitnehmen wollte, ohne »die Mädchen« zu fragen, ob sie etwas von den Sachen behalten wollten. Es ging um Puppen und Spielzeug, Andenken und Schulaufgaben – aufgetürmtes Strandgut, wenn die Kinder in die Welt hinausziehen.

In der Highschool und am College hatte ich Bildhauerei studiert. Ich liebte den feuchten Geruch im Klassenzimmer, die ruhigen Posen des Modells, die Beschaffenheit und Temperatur des Tons. Ich liebte es, Gefühle in Form zu modellieren. Meistens war ich überrascht über das, wofür meine Hände sich entschieden. Vielleicht hatte ich gedacht, dass ich Meerjungfrauen oder Pferde oder Götter aus dem Ton formte. Aber zwangsläufig schleppte ich Büsten und Figuren von Mädchen und Frauen nach Hause – Schwestern, Mütter, Töchter. Die wichtigsten Erscheinungsbilder meines jungen Lebens.

Mein Lieblingsstück war ein lebensgroßer Kopf aus meiner Highschool-Zeit, der meiner Mutter erstaunlich ähnlich sah. Ich hatte überhaupt nicht vorgehabt, so eine Plastik zu formen; das Modell im Klassenzimmer sah ihr auch keineswegs ähnlich. Aber es ließ sich nicht leugnen – da war es, das Gesicht meiner Mutter, aus Ton gefertigt. Nachdem ich es gebrannt und auf einem Stück Treibholz befestigt hatte, schenkte ich den Kopf meiner Mutter. Sie schwor, dass sie die Skulptur liebte, stellte sie aber auf ein Regalbrett weit unten im Wohnzimmer, wo niemand sie sehen konnte. Und da blieb sie, bis meine Eltern umzogen.

Nach dem Umzug suchte ich im Vermonter Haus nach der Skulptur.

»Marsh, wo ist die Plastik von dir? Wo ist die Plastik mit deinem Gesicht? Die ich in der Highschool gemacht habe.«

»Oh, es macht keinen Spaß, das eigene Gesicht anzusehen«, antwortete sie. »Ich habe sie auf dem Garagenflohmarkt verkauft.«

»Aber Marsh! Ich habe sie gemacht. Ich habe sie dir geschenkt. Du hättest mich vorher fragen müssen. Vielleicht hätte ich sie ja gewollt.«

»Nun ja, es war mein Gesicht, und ich blicke nicht gerne in mein eigenes Gesicht, also habe ich sie weggetan.«

Jetzt – zehn Jahre später – sitze ich vor diesem Spiegel während des Sechs-Tage-Programms, sehe das Gesicht meiner Mutter und höre sie sagen: »Ich blicke nicht gerne in mein eigenes Gesicht.« Erschöpft wie ich bin, fange ich an, laut mit ihr zu reden:

»Warum? Warum gefällt dir dein Gesicht nicht?«

»Niemandem gefällt sein eigenes Gesicht wirklich«, sagt das Spiegelbild meiner Mutter zu mir.

»Warum nicht?«

»Weil es wie eine Landkarte ist, was alles nicht mit dir stimmt.«

»Was denn? Was stimmt denn deiner Meinung nach nicht mit dir?«

»All die Dinge, die ich hätte tun sollen, aber nicht getan habe. All die Dinge, die ich getan habe, aber nicht hätte tun sollen. All meine Schwächen. All meine Fehler. All die schlimmen Dinge aus der Kindheit.«

»Was für schlimme Dinge? Erzähl mir davon.«

»Nein, das kann ich nicht. Es ist anrüchig, die Vergangenheit wieder aufleben zu lassen.«

»Nein, ist es nicht! Rede darüber! Erzähl es mir. Schäme dich nicht. Dann wirst du auch die guten Dinge sehen. Und vielleicht wirst du dann dein Gesicht lieben.«

»Für mich ist es zu spät, mein Gesicht zu lieben. Liebe DU DEIN Gesicht. Tu es für mich.«

Mittlerweile weinte ich. Ich saß auf dem Stuhl, vor einem Wandspiegel, redete mit mir selbst und weinte. Ein Teil von mir wusste, dass ich mir das Ganze ausdachte – meine Mutter hätte niemals so mit mir geredet. Und doch wusste ein anderer Teil von mir, dass nichts davon ausgedacht war.

»Marsh! Liebe dein Gesicht«, wiederholte ich immer und immer wieder, und es brach mir das Herz, dass meine wunderschöne, talentierte, beeindruckende Mutter nicht in der Lage war, ihr wahres Selbst zu sehen – das Gesicht ihrer Göttin, ihrer Einzigartigkeit, ihrer Seele. Ich wusste, dass sie, wenn sie ihre vermeintlichen Fehler und ihre schwelenden Wunden erforscht hätte, die strahlende Tiefe ihres Selbst erreicht hätte. Aber sie schüttelte den Kopf und sagte nur wieder: »Für mich ist es zu spät. Liebe du dein Gesicht.«

»Es ist nie zu spät, Marsh«, flehte ich sie weinend an. Mein Herz fühlte mit ihr. Ich schloss die Augen und legte mir eine Hand auf die Brust und saß eine lange Zeit still da. Als ich die Augen wieder öffnete, war meine Mutter verschwunden, und ich sah mich selbst an. »Es ist nie zu spät«, sagte ich zu dem Mädchen im Spiegel. Ich starrte mein Gesicht an. Ich sah Ähnlichkeiten mit meiner Mutter, Ähnlichkeiten mit meinem Vater. Ich sah meine Herkunft, meine Familie, mein Zeitalter. Ich sah sowohl Liebe wie auch Wut in meinen Augen. Ich sah meine bekannten, unvollkommenen Gesichtszüge – Nase, Lippen, Augenbrauen, Kinn, auf einzigartige Weise für mich angeordnet. Mein Gesicht, mein Erbe, mein Geschenk, das ich entweder lobpreisen oder ablehnen konnte.

Und plötzlich kapierte ich es: Das hier war mein Baltimore. Das hier war der Weg nach Hause. Das hier war die Realität, mit der ich im Streit lag. Mein eigenes Selbst – die ganze Zeit hatte ich geglaubt, ich hätte Mühe, meinen Mann zu lieben, dabei hatte ich in Wahrheit Mühe, mich selbst zu lieben. Das hier war der Streit, den ich beenden musste.

Am nächsten Morgen, bei der Schlussversammlung des

Sechs-Tage-Programms, saßen wir in einem großen Kreis zusammen. Die Verantwortlichen fragten jeden von uns, den Workshop in drei Worten zusammenzufassen. Inzwischen wusste jeder, dass »in maximal drei Worten« genau das bedeutete: in maximal drei Worten. Nach einer Woche endlosem Gerede und Miteinander und Verarbeiten war ich dankbar für die knapp angelegte Aufgabe.

Als ich an der Reihe war zu sagen, was ich aus diesem Experiment mit nach Hause nehmen würde, zögerte ich keine Sekunde:

»Mutters Gesicht«, sagte ich.

ANNA KARENINA ZUM DRITTEN MAL LESEN

Mein Vater behauptete, jedes Jahr den russischen Roman *Krieg und Frieden* einmal komplett zu lesen. Im Normalfall lese ich Bücher kein zweites Mal, aber seinem Beispiel folgend machte ich mich vor vielen Jahren noch einmal an Tolstois *Anna Karenina*. Ich dachte mir, wenn mein Vater jährlich tausendfünfhundert Seiten *Krieg und Frieden* bewältigte, sollte ich die Lektüre von *Anna Karenina* wenigstens einmal wiederholen.

Zum ersten Mal hatte ich das Buch während der Weihnachtsferien im zweiten Studienjahr gelesen. Es stand auf dem Plan meines Seminars in vergleichender Literaturwissenschaft an der Columbia University, wo ich so tat, als sei ich eine New Yorker Intellektuelle, aber tatsächlich mehr Zeit damit verbrachte, in Harlem für die Bürgerrechte auf die Straße zu gehen oder in Downtown Manhattan Meditationskurse am Tibetan Buddhist Center zu besuchen.

An Weihnachten flohen mein Freund (aus dem mein erster Ehemann werden sollte) und ich vor dem grauen und schmuddeligen Winter in New York City und suchten Zuflucht auf einer günstigen Karibikinsel, auf der Zelten erlaubt war. Ich hatte die Vision, die gesamte Literatur eines Semesters zu überfliegen, während ich faul unter einer Palme lag. Stattdessen stellten wir unser Zelt unter der prallen Sonne auf einem verwanzten Strand auf und vertrieben Tag und Nacht abgemagerte Hunde, die um Essen bettelten. Es gab nur zwei Orte, an denen man sicher war vor den Hunden und den Wanzen – im kristallklaren blauen Wasser ein paar Schritte entfernt von unserem Zelt oder in dem muffigen, drückend heißen Zelt.

Ich entschied mich für das Zelt und schnappte mir *Anna Karenina*, laut meinem Professor das wichtigste Buch des westlichen Literaturkanons. Nach weniger als einer Stunde blieb ich dem Zelt und Anna für den Rest der Ferien verbunden. Wenn ich im Zelt blieb, wenn ich bei Anna verweilte, wenn ich sie nicht verstieß, vielleicht wendete sie dann die drohende Tragödie ab, die in jedem Wort, jedem Satz mitschwang.

Und deshalb fuhr ich, während mein Freund schnorchelte, in einem von Pferden gezogenen Schlitten durch einen russischen Winter des neunzehnten Jahrhunderts, gemeinsam mit Tolstois Figuren: der wunderschönen Anna, die gesellschaftliches Exil und den Verlust ihrer Kinder für Liebe und Wahrhaftigkeit riskiert; ihrem pflichtbewussten, patriarchalischen Ehemann Alexej Karenin; Annas schneidigem, idealistischen und narzisstischen Liebhaber Wronskij sowie den moralischen Kompassen des Romans, Ljewin und Kitty. Ich folgte dem langen Weg von Annas Zerstörung und drückte ihr die Daumen, obwohl sie sich so mies verhielt, obwohl ich wusste, dass sie dem Untergang geweiht war. Ihre Geschichte ging mir durch Mark und Bein und füllte meine jungen Segel mit Hoffnung und Wut. Sie brachte Gefühle an die Oberfläche meines Bewusstseins, die die Zugkraft von Worten benötigten.

Als ich das Buch durchgelesen hatte, war ich furchtbar aufgebracht. Warum musste es so enden? Warum konnte sich Anna nicht über die gesellschaftlichen Konventionen der Zeit erheben? Mit was für einer Botschaft wurden die Frauen zurückgelassen – dass das Streben nach persönlicher Erfüllung in den Ruin und Tod führt? Dass eine Frau verdammt ist, wenn sie von den ihr vorgeschriebenen gesellschaftlichen Pflichten abweicht, wohingegen einem Mann verziehen wird, wenn er abweicht, und man ihn sogar beneidet? Und warum war es »das wichtigste Buch des westlichen Literaturkanons«? Ich war so frustriert über dieses Ende (und von einer Woche in diesem Zelt), dass ich am letzten Urlaubstag ins Wasser ging und das schimmelige Taschenbuch weit hinaus in die Wellen warf.

Bei der zweiten Lektüre von *Anna Karenina* war ich dreißig – eine junge Mutter, gefangen in ihrer eigenen, dem Untergang geweihten Ehe. Diesmal identifizierte ich mich mit Anna, und ich las das Buch als abschreckendes Beispiel. Ich war entsetzt über mich. Ich hatte mein Leben vermasselt, und wenn ich diesen Schlamassel nicht in Ordnung brachte, würde ich zwar nicht zwangsläufig wie Anna enden – (Achtung, Spoiler!) unter dem Zug –, aber ich würde vielleicht meine Familie zerstören. Während Annas Leben mit jeder Seite aus den Fugen geriet, legte ich das Gelübde ab, meine Ehe wieder zu kitten. Ich würde aufhören, mich wie Anna zu benehmen; ich würde versuchen, ein Leben mit weniger Drama und mehr Würde zu führen. War das nicht die Botschaft, die Tolstoi übermitteln wollte? War es nicht notwendig für die Gesellschaft, dass jeder Einzelne von uns an einem vereinbarten moralischen Kodex festhielt? Was würde dieser Welt widerfahren, wenn wir alle nur das täten, was wir wollten? Wenn wir unser eigenes Schicksal über das stellen, was gut für alle ist?

Nach der zweiten Lektüre warf ich das Buch nicht weg. Ich stellte es ins Regal, und jedes Mal, wenn ich daran vorbeiging, spürte ich, wie mein Herz sich zu einem harten Klumpen aus Entschlossenheit in der Größe einer Nuss verformte: *Ich werde brav sein. Ich werde brav sein. Ich werde brav sein.* Natürlich war das eine Illusion. Meine Ehe scheiterte, und mein Leben steuerte in eine unabwendbare Katastrophe, aber anders als die unglückliche Anna überlebte ich, und mehr noch, ich verwandelte das Trauma in den allergrößten Schatz: mein eigenes Selbst, meine wahre Göttin, meine Seele.

Arme, liebe Anna. Alles und jeder – einschließlich sie selbst – verschwören sich gegen sie. Sie ist unfähig, die wahre Liebesgeschichte des Romans zu vollenden: die Liebe, die sie für sich selbst hätte empfinden sollen. Wenn sie sich im Klaren über ihren wahren inneren Wert geworden wäre, dann hätte sich ein Weg in die Freiheit vor ihr aufgetan. Sie hätte ihre geliebten Kinder auf diesem Weg mitnehmen können. Während sie an ihrem eigenen Schicksal wächst, hätte sie sich mit Karenin versöhnen oder sich gegen Wronskij behaupten können, oder sie hätte jemand anderen gefunden oder nichts von alledem. Es sollte aber noch bis zu meiner dritten Lektüre von *Anna Karenina* dauern, bis ich das verstand. Ich bin mir nicht sicher, ob Tolstoi dem zustimmen würde. Er war ein Geschöpf seiner Zeit, und während dieser Zeit ging man nicht davon aus, dass Frauen in der Lage wären, die Reise des klassischen Helden zum Selbstsein anzutreten.

Eine meiner feministischen Ikonen, die unerklärlicherweise oft übersehene Historikerin Gerda Lerner, schrieb über die besondere Herausforderung für Frauen, ihre persönliche Heldenreise zu definieren und aufzunehmen. »Da die weibliche Erfahrung gewöhnlich ignoriert oder trivialisiert worden ist, verlangt das die Überwindung tiefsitzender Widerstände in uns selbst im Sinne des Akzeptierens unserer Person und unseres Wissens als bedeutsam und wichtig. Es bedeutet, uns von den großen Männern in unseren Köpfen zu befreien und sie durch uns selbst zu ersetzen.«

Sie kennen die klassische Interviewfrage: »Zwischen welchen beiden Personen – tot oder lebendig – würden Sie gerne während eines Abendessens sitzen?« Bis jetzt hat sie mir noch niemand gestellt, aber wenn es je dazu kommen sollte, lautet meine

Antwort: »Gerda Lerner und Leo Tolstoi.« Ich würde sie bitten, sich einen anderen Schluss für *Anna Karenina* auszudenken, nachdem Anna ihren tiefsitzenden Widerstand gegen das Akzeptieren ihrer selbst und gegen ihren Selbstwert überwunden hat. Nachdem sie die großen Männer in ihrem Kopf durch sich selbst ersetzt hat.

In den letzten paar Monaten, während meiner langen Autofahrten zu Maggie und ins Krankenhaus und zurück, habe ich *Anna Karenina* dank eines Hörbuchs zum dritten Mal »gelesen«. Der Vorleser war ein Mann, und seine Stimme stellte ich mir als die von Tolstoi vor. Erneut verliere ich mich in dem russischen Winter, selbst als die sich grün färbenden Hügel Vermonts an meinem Autofenster vorbeiziehen. Ich bin jetzt älter als Tolstoi während der Entstehung von *Anna Karenina.* Und ich glaube, ich verstehe das Buch endlich. Jetzt bin ich bereit, mit allen Figuren des Romans mitzufühlen – Anna, Karenin, Wronskij, Kitty, Ljewin, mit allen. In der Geschichte hat jeder eine bestimmte Rolle inne, genau wie jeder von uns in seiner Familie und seinem gesellschaftlichen Umfeld. Um sich aus diesem System zu befreien, muss man hart kämpfen. Und nur der größte Geschichtenerzähler ist dazu in der Lage, das wahre Drama eines menschlichen Lebens in Worte zu fassen – die beschwerliche Reise, das eigene authentische Schicksal für sich zu beanspruchen. Alle Figuren in *Anna Karenina* machen sich auf ihre eigene Art und Weise auf diese Reise. Aber nur eine schüttelt ganz bewusst die Rollen ab, die sie erwartungsgemäß hätte übernehmen sollen, und lebt schließlich nach den Vorgaben ihrer Seele. Es heißt, diese Figur – Ljewin – sei Tolstoi persönlich.

Der Tolstoi der eigenen Geschichte zu sein, alles zu riskieren für das Mark des Selbst, Anspruch erheben auf den eigenen Genius und die eigene Juno – steht das nicht im Mittelpunkt jeder großen Geschichte, von Jonas und dem Wal bis zu Jean d'Arc, von Tolstoi und Anna bis zu Ihnen und mir?

Heute, als ich mich Maggies Haus nähere, geht das Hörbuch dem Ende zu. Der Mann mit dem russischen Akzent liest die letzten Absätze vor. Ljewin steht auf dem Balkon seines Hauses, blickt hoch in den Himmel und begreift schließlich, dass die Seele im Herzen seines Lebens gut ist, dass er das Gute verkörpert, und dass die wahre Aufgabe seines Lebens die ist, das Gute hinaus in die Welt zu tragen.

Maggie und ich werden später ins Krankenhaus fahren, wo bei mir die Prozedur zur Ernte der Stammzellen eingeleitet wird, mit der ersten Spritze zur Stimulation der Stammzellenproduktion. Danach haben wir den Termin mit dem Therapeuten. Wir werden nach dem Guten in uns graben und füreinander das Mark unseres Selbst ernten.

Vierter Teil

DIE TRANSPLANTATION

Dort draußen, jenseits der Vorstellung
von richtig und falsch,
gibt es einen Ort. Dort werde ich dich treffen.
Wenn die Seele sich im Gras niederlässt
ist die Welt zu voll, um darüber zu reden.
Vorstellungen, Sprache,
selbst der Ausdruck »füreinander«
ergibt keinen Sinn.

RUMI

DER ORT

Den Therapeuten hatten wir auf Maggies Empfehlung hin ausgesucht, und das reichte mir als Argument. Ich hatte ihn angerufen und den Termin vereinbart. Weil plötzlich alles auf einmal passierte. Das medizinische Team wollte schnell anfangen. Maggie bekam eine neuartige Chemotherapie, und sobald die Behandlungen abgeschlossen und ihre Testergebnisse krebsfrei waren, musste sie das Transplantat erhalten. Die Ärzte konnten es sich nicht erlauben, ein noch so kleines Zeitfenster ungenutzt verstreichen zu lassen. Ein winziger Spalt, und der Krebs könnte zurückkehren. Sie brauchten meine Stammzellen. Ich hatte meine Tests schnell hinter mich gebracht und alle bestanden. Ich war für die Stammzellenernte freigegeben. Schritt eins – die erste Injektion eines Medikaments, das die Produktion der Stammzellen anregt – würde morgens an dem Tag stattfinden, an dem wir auch den Termin beim Therapeuten hatten.

Manche Menschen sind von sich aus gewillt, um Hilfe zu bitten, bevor ihr Leben in die Binsen geht. Aber die meisten von uns schleppen sich erst dann zum Arzt oder Heiler oder Sport oder Therapeuten (oder werden geschleppt), wenn wir am Verzweifeln sind. Vor Maggies erster Krebsdiagnose hatte unsere älteste Schwester Katy ihr nahezu Handschellen angelegt und sie in der Praxis eines Therapeuten abgeliefert. Maggie hatte sich in eine aussichtslose Situation manövriert. Sie hatte den Mut aufgebracht, Farbe bezüglich ihrer Ehe zu bekennen, saß aber verängstigt in einer Sackgasse fest und kam nicht mehr vom Fleck. Maggie betrachtete Therapie als eine Art Instandsetzung, die man schnell hinter sich brachte, und nicht als Möglichkeit, seit ewigen Zeiten verinnerlichte Ansichten und Gewohnheiten zu verändern. Der Therapeut half ihr damals ein kleines Boot zu bauen, mit dem sie sicher aus ihrer Ehe schippern konnte, und das reichte ihr völlig. Sie landete an der Küste und ging ihres Weges.

Ich weiß, dass man ein ungeschriebenes Gesetz bricht, wenn man einen Therapeuten auswählte, der vorher bereits mit einer Person des Duos gearbeitet hatte, aber das war mir egal. Wir sind kein normales Duo. Und das hier ist keine normale Situation. Die Dringlichkeit der Transplantation hat uns hibbelig gemacht, wir fühlen uns wie Fallschirmspringer. Wir werden ohne Antworten auf einige wichtige Fragen aus dem Flugzeug springen. Fragen wie: Wie kann uns eine dreistündige Sitzung zum Kern unserer lebenslangen Beziehung führen? Was genau versprechen wir uns davon? Was, wenn es nicht funktioniert? Ist dieser Typ der Aufgabe gewachsen? Keine Ahnung, aber ich denke mal, wenn er mutig genug ist, mit gleich zwei Schwestern auf dem Rücken aus dem Flugzeug zu springen, dann werde ich darauf vertrauen, dass er mit uns auf einer Lichtung, an diesem Ort, von dem der Dichter Rumi spricht, landen wird.

»Jenseits von richtig und falsch gibt es einen Ort«, schreibt Rumi. »Dort werde ich dich treffen.« So hatte ich Maggie meine Hoffnung beschrieben, was wir mit dem Therapeuten gemeinsam erreichen könnten. »Ich möchte dich an einem Ort der Liebe treffen«, sagte ich ihr. »Und vielleicht ermutigt das unsere Zellen, das Gleiche zu tun.« Die Zeilen von Rumi besiegelten unseren Deal, deshalb hatten wir schnell diesen Termin vereinbart, der mit dem Erntebeginn der Stammzellen zusammenfallen sollte.

Also mache ich mich an diesem Frühlingstag bei Sonnenaufgang auf den Weg zu Maggie. Die Bäume schlagen aus und schwenken ihre leuchtend grünen Fahnen im Morgenlicht. Mit jeder Stunde Fahrt gen Norden rückt der Frühling eine Woche nach hinten. Als ich bei Maggie ankomme, ist es kalt, und die Bäume haben noch nicht mal einen grünen Schimmer. Ich lasse das Auto im Leerlauf stehen, steige aus und laufe zum Haus, um sie abzuholen. Wir haben heute zwei wichtige Termine: Erst müssen wir ins Krankenhaus, wo ich eine Neupogen-Spritze bekommen werde. Danach findet unsere Therapiesitzung statt.

Maggie möchte hinters Steuer. »Du bist heute die Invalidin, Liz«, sagt sie und freut sich richtig darüber, zur Abwechslung mal auf dem Fahrersitz zu sitzen, mit mir als designierter Patientin neben sich. Die heutige Neupogen-Spritze ist die erste von fünf, die ich als ambulante Patientin während der kommenden fünf Tage erhalten werde. Sie wird in demselben Infusionsraum verabreicht, den auch Maggie schon so oft aufsuchen musste. Ich sehe, wie sich ihr Körper versteift, als wir die bekannten Flure entlanggehen. Nur wird diesmal mein Körper gepikt und mit einer chemischen Substanz zugedröhnt. Und dieses Mal stellt die Krankenschwester mir die Fragen, die Maggie so oft in meiner Gegenwart beantwortet hat: »Geburtsdatum?«, »Sind Sie mit den Risiken dieser Behandlung vertraut?«, »Haben Sie Allergien auf bestimmte Medikamente?« Und dann kommt die Spritze, und dann ist alles vorbei, bis morgen. Wir gehen zurück zum Parkplatz. Maggie setzt sich wieder hinters Steuer, und ich lehne mich im Beifahrersitz zurück.

Als wir uns der Stadt nähern, in der der Therapeut seine Praxis hat, sagt Maggie: »Sag mir noch mal, warum wir das hier tun?« Sie meint, sie glaube nicht so ganz an die Idee, sich selbst unter die Lupe zu nehmen. Während Sokrates der Ansicht war,

»das Leben, das nicht kritisch untersucht wird, ist es nicht wert, gelebt zu werden«, findet Maggie, dass die Selbsterforschung des eigenen Lebens eine teure und anmaßende Zeitverschwendung ist.

»Aber hat dir denn der Therapeut nicht geholfen, als es in deiner Ehe drunter und drüber ging?«

»Ja, schon«, gab Maggie zu, »er hat mir sogar sehr geholfen.«

»Wie? Wie hat er dir geholfen?«

»Ich glaube, er hat mir geholfen herauszufinden, was ich wirklich wollte. Er hat mir geholfen zu erkennen, dass es völlig in Ordnung ist … dass es in Ordnung ist, etwas für mich selbst zu wollen«, murmelt sie, weil sie es kaum über sich bringt, die Worte auszusprechen. »Etwas zu wollen, das richtig ist … für mich.«

»Na ja, das wäre ja dieses Mal auch sehr wichtig«, sage ich. »Zu wissen, was du willst, auszusprechen, was für dich richtig ist, es laut genug zu sagen, damit ich und meine Zellen und deine Zellen es ja hören.«

»Ich weiß«, erwidert sie. »Deshalb mache ich ja mit. Aber ich verbringe einfach ungern Zeit damit, mein Leben zu hinterfragen. Vor allem jetzt. Da lebe ich es lieber.«

Ich dagegen habe eine Menge Zeit damit verbracht, mein eigenes Leben zu hinterfragen, und die von allen anderen gleich mit. Ich kann mir nicht vorstellen, diese verwirrende menschliche Reise auf Autopilot geschaltet zu erleben. Ich brauche Unterstützung! Es ist ziemlich offensichtlich, dass wir alle Unterstützung brauchen – Eltern, Kinder, Arbeiter, Chefs, Regierungen, die Länder. Wie wär's, wenn wir einfach zugeben, dass wir keine Ahnung haben, wie wir das alles bewältigen sollen, wie wir uns verständigen sollen, wie wir von der Vergangenheit gesunden und vorwärtsgehen in eine bessere Zukunft? Wie wär's, wenn man ein paar Grundkenntnisse in Selbsterforschung verlangen würde, etwa gleichzeitig mit dem obligatorischen Algebra- oder Französischunterricht oder Fahrstunden? Es gibt einen unerschöpflichen Tresor an Weisheit, aus dem man schöpfen kann. Die moderne Version der Psychotherapie ist nur eine Methode der Selberforschung. Das Studium und das Heilen persönlicher Motive oder Wünsche oder Verhaltensweisen geht zurück bis auf die antiken Philosophen – die Taoisten in China und die Yogis in Indien, die Ägypter und Perser und Griechen – und bis in die Prähistorie, zu den indigenen Kulturen, deren Schamanen und Hexen die ersten Therapeuten auf Erden waren.

An all diesen Schauplätzen – im Osten und Westen, Norden und Süden, sakral und weltlich, antik und modern – waren die besten der Philosophen und Hexendoktoren und Seelenklempner immer Menschen, die in schamanischen Kulturen »verwundete Heiler« genannt wurden. Verwundete Heiler fühlen sich wohl in der Gegenwart von Menschen, die in dunklen und sorgenvollen Orten festsitzen, weil sie selbst dort waren und einen Weg herausgefunden haben. Vielleicht haben sie ihr Menschsein nicht vervollkommnet, und vielleicht sind sie ein bisschen seltsam geworden durch ihre zahlreichen Aufenthalte in der Unterwelt, aber ganz sicher besitzen sie Augen, die im Dunkeln sehen können, und einen festen Glauben, wenn sie wieder ans Licht kommen.

Deshalb mache ich mir keine Gedanken, als Maggie und ich die ausgetretenen schmalen Stufen in den ersten Stock des betagten Gebäudes in einer alten Stadt in Vermont erklimmen und die exzentrische Praxis des Therapeuten betreten. Das Wartezimmer ist ein bisschen ungewöhnlich – nur ein Treppenabsatz ohne Sitzgelegenheit. Also warten wir im Stehen. Ich beobachte Maggie. Sie ist fast kahl und alarmierend abgemagert. Sie erwidert meinen Blick. Ich bin blass und von der Neupogen-Spritze benommen. Wir fangen an zu lachen, und dann artet das Lachen in eine unkontrollierbare Hysterie aus. Das Gleiche ist uns schon in einer Vielzahl ähnlich unangemessener Situationen passiert, sogar während eines Chorkonzerts unserer Mutter, in Geschäften und im Theater, bei Hochzeiten und Beerdigungen. Ein einziger Blick reicht, und wir können uns nicht beherrschen. Es ist immer riskant, wenn wir bei öffentlichen Veranstaltungen nebeneinandersitzen.

Die Tür geht auf, und der Therapeut findet uns gekrümmt vor lauter Lachen vor. Er führt uns in seinen Behandlungsraum. Er sieht weniger wie ein Arzt und eher wie eine Mischung aus alterndem Rockstar und Hofnarr aus, mit seinem langen silbergrauen Haar und einem kurzen silbergrauen Bart, der zerknitterten Hose und einem ausgeleierten T-Shirt. Er hat etwas von einer Witzfigur, die gut zur Ausstattung des großen Raums passt. Eine Teddybär-Sammlung und anderer Nippes schmücken die Regale und Tische, während überall an den Wänden Diplome und staatliche Zulassungen schief und krumm herumhängen. In einer Ecke befinden sich ein Kühlschrank und eine Kochplatte, in einer anderen Aktenschränke und jede Menge Kartons. Drei nicht zusammenpassende Sofas, die man eher in einem Studentenwohnheim vermutet hätte, sind an einer Wand entlang aufgereiht, ihnen gegenüber steht ein durchgesessener Sessel. In dem Raum riecht es nach eingelegten Gurken – ein bisschen sauer, ein bisschen süß.

Der Therapeut bietet uns an, irgendwo auf den Sofas Platz zu nehmen. Maggie und ich setzen uns dicht nebeneinander auf das mittlere, wie zwei Vögel auf einer langen Oberleitung. Der Therapeut lässt sich in dem durchgesessenen Sessel nieder. Eine Weile sieht er uns reglos an, dann entwirft er einen Plan für unsere dreistündige Sitzung und unterbricht sich nach ein paar Sätzen immer wieder selbst, um uns zu fragen, ob wir damit einverstanden sind. Wir nicken, zwei Vögel auf einer Leitung. Ab und zu kichern wir und wenden mit Mühe einen hysterischen Anfall ab. Am Ende der Einführung sagt er: »Ich werde mir während unseres Beisammenseins zwischendurch einen Tee kochen und vielleicht eine Kleinigkeit essen. Und vielleicht meinen Hund füttern.« Er zeigt auf einen pelzigen Haufen neben den Aktenschränken. Wie aufs Stichwort wedelt der Hund mit dem Schwanz.

Ich bin froh, dass Maggie bereits wusste, auf was sie sich da einlässt, denn sonst wäre ich abgelenkt und würde mir Sorgen über ihre Reaktion auf das Ambiente, den Hund und den Geruch nach Essiggurken machen. Aber da sie sich wohlzufühlen scheint, gelingt mir das auch. Meine Branche wäre schon lange zugrunde gegangen, wenn die Fähigkeit, anderen zu helfen, Hosen mit Bügelfalte und elegante Büros voraussetzen würde. Jetzt sitzen da also zwei Schwestern einem modernen Schamanen gegenüber, bereit für den Sprung aus dem Flugzeug. Mein Herz klopft, was mich überrascht. Intimität ist immer auch Entblößung, und das Aussprechen der Wahrheit kann äußerst beängstigend sein, aber mir war nicht bewusst, dass ich so große Angst davor habe. Plötzlich schüchtert mich die Aussicht, tief in die Beziehung zu meiner Schwester zu bohren, mehr ein als die Entnahme des Knochenmarks. Ich greife nach Maggies Hand und drücke sie. Sie erwidert die Geste.

Der Therapeut fragt uns, was jede von uns aus dieser Sitzung mitnehmen will. Ich wühle in meiner Handtasche und finde die Fragen, die wir nach unserer Entscheidung, in Therapie zu gehen, aufgeschrieben hatten. Ich überreiche ihm die Liste und warte, bis er sie gelesen hat. Dann erkläre ich ihm, dass wir gerade mit der Prozedur zur Stammzellenernte begonnen haben. Ich beschreibe ihm die Tücken und Gefahren der Transplantation. Es kann durchaus sein, dass ich nicht ausreichend

Stammzellen produziere, und selbst wenn, besteht nach der Transplantation die Möglichkeit von Abwehr oder Angriff. Ich erzähle dem Therapeuten, dass ich alles in meiner Macht Stehende tun möchte, um meine Zellen zu ermutigen, sich zu vermehren und sich anschließend bereitwillig von meinem Körper zu trennen und eins mit Maggies Körper zu werden. Ich möchte überprüfen, ob ich etwas in mir trage – in meinen Gedanken und meinen Gefühlen, meiner Erinnerung und meinem Körper, tief bis ins Mark meiner Knochen, bis zu meiner allerwinzigsten Stammzelle –, das sich störend auf den Erfolg der Transplantation auswirken könnte. Und wenn da etwas ist, dann möchte ich es mir ansehen, ins Licht halten und loslassen.

Maggie sagt, sie sei aus einem ganz einfachen Grund hier. Sie wolle leben, sie wolle, dass die Transplantation Erfolg habe, sie wolle meine Zellen weder abwehren noch zu aggressiv werden lassen, wenn sie erst mal in ihr drin wären. Sie gibt zu, dass sie die Tendenz hat, mich zu kritisieren und abzulehnen, und dass sie sich gleichzeitig von mir herumkommandieren lässt. Aber jetzt möchte sie, dass wir ein Team sind, dass wir Maggie-Liz werden, dass wir zusammen daran arbeiten, ihr Leben zu retten. Sie sagt, sie sei bereit, sich alles anzusehen, was erforderlich ist, damit wir ein Team sind.

»Wie geht noch mal das Gedicht, Liz?«, fragt sie mich. »Das Gedicht von Rumi mit dem Ort?«

»›Jenseits von richtig und falsch gibt es einen Ort. Dort werde ich dich treffen.‹«

»Genau, darum soll es in der Sitzung gehen. Ich will, dass wir uns an diesem Ort treffen – jenseits von richtig und falsch.« Sie beginnt zu weinen und schlägt die Hände vors Gesicht. Die Anspannung der vergangenen Wochen und Monate braut sich wie eine Regenwolke hinter ihren Händen zusammen, und sie weint. Ich nehme sie in den Arm und blicke zum Therapeuten.

Jetzt sieht er aus wie der Heilige Franziskus, seine Augen randvoll von Mitgefühl, und die späte Nachmittagssonne, die hinter ihm durchs Fenster scheint, bildet einen Heiligenschein über seinem Kopf.

»Na dann«, sagt er, »lasst uns am Anfang beginnen.«

Er führt uns in die Zeit zurück, als wir kleine Mädchen waren. Wir bringen Vorfälle und Erinnerungen aus den verschiedensten Phasen unserer Kindheit zur Sprache – die richtigen wie die falschen. Es ist, als würden wir eins der Fotoalben meiner Mutter durchblättern und den passenden Text dazu liefern. Ich habe schon einige Paartherapien gemacht, aber das hier fühlt sich anders an. Je mehr wir reden, desto stärker fühle ich, wie irgendein magisches Mittel das Getriebe unseres Austauschs schmiert. Statt in der Vergangenheit festzukleben – statt die Geschichten als Aufhänger für Schuldzuweisungen oder Selbstvorwürfe zu verwenden –, kommen wir rasch voran. Ich weiß nicht, ob es das eigenartige Auf-Leben-oder-Tod-Gefühl ist, das uns dorthin bringt, oder die Unterstützung unsichtbarer Kräfte oder das Geschick des Therapeuten, aber es kommt mir so vor, als würden wir auf einem schnell fließenden Fluss treiben und ziemlich schnell diesen Ort jenseits von richtig und falsch erreichen.

Wir erinnern uns an die Freude, Schwestern zu sein – den Spaß, die Abenteuer, die hysterischen Lachkrämpfe, den Kokon der Zusammengehörigkeit. Und wir kramen Geschichten heraus, in denen es um Abwehr und Angriff geht. Ich tätschele meinen Hüftknochen und bitte meine Stammzellen, gut achtzugeben – auf die Liebe und den Konflikt. Maggies Geschichten über Abwehr und Angriff drehen sich um die Tatsache, das nur unwesentlich jüngere Mädchen zu sein – missachtet und niedergerungen von den älteren Schwestern, »der kümmerliche Zwerg des Wurfs«, wie sie sich ausdrückt. In meinen Geschichten bin ich diejenige, die missverstanden und von allen Schwestern kritisiert wird, diejenige, der man vorwirft, wichtigtuerisch und streitsüchtig zu sein – »die Prinzessin« oder »die, die sich aufgeblasen für was Besseres hält«, zumindest habe ich diese Beschreibungen über mich gehört (oder mir eingebildet, dass man hinter meinem Rücken so über mich redete).

Der Therapeut, in dem durchgesessenen Sessel uns gegenüber versunken, behält für uns den Überblick. Er ermutigt uns, der anderen zuzuhören, ohne gleich eine Abwehrhaltung einzunehmen, und die Wahrheit zu sagen, auch wenn es schwierig ist, die Geschichten aus den verstummten und geheimen Orten ans Licht zu zerren. Wir scrollen uns durch die Jahre: Spiele in der Nachbarschaft, lange Autofahrten, Familientreffen, Schulprojekte, geteilte Geburtstagsfeiern, an den Haaren ziehen, Spielzeug klauen, sich mit den anderen beiden Schwestern verbünden, den ganzen Weg bis zur Highschool. Manche von Maggies Geschichten überraschen mich, manche von meinen überraschen sie. Ich ertappe mich dabei, dass ich sie unterbrechen und auf Kurs bringen will, und ich merke, dass sie mich unterbrechen will. Aber der Therapeut hebt die Hand und sagt: »Nur zuhören.«

Also höre ich zu. Ich fange an, in jeder Geschichte über Abwehr und Angriff eine vertraute Melodie zu erkennen, die im Schatten liegende Erkennungsmelodie unserer Beziehung zueinander: *Ich bin zu viel, und Maggie ist nicht genug.* Nach einer Weile bittet der Therapeut Maggie, mir ins Gesicht zu sehen und mich etwas zu fragen, was sie mich schon immer fragen wollte.

»Warum musstest du Daddy immer Paroli bieten?«, fragt sie mich mit einer für sie untypischen Unerschrockenheit. »Warum konntest du ihn nicht einfach den Laden schmeißen lassen, ohne dich ständig mit ihm anzulegen? Die ständigen Streits haben mir Angst gemacht. Und sie machten mich wütend auf dich.« Sie sagt das alles, ohne mich anzugreifen. Ich sehe, dass sie es nur verstehen will und dass sie verstanden werden will. Daher kann ich ehrlich antworten.

»Ich hatte immer das Gefühl, die Drecksarbeit für alle anderen in der Familie erledigen zu müssen«, sage ich. »Währenddessen hast du immer so getan, als sei alles in bester Ordnung, und dann hast du hintenrum und heimlich nur das gemacht, was du wolltest und wie du es wolltest. Was sollte das? Warum nicht jemandem ohne Umschweife gegenübertreten? Ich dachte, ich lege mich für uns alle mit Daddy an.«

»Tja, niemand hat dich darum gebeten«, sagt Maggie.

»Da hast du nicht ganz Unrecht«, gebe ich zu.

»Aber du auch, Liz«, sagt Maggie. »Du hast auch nicht ganz Unrecht. Insgeheim habe ich dich dafür bewundert, dass du alles so direkt angesprochen hast. Ich war froh, dass ihm jemand Paroli geboten hat. Ich wusste nicht, woher du den Mut nahmst, zu sagen, was du denkst, und einzufordern, was du willst. Es hat mich beeindruckt, und es hat mir Angst gemacht. Beides.«

»Ich hätte mich ein bisschen mäßigen können«, sage ich. »Ich hätte mit dir reden sollen! Wir hätten ein Team sein können. Wir hätten damals schon Maggie-Liz sein können. Es tut mir leid, wenn ich immer vorausgestürmt bin, ohne dich mit einzubeziehen.«

»Mir tut es leid, dass ich so ein feiges Hühnchen war«, sagt Maggie. »Ich bin kein Kämpfer. Du schon. Eins ist aber nicht besser als das andere. Du warst einfach nur du selbst und ich ich selbst. Das erkenne ich jetzt.«

Ich auch. Ich schließe die Augen und sehe meine ganze Familie vor mir – die Mädchen und meine Eltern, wie wir alle versuchen, wir selbst zu sein in diesem Meer von vielen einzelnen Selbst. Wir treffen aufeinander, ohne die nötige Ausrüstung, Dinge zu besprechen, zu erklären und zu verbessern und eine Lösung für alle zu finden.

»Und was ist mit der Highschool?«, höre ich Maggie fragen.

Ich wische die Spinnweben aus meinem Gedächtnis und gehe zurück in eine Zeit, die ich zu vergessen versucht habe – jene unangenehmen, einsamen Jahre an der Highschool. Aber ich kann Maggie in keine der Szenen einsetzen, obwohl wir an derselben Schule waren, obwohl wir auf denselben Schulbus warteten, dieselben Kinder kannten, die gleichen verrückten Dinge auf denselben Partys machten. »Ich erinnere mich nicht wirklich an die Highschool«, sage ich.

»Ganz genau«, Maggie schnauft wütend, »du hast mich quasi ignoriert.«

Ich weiß, dass sie Recht hat. Die Highschool fühlte sich an wie ein Überlebenskampf. Neben der normalen Angst, ein Teenager zu sein, kam es mir vor, als befinde sich die ganze Welt im freien Fall. Jedes Jahr wurde ein anderer Politiker ermordet, ein anderer Junge, den ich kannte, nach Vietnam verschifft, und die Spannungen, ausgelöst durch die Rassenkonflikte, waren enorm. Es gab Märsche und Streiks, Aufstände und Abriegelungen der Schule. Und zu Hause in Long Island stieg in dem Jahr, in dem ich meinen Abschluss machte, ein irrer Nachbar durch das Fenster ins Zimmer meiner jüngsten Schwester. Sie wachte auf und sah einen Mann mit einem Strumpf über dem Gesicht, der sich über ihr Bett beugte. Mein Vater hörte ihre Schreie und jagte den Eindringling aus dem Haus, aber meine Eltern waren so erschüttert, dass sie innerhalb weniger Monate alles zusammengepackt hatten und endgültig nach Vermont zogen.

Ich versuche, Maggie in die Flure der Highschool zu projizieren, bei Veranstaltungen, im Bus, irgendwohin. »Tut mir leid«, sage ich, »aber es ist so, als wärst du überhaupt nicht da gewesen.«

»Dein Pech.« Sie lacht. »Aber so war es die ganze Zeit. Ich war immer überhaupt nicht da. Du warst die große Schwester, Marshs Liebling, die Klügere, diejenige, die es zu etwas bringt. Ich bin da nie herangekommen.«

»Ehrlich? So hast du mich gesehen? Für mich ist das nicht so. Das ist deine Version, aber …«

Der Therapeut unterbricht mich. »Hör nur zu, was Maggie sagt. Glaube ihr aufs Wort. Sie erzählt dir gerade, wie sie sich gefühlt hat.«

Ich sehe Maggie an, sie hält meinem Blick stand, und in ihren großen braunen Augen leuchtet ein starkes und konstantes Licht.

»Ich wusste das nicht«, sage ich. »Ich habe mir aber auch nie die Mühe gemacht, etwas zu erfahren. Es tut mir leid.«

»Mir auch«, sagt Maggie. »Denn die darauffolgenden Jahre habe ich damit verbracht, es dir heimzuzahlen.« Was stimmt. Während unserer gemeinsamen Jahre am College, als wir geheiratet und unsere Kinder großgezogen haben, waren wir zwar oft zusammen – manchmal eine wundervolle Zeit –, aber wenn ich versucht habe, ihr näherzukommen, hat Maggie mich abblitzen lassen. Jetzt erzähle ich ihr, wie sehr ich mir damals wünschte, Teil ihres Lebens zu sein, und wie verwirrt ich jedes Mal war, wenn sie bei meinen Besuchen so zurückhaltend war und ganz offensichtlich keine Lust hatte, sich mir zu öffnen.

»Ich wollte so sehr deine Freundin sein, Maggie.« Zum ersten Mal erzähle ich ihr, unter Tränen, von diesem tief sitzenden Schmerz, den ich mit mir herumtrage. »Ich wollte immer mehr von dir, als du bereit warst, mir zu geben.«

Meine Tränen erschrecken sie. Sie sagt, sie wusste, dass sie mich am langen Arm verhungern ließ, aber sie hatte keine Ahnung, dass es mir etwas ausmachen würde. »Du warst so stark, Liz«, sagt sie mir. »Du hast dieses bedeutsame Leben da draußen in der Welt gelebt. Ich dachte, du schaust auf mich herab, auf mich und mein merkwürdiges Holzhaus am Ende einer unbefestigten Straße, meinen belanglosen Job und meine belanglose Familie. Ich war doch nur eine Möchtegern-Künstlerin und eine Möchtegern-Ärztin, und du hast wirklich etwas bewirkt. Ich wäre im Leben nicht darauf gekommen, dass dich irgendetwas von dem, was ich mache, interessiert.«

Ich schüttele den Kopf. »Du spinnst doch!«, sage ich. »Das hast du dir alles ausgedacht!« Plötzlich spüre ich den Verlust dieser ganzen Jahre. Und die wahnsinnige Ironie unserer Beziehung. »Maggie, ich habe dein Leben nie für belanglos gehalten oder dich als Möchtegern-was-auch-immer gesehen. Im Gegenteil! Dein Haus, deine Familie, deine Arbeit: für mich war das alles das einzig Wahre. Mein Leben war ein einziges So-tun-als-ob. Aber deine Ablehnung hat mir gerade etwas bestätigt, von dem ich immer Angst hatte, dass es tatsächlich wahr ist. Dass ich mein Leben vermasselt habe, dass ich zu anstrengend war, dass ich wegen meiner verdammten aufgeblasenen Art einfach unsympathisch war. Ich sollte mehr wie du sein – bescheiden, zurückhaltend, bodenständig.«

»Du spinnst aber auch«, sagt Maggie. »Für alles, das ich insgeheim an dir bewundert habe – deinen Mut und deine Stärke und dein Selbstbewusstsein –, hast du dich in meiner Gegenwart geschämt. Und währenddessen habe ich mich – zurück auf der Ranch – für alles geschämt, was du an mir bewundert hast. Ist das nicht furchtbar traurig?«

»Grauenhaft«, pflichte ich ihr bei. »Weil alles, was ich je von dir wollte, du selbst warst. Nicht das, was du tust oder wo du wohnst oder sonst was. Nur dich. Weil du meine Schwester bist, weil ich dich liebe, weil das, was du bist, genug ist.« Ich ergreife Maggies Hand. »Glaubst du mir?«

»Ich versuche es. Ich möchte es gern glauben.« Sie sieht mich an. »Glaubst du denn, dass du genug bist? Glaubst du, dass du bist, wer du bist, und dass das alles ist, was ich von dir möchte?«

»Ich versuche es«, antworte ich.

»Und wie lautet die Moral dieser Geschichte?«, fragt der Therapeut.

»Na ja, dass wir alle verkorkst sind, aber trotzdem genug. Das ist die Moral der Geschichte.«

Wir sitzen still nebeneinander, und während der nächsten paar Minuten sagt niemand ein Wort. Alles, was zu hören ist, sind das leise Brummen des Kühlschranks und das gelegentliche Klopfen des Hundeschwanzes. Langsam füllt sich der Raum mit einem Gefühl, fast so, als sei etwas gegenwärtig.

»Spürst du das? Ich glaube, wir sind an diesem Ort. Dem Ort jenseits von richtig und falsch.« Sie dreht sich zu mir hin: »Liz, ich hatte die ganzen letzten Jahre keine Ahnung, dass du verletzt warst. In meiner Vorstellung warst du immer die Starke. Ich habe mit Dingen gekämpft, von denen ich dachte, dass du sie längst bewältigt hast. Ich habe mich geschämt für das, was in meinem Leben los war.«

»Aber für was denn? Ich wusste nie mehr als das, was ich gesehen habe. Und das, was ich gesehen habe, sah ziemlich perfekt aus. Eine intakte Familie, die ein gutes Leben lebt. Ich war geschieden. Ich war alleinerziehend. Ein paar Jahre lang habe ich die Kinder von einem Ort zum nächsten geschleppt. Aber du hast alles richtig gemacht. Du hast nie über deine Probleme geredet. Wofür hast du dich geschämt?«

Maggie zuckt nur mit den Achseln.

»Möchtest du darüber reden, Maggie?«, fragt der Therapeut.

»Eigentlich nicht. Es lohnt sich nicht, darauf jetzt einzugehen. Das ist Vergangenheit. Sagen wir einfach, dass mein Leben weit entfernt davon war, perfekt zu sein, und dass ich wollte, dass es perfekt aussieht. Ich wusste, wenn ich dich damals zu nahe an mich herangelassen hätte, dann hättest du mit mir über meine Ehe reden wollen. Und er wusste das auch«, sagte sie und meint damit ihren Ex-Mann. »Er dachte, du hättest einen schlechten Einfluss. Deshalb habe ich mich bei deinen Besuchen immer unwohl gefühlt, Liz. Ich wollte alles übertünchen, aber ich glaube, du hast es trotzdem gespürt – diesen Widerspruch. Ich wollte deine Freundin sein, aber ich musste dich auf Abstand halten. Und das kann ich nicht auf ihn schieben. Ich habe dich schlechtgemacht, damit mein Leben richtig war. Ich habe dich zum Bösewicht gemacht – du hast da draußen in der Welt gelebt, du hattest Geld, du hattest eine Firma, du hast an das System geglaubt. Nach unseren Regeln war das ›das Böse‹. Dann hast du dich scheiden lassen und warst alleinerziehend. Im Gegensatz dazu war ich erst recht die Gute. Die Perfekte! Ich musste es so sehen. Schwarz-weiß. Hätte ich nur ein bisschen Grau in mein Leben gelassen, wäre es in sich zusammengefallen. Damals wusste ich nicht, dass ich mich so verhielt. Aber jetzt. Und es tut mir leid. Und ich bin froh, jetzt an diesem Ort zu sein. Hier, mit dir.«

Wie angekündigt, macht der Therapeut sich eine Kleinigkeit zu essen. Der Hund tapst zu ihm hin. Der Therapeut rührt auf der Kochplatte in einem kleinen Topf Suppe herum und gibt dem Hund einen Belohnungshappen. Maggie und ich sitzen dicht nebeneinander auf dem Sofa, aber in Wirklichkeit befinden wir uns an einem hell erleuchteten Ort.

»Ich frage mich, was passiert wäre, wenn wir schon damals so miteinander gesprochen hätten. Als wir junge Mütter waren, oder sogar noch früher?«, wende ich mich an Maggie. »Was wäre passiert, wenn wir so schon im Schulbus miteinander geredet hätten?«

»Wir wären beste Freundinnen gewesen«, sagt Maggie. »Wir hätten uns so gesehen, wie wir wirklich sind. Wir hätten einander geholfen. Wir hätten viel mehr Spaß gehabt. Und weißt du, was noch?«

»Nein, was denn?«, frage ich.

»Die perfekte Übereinstimmung! Wir haben viel Zeit verschwendet, um herauszufinden, dass man nicht perfekt sein muss, um perfekt zusammenzupassen. Das ist fast zum Lachen.«

»Man muss nicht perfekt sein, um perfekt zusammenzupassen«, wiederhole ich. »Das gefällt mir. Und du hast Recht. Wir haben viel Zeit verschwendet, um das herauszufinden. Es ist, als wären wir einem Drehbuch gefolgt, das man uns als Kindern gegeben hat, und dann haben wir diese Sätze fünfzig Jahre lang andauernd wiederholt, ohne jemals zu prüfen, ob sie überhaupt stimmen.«

Der Therapeut setzt sich wieder in seinen Sessel. Er blickt aus dem Fenster in den düster werdenden Himmel und dann auf seine Uhr. »Liz, wenn du dieses Drehbuch weglegst und frei heraus sprichst, wer, glaubst du, ist Maggie? Wer ist sie für dich? Wer saß in diesem Schulbus? Was hast du immer an ihr geliebt? Sieh sie an und sag ihr, was du siehst.«

Ich sehe Maggie an und sage, was ich sehe: »Maggie ist ein Kolibri. Sie tanzt mit dem Leben. Farbenfroh, energiegeladen und verschmitzt. Sie verkörpert das Leben«, antworte ich dem Therapeuten.

»Richte deine Worte direkt an Maggie. Sag ihr, was du an ihr liebst.«

Ich wende mich Maggie zu: »Maggie, du bist die liebenswerteste Person auf der ganzen weiten Welt. Du bist wie die Blumen, die du pflückst und presst – jeder möchte dich mit nach Hause nehmen und zu dir gehören. Du bist klug und schön und ungestüm. Du bist lustig und begabt und neugierig auf alles. Du kümmerst dich um deine Patienten, deine Kinder, deine Freunde. Du kochst und backst und gärtnerst und machst unglaublich tolle Kunst. Du hörst nie auf, aktiv zu sein, zu geben, für andere Menschen, Kinder, Tiere, die Erde da zu sein… du sorgst für alle, nur nicht für dich selbst! Wenn du dich so sehen könntest, wie alle anderen dich sehen – so wie ich dich sehe –, dann würdest du dich vor dir selbst verbeugen, du wärst so liebevoll und sanft zu dir selbst, du würdest…«

Maggie rempelt mich mit einem Arm an. »Okay, ich hab's kapiert. Mehr verkrafte ich nicht. Darf ich jetzt sagen, wer meiner Meinung nach Liz ist? Was ich an ihr liebe?«

»Natürlich«, sagt der Therapeut. »Sag es ihr.«

»Liz! Du *bist* etwas Besseres! Aber das ist ein Kompliment! Verstehst du das nicht? Mein ganzes Leben war ich schüchtern, du nicht. Und es inspiriert mich, und hat mich inspiriert, im Gegensatz zu dem, was du denkst. Du bist nicht zu viel. Du bist du! Du bist nicht perfekt – niemand ist perfekt. Ich ganz gewiss nicht. Aber wenn du dich so sehen könntest, wie ich dich sehe, wow. Ich sehe, wie du aufrecht gehst, einen Saal betrittst, höflich und freundlich, und doch bestimmt. Du entschuldigst dich nicht für dein schweinegroßes Selbst. Egal, wo du bist – ob du mit meinen Ärzten im Krankenhaus redest oder im Fernsehen, Herrgott noch mal. Wie gerne würde ich diese innere Stärke aufbringen. Ich bin nur der kümmerliche Zwerg des Wurfs, der in dieser späten Phase seines Lebens endlich versucht, aufrecht zu gehen.«

»Du findest also, dass ich ein Schwein bin?«, frage ich. Wir müssen lachen. Es ist wichtig, dass wir lachen. An diesem Ort hier wird es ziemlich schnulzig. Und es wird spät. Ich fange an, die grippeähnlichen Symptome der Neupogen-Spritze zu spüren; Maggie sieht aus, als würde sie jeden Moment umkippen. Es ist fast sechs Uhr abends. Wir waren drei Stunden an unserem Ort.

Der Therapeut fordert uns auf, die Augen zu schließen und unsere Aufmerksamkeit auf unseren Körper zu lenken, auf unsere Zellen, auf die Ernte und auf die Transplantation.

»Ausgehend von dem, was du und Maggie heute entdeckt habt«, sagt er, »was möchtest du deinen Zellen sagen, Liz, als Vorbereitung für die Ernte?«

Ich halte meine Augen geschlossen und lasse die Frage in meine Knochen dringen. Ich lege eine Hand auf meinen Hüftknochen, wo ich den Druck der Vermehrung der Stammzellen spüre. Ich lege meine andere Hand aufs Herz, weil ich dort auch Regungen spüre, während die alten Geschichten freigegeben sind und die Wahrheit ans Licht kommt. Tief im Inneren des Knochenmarks beben die Stammzellen vor lauter reinen und großzügigen Absichten. Und als ich meine Brust berühre, spüre ich die Güte und Reinheit der Absichten meines Herzens. Das Wasser der Vergebung wäscht mich rein – Vergebung für mich, Vergebung für Maggie. Ich schwöre mir zum tausendsten Mal in meinem Leben, mir treu zu sein und die anderen so zu lieben, wie sie wirklich sind – uns alle, uns Wunder mit Fehlern, die wir uns anstrengen, dem Pfad im Wald zu folgen, den unsere Juno oder unser Genius für uns hinterlassen hat.

»Sag Maggie, was du siehst«, bittet mich der Therapeut, als könne er meine Gedanken lesen.

»Ich sehe, wer wir wirklich sind, Maggie. Und wir sind gut. Und wir sind stark. Und wir sind genug. Und wir bewältigen das. Wir bewältigen diese Transplantation. Wir haben bereits damit begonnen.«

»Was siehst du, Maggie?«, fragt der Therapeut.

»Ich sehe Liebe«, sagt Maggie. »Das ist alles, was übrig bleibt. Das ist alles, was zählt. Ich sehe, dass wir in Liebe und im Licht eng miteinander verbunden sind. Was könnte ich mir mehr wünschen?«

»Genau«, sage ich. »Die vielen Geschichten haben die Wahrheit überdeckt. Und die Wahrheit ist, dass ich dich liebe.« Selbst diese Worte erfassen nicht das gewaltige, dauerhafte Gefühl von Liebe, das den Raum erfüllt hat und es uns erleichtert, die Vergangenheit loszulassen und endlich in dem sicheren Hafen anzukommen, der sich im Herzen der anderen befindet. Als hätten Stöcke und Abfall einen Fluss gestaut, und jetzt fließt das Wasser in die Lücke zwischen uns, um uns, in uns. Und es ist Liebe. Und es ist real. Es ist das Einzige, was je real war.

Jetzt bittet der Therapeut mich, meinen Stammzellen ein paar Anweisungen zu geben – ein Gebet, eine Marschrichtung, wie immer ich es nennen möchte. Erneut schließe ich die Augen, und ich sehe Millionen von Zellen, die darauf warten, ihre Bestimmung zu erfüllen. Ich setze mich aufrecht hin. Ich fühle mich wie einer der Ahornbäume, die Maggie so sehr liebt. Ein Gebet taucht vor mir auf, vollkommen ausformuliert, schlicht und wahrhaftig. Ich trage es laut vor: *»Mögen meine Zellen wie Ahornsaft an einem warmen Morgen im Frühling fließen. Mögen sie dir süßes Lebenselixier spenden, Maggie. Mögen sie dafür sorgen, dass du noch viele Jahre bei uns bleibst.«*

»Maggie?«, fragt der Therapeut. »Hast du ein Gebet für das Transplantat?«

»Kein Gebet. Ich bete nicht«, sagt Maggie. »Es ist eher ein Hochzeitsgelübde. Die Hochzeit von Maggie-Liz. *Ich schwöre, meinen Körper zu einem Ort jenseits von richtig und falsch zu machen, damit deine Zellen wissen, dass sie hier zu Hause sind.«*

Der Therapeut liest die Fragen vor, die ich ihm zu Beginn unserer Sitzung gegeben hatte.

»Also, mal sehen, ob wir noch etwas tun müssen.« Er liest den Zettel laut vor:

»Hier sind Dinge, die ich getan habe, durch die ich dich möglicherweise verletzt habe. Wirst du mir verzeihen?

Hier sind Angewohnheiten von dir, durch die ich mich verletzt gefühlt habe. Kann ich dir gefahrlos meine Wahrheit erzählen?

Kann ich in deiner Gegenwart ich selbst sein?

Wirst du mich akzeptieren?

Wirst du mich lieben?

Wirst du mir in deinem Innersten einen Platz einräumen?«

»Abgehakt, abgehakt, abgehakt«, sagt Maggie.

»Amen, Revolutionsschwester.«

feldnotizen • 31. mai

liz ist 2 jahre älter als ich. von den 4 schwestern liegen wir altersmäßig am nächsten beieinander, aber in meiner erinnerung streiten wir uns als kinder ständig, wegen ihrer unfairen bevorzugung durch meine mutter, und obwohl wir ähnliche erfahrungen an der highschool und am college gemacht haben (wir waren revolutionsschwestern: sex, drugs and rock 'n roll) und dann beide geheiratet und zur gleichen zeit kinder bekommen haben, ging sie einen spirituellen weg und ich zurück aufs land. wir wurden uns noch fremder, als wir es als kinder waren. ich lebte ein ärmliches leben auf dem land und sie nicht. ich fühlte mich kritisiert, weil ich nicht spirituell war, obwohl ich ihren lebensstil belächelt habe. ich hatte ja keine ahnung, dass sie sich von mir kritisiert fühlte und unbedingt meine freundin sein wollte. und dann tat sie das absolut schlimmste, was eine tochter meiner mutter tun konnte; sie ließ sich scheiden, jetzt war ihre schlechtigkeit amtlich. und ich konnte schön das brave mädchen bleiben. das ist die geschichte. liz hat mich vor der transplantation gefragt, ob ich mit ihr zu einem therapeuten gehen würde, um alle hindernisse aus dem weg zu räumen, die die aufnahme ihrer stammzellen erschweren könnten. diese idee gefiel mir. liebend gerne, und so waren wir heute bei einem therapeuten, ein paar stunden lang. was in diesem raum passiert ist, wird in kürze von der chemotherapie verschleiert werden, deshalb will ich es aufschreiben und mich für immer und ewig daran erinnern. es hat mir so viele dinge gezeigt, über mich, und dinge über liz, und es hat das mobiliar unserer beziehung neu sortiert. Es hat die tief empfundene liebe füreinander zementiert und unsere hingabe gestärkt, mit gegenseitiger liebe und unterstützung weiter voranzugehen.

Ich übernachte in Maggies und Olivers Gästezimmer. Sie sind ins Bett gegangen. Ich wälze mich im Dunkeln hin und her und denke über die Therapiesitzung nach. Meine Knochen schmerzen, als die Stammzellenproduktion Tempo aufnimmt. Ich weiß nicht, ob ich so unruhig bin, weil ich an die Geschichten denken muss, die wir heute ausgegraben haben, oder weil die Zellen sich auf den Weg aus meinen Knochen machen. Die Abläufe scheinen sich zu ähneln: Wachstum ankurbeln, selbst wenn es wehtut, an tief verborgenen Orten nach Heilung graben, uns einander öffnen, als ein Geschenk der Liebe.

Die heutige Therapiesitzung war anders als alle, die ich vorher erlebt habe. Wir haben die Vergangenheit ausgebuddelt, das behalten, was uns gefiel, und das, was uns nicht gefiel, fallen gelassen. Einfach so. Es ähnelte eher dem, was Menschen mit einer Nahtoderfahrung berichten – wenn, während man stirbt, die eigene Vergangenheit äußerst real aus einer höheren Warte betrachtet noch einmal erlebt wird, und sich einem ganz plötzlich Sinn und Bestimmung eines ganzen Lebens erschließen.

Vier Jahre nach Veröffentlichung meines ersten Buches, *Broken Open*, leitete ich einen Workshop für Menschen, die schwierige Zeiten durchlebten, auf Grund von Veränderungen und Verlusten. Eine der Übungen, die ich mir ausgedacht hatte, bestand darin, eine Nahtoderfahrung zu simulieren. Ich habe diese Übung viele Male durchgeführt, mit kleinen und großen Gruppen – manchmal zehn Teilnehmer, manchmal dreihundert. Unter den Gründen, warum jemand teilnahm, war alles vertreten: Menschen, die unter einem Trauma oder an einer Krankheit litten, und solche mit eher profanen Alltagssorgen, einschließlich des endlichen Daseins als Mensch. Ich wies die Teilnehmer an, sich im ganzen Raum zu verteilen und hinzulegen. Dann dimmte ich das Licht und schaltete Musik ein und führte die Gruppe durch eine einstündige Todes-Meditation.

Zuerst stellten wir uns den Anlass sowie Zeit und Ort des Todes vor, dann ließen wir die Anspannung in unserem Körper und in uns selbst los, und dann blickten wir zurück auf Ereignisse und Menschen und die gesammelten Lektionen unseres Lebens. Und schließlich ließen wir uns ein auf das, was auch immer unsere Vorstellung von einem Leben nach dem Tod war (auch darauf, überhaupt keine Vorstellung davon zu haben). Gegen Ende der Meditation führte ich die Teilnehmer wieder zurück in ihren Körper, zurück ins Leben. Wir richteten uns auf, kehrten auf unsere Plätze zurück und schrieben einen Brief an uns selbst, mit Handlungsanweisungen für das weitere Leben ab diesem Augenblick.

Bevor wir mit der Todes-Meditation begannen, fragte ich alle Anwesenden, ob jemand eine klinische Nahtoderfahrung, durch einen Unfall oder einen Herzinfarkt oder ein anderes Trauma, durchlebt hatte, bei der er oder sie für tot erklärt, aber später wiederbelebt worden war. Und fast immer hoben ein paar im Raum die Hand und beschrieben ihre Erfahrung. Die Geschichten ähnelten sich auf unheimliche Weise – nicht nur durch das klassische Tunnel-Detail und das helle Licht und dem Gefühl, in einem Ozean aus bedingungsloser Liebe zu schwimmen, sondern auch darin, wie sich die Sichtweise der Betroffenen auf vieles anschließend veränderte. Sie kamen aus der anderen Welt mit dem Wunsch zurück, vergangenen Groll und alte Wunden loszulassen, weil sie die Gründe hinter diesen

Vorfällen gesehen hatten. Sie verstanden jetzt, dass man alles als Gewinn für die persönliche Entwicklung und Dankbarkeit verwenden konnte und dass die einzige Bestimmung im Leben die ist, das eigene Licht zum Strahlen zu bringen.

Diese Berichte kamen von den unterschiedlichsten Menschen – von Leuten, die dem Klischee entsprechen, wie die Frau in einem lila Kleid und mit einer Kristallkette, oder dem Geistlichen, der beschrieb, dass er Jesus auf der anderen Seite gesehen hat. Aber in den meisten Fällen überraschte es mich, was für Leute über ihre Nahtoderfahrung berichteten: ein Polizist aus New York City, ein Firmenanwalt, ein zynischer Hipster, der an nichts geglaubt hat, bis er ein Gehirnaneurysma hatte, für tot erklärt wurde, aber als ein anderer Mensch ins Leben zurückkehrte. All die Menschen, die eine Nahtoderfahrung durchlebt hatten, berichteten von diesem Wandel: der Verpflichtung, ihr Leben nicht mit Meckern oder Bedauern zu vergeuden, sondern jeden Tag, jede Aufgabe und jede einzelne Beziehung ohne Angst und voller Zuversicht anzugehen. Auf der anderen Seite waren diese Menschen ihrer eigenen Seele begegnet, hatten das Gute in ihr und ihre Bestimmung erkannt und waren zurückgekehrt, um ihre Wahrheit auszusprechen.

Am Ende der Todes-Meditation berichteten viele aus der Gruppe ebenfalls von einem Wandel der Sichtweise und dem Wunsch, mit weniger Angst und mehr Dankbarkeit zu leben. Eine oft wiederholte Erkenntnis lautete, wie unnötig und gefährlich es war, alten Groll zu hegen und zu pflegen. Viele verließen die Gruppe mit dem Vorsatz, ihre Beziehungen zu klären, ein paar unausgesprochene Wahrheiten endlich auszusprechen und den Boden zu bereiten für Vergebung und Frieden.

Damals, als ich zum ersten Mal die Idee hatte, meine Beziehung zu Maggie zum Wohle der Transplantation zu klären, fiel mir nach und nach auf, dass ich auch in anderen Beziehungen aufräumen könnte. Immer wenn ich mit jemandem im Büro oder zu Hause war, spürte ich, wie gleich unter der Oberfläche die Wahrheit lautstark Aufmerksamkeit einforderte. Um dieser Forderung gerecht zu werden, tauchten ein paar Fragen auf: Muss ich alles mit jeder Person klären? Das könnte ein Vollzeitjob werden. Welche Themen bleiben besser unberührt? Ist es jedes Mal das Risiko wert, tiefer zu graben?

Heute Nacht, hier im Bett mit meinen schmerzenden Knochen, denke ich über die anderen Menschen in meinem Leben nach – meinen Ehepartner, meine Kinder, meine anderen beiden Schwestern. Im Laufe der Nacht nimmt der Schmerz in meinen Knochen zu. Das Krankenhaus hat mir verschreibungspflichtige Schmerztabletten mitgegeben, aber ich nehme sie nicht. Ich will spüren, was da passiert. Ich möchte den Knochenschmerzen Aufmerksamkeit schenken, als wären es Botschaften aus den Stammzellen, während sie mobilmachen und sich auf ihren Einsatz vorbereiten. Ich will nicht, dass meine Angst vor den Schmerzen die Produktivität der Zellen lahmlegt.

Und ich will auch anderen Gefühlen Aufmerksamkeit schenken – das, was der kanadische Autor Jeff Brown »Wahrheits-Schmerzen« nennt. Nicht Zahnschmerzen, obwohl sich Wahrheits-Schmerzen manchmal wie Zahnschmerzen anfühlen – aus der Tiefe kommend und bohrend, Vorboten eines richtigen Problems, wenn man sich nicht um sie kümmert. Maggie und ich haben uns heute unsere Wahrheits-Schmerzen anvertraut. Ich will sie spüren und mich an sie erinnern und sie dem wahren Wandel in mir weihen. Ich will weitere Wahrheits-Schmerzen empfinden und ihnen zuhören, damit ich das in Angriff nehmen kann, was für die Beziehungen zu den Menschen in meinem Leben am wichtigsten ist.

William James schrieb: »Wir sind wie Inseln im Meer, getrennt an der Oberfläche, aber in der Tiefe verbunden.« Diese Veränderung ist mir am wichtigsten – weniger oberflächliche Beziehungen zu meinen Mitmenschen, dafür mehr, die in die Tiefe gehen. Wenn diese Beziehungen unter Schichten von kleinkarierten Animositäten und Kurzschlussreaktionen verborgen liegen, oder wenn mein Gefühl von Nutzlosigkeit und Scham mich selbst zur Insel werden lässt, genau dann will ich tiefer eintauchen. Ich will das Risiko eingehen und den Bann brechen, der für diese Abschottung sorgt. Und wenn man mir mit Ablehnung begegnet – wenn mein Gegenüber mich nicht in der Tiefe treffen will –, dann tauche ich wieder auf und habe es wenigstens versucht. Maggie und ich haben unsere getrennten Inseln heute verlassen. Die Auf-Leben-und-Tod-Situation hat uns den Mut verliehen, das zu tun, was wir schon längst hätten tun können: uns an den Händen halten, den Sprung wagen und durch das tiefe Wasser ans andere Ufer schwimmen.

Am anderen Ufer haben wir einiges entdeckt, an das es sich zu erinnern lohnt. Erstens, dass unsere Geschichten veraltet sind – auswendig gelernte und einseitige Versionen der komplexen Persönlichkeiten, zu denen wir geworden sind und die wir immer schon waren. Im Dunstkreis unseres Schwesternseins, in den Rollen, die wir innerhalb der Familie einnahmen, hatten wir nie die Gelegenheit, die ganze Fülle dessen, wer wir sind, wie stimmig wir sind und wie tief unsere Seelen gehen, miteinander auszuleben. Wir haben uns gegenseitig herabgesetzt, nicht absichtlich, noch nicht mal bewusst, sondern weil wir uns nie einander zugewandt und ins Gesicht gesehen haben wie heute. Wir hatten das Erzählen der Geschichten nie unterbrochen, wir hatten an den eindimensionalen Rollen auf der Familienbühne festgehalten. Und dann, als wir eine größere Bühne betraten, schleppten wir die Rollen hinter uns her und passten sie an die Schule, ans Berufsleben, an Freunde und Vertraute an. Und wie die meisten Menschen, in anderen Familien groß geworden, nahmen wir diese Reduzierung als einen vagen Schmerz wahr, als Verlust von etwas, an das wir uns kaum mehr erinnern konnten – die Phantomglieder unserer Seele.

Auf der anderen Seite entdeckten wir außerdem, dass wir Dinge persönlich genommen haben, die rein gar nichts mit uns zu tun hatten. Dass wir härter mit uns ins Gericht gegangen sind als alle anderen. Wir entdeckten, dass wir, auch wenn wir nicht perfekt sind, trotzdem liebenswert sind. Genau genommen fanden wir durch das Eingeständnis unserer menschlichen Unvollkommenheit heraus, dass wir, siehe da, perfekt übereinstimmten.

Und die größte Entdeckung von allen war diese: Es gibt einen Ort, dieser Ort besteht aus Liebe, er ist unser Zuhause. *Dort werde ich dich treffen.*

DIE ERNTE

An den folgenden vier Tagen fahren Maggie und ich für meine Spritze ins Krankenhaus. Anschließend kehren wir wieder in ihr Zuhause zurück, wo wir faulenzen – Maggie wegen der Chemo von Übelkeit geplagt und erschöpft, ich mit Schmerzen und müde von der Neupogen-Spritze. Wir ruhen uns an einem Fensterplatz aus, von wo aus wir freien Blick über das Feld haben. Wir beobachten die Hüttensänger dabei, wie sie am Boden kratzen und Strohreste und kleine Zweige zu den Nistkästen bringen, die Maggie und Oliver dort aufgehängt haben, wo das Feld auf den Wald trifft. Die Vögel sind beschäftigt, wir nicht. Ich weiß, dass das Nichtstun Maggie verrückt macht. Ich weiß es, weil wir in demselben Ausbildungslager groß geworden sind, wo Herumlungern am helllichten Tag ein ketzerischer Akt war. Maggie juckt es in den Fingern, hinaus in den Garten zu gehen; es ist schwer für sie, den fleißigen Vögeln beim Arbeiten zuzuschauen und sich ihnen nicht bei ihrem Frühlingsritual anzuschließen. Aber die Ärzte haben ihr verboten, im Dreck zu wühlen. Mal sehen, wie lange sie den Anordnungen Folge leistet.

Mit jeder Neupogen-Spritze sinkt der Schmerz tiefer in meine Knochen, bis ich ihn gar nicht mehr so sehr als Schmerz wahrnehme, sondern eher als ein Echo aus einer unerforschten Höhle, in der mein Körper und meine Emotionen eins sind. Manchmal muss ich ins Gästezimmer gehen, die Tür schließen und weinen, ohne sagen zu können, ob Herzschmerz oder Knochenschmerz der Auslöser für die Tränen ist. Das Maß an Liebe und Schutzbedürfnis, das ich für meine Schwester empfinde, ist überwältigend. Mein Verstand sagt mir, dass die Stammzellentransplantation vielleicht nicht funktioniert, dass der Krebs vielleicht zurückkommt, dass Maggie vielleicht eher früher als später stirbt, aber mein Herz und meine Knochen sehen das anders. Sie klammern sich mit einer Heftigkeit, die ich zuvor nur als Mutter verspürt habe, an den Erfolg.

In der letzten Nacht vor der Ernte kann ich überhaupt nicht schlafen. Ich mache das Licht an und lese bis zum Morgengrauen. Ich beobachte den Sonnenaufgang über den Green Mountains. Das Licht setzt sich im Tal fest und strahlt die Felder vor dem Fenster an. In ein paar Stunden werde ich ins Krankenhaus fahren und die Ernte beginnen. In meiner Nachdenklichkeit erinnere ich mich an einen Vers des bedeutenden japanischen Dichters Fujiwara no Teika:

Von Anfang an
Wusste ich Begegnen konnte nur
im Auseinandergehen enden, trotzdem
Ignorierte ich den nahenden Sonnenaufgang
Und gab mich dir hin.

Teika schrieb diese Zeilen über die unter einem schlechten Stern stehende Liebe zweier Menschen füreinander, die das unausweichliche Auseinandergehen um das Kosten von der Liebe willen ignorieren. An diesem Morgen rezitiere ich das Gedicht für meine Stammzellen, damit sie sich voll und ganz Maggie hingeben, komme, was da wolle. Und müssen wir genau das nicht alle tun? Uns einander hingeben, obwohl wir wissen, dass wir eines Tages auseinandergehen müssen? Uns diesem Leben hingeben, obwohl wir wissen, dass es enden wird? Dieses Paradoxon liegt im Zentrum der menschlichen Existenz. Nichts bleibt, wie es ist, alles wird sich verändern. Und dennoch erhalten wir die Liebe, nach der wir uns sehnen, und die Liebe, die zu geben unsere Bestimmung auf Erden ist, nur dann, wenn wir uns selbst jedem Augenblick hingeben, jedem Atemzug, füreinander. Wenn wir auf den perfekten Moment warten, die perfekte Person, das perfekte Selbst, werden wir in einer Vorstellung von Liebe erstarren. Aber wenn wir das Leben, das vor uns liegt, furchtlos angehen, werden wir belohnt mit einem Herzen, das alles aushalten kann – Glück und Chaos, Klarheit und Konfusion, Liebe und Verlust.

Die Sonne ist jetzt aufgegangen. Ich verlasse das Haus, bevor Maggie und Oliver aufwachen. Ich setze mein Auto aus der Einfahrt zurück und biege auf den unbefestigten Feldweg ein, dann kurve ich über die mir mittlerweile vertrauten Schleichwege, die zum Highway führen, und dann fahre ich rasch gen Norden ins Krankenhaus. Als ich durch den Haupteingang des Dartmouth Medical Centers trete, warten dort mein Mann und einer meiner Söhne auf mich. Sie sind hier, um während der vielen Stunden und vielleicht Tage neben mir zu sitzen, die es möglicherweise dauern wird, die für die Transplantation nötigen Millionen von Stammzellen zu sammeln. Ich spüre förmlich, wie sich die Zellen in meinen Blutkreislauf ergießen, erpicht darauf, losgelassen zu werden. Meine Knochen explodieren vielleicht von selbst, wenn ich nicht bald an den Apparat angeschlossen werde. Mein Sohn ist aus Kalifornien hergeflogen, um an meiner Seite zu sein, mein Mann und er sind heute früh in New York losgefahren. Die beiden zu sehen – zwei Flüchtlinge aus meinem normalen Alltag – versetzt meiner typischen »Ich bin stark genug, das hier alleine zu schaffen«-Grundhaltung einen Schock, und ich breche weinend in ihren Armen zusammen.

Das Dartmouth Medical Center ist ein schönes Krankenhaus, mit großen Fenstern in allen Patientenzimmern, einer

Gartenanlage und Terrassen und einem luftdurchfluteten Wintergarten, von dem aus ein Klavierspieler die Flure mit klassischer Musik füllt. Aber aus irgendeinem Grund findet die Zellgewinnung im Keller statt – in einem kalten, fensterlosen Raum mit Zementfußboden.

Zum Glück hat mein immer gut vorbereiteter Ehemann mir Pulli, Schal und sogar eine Daunenweste mitgebracht. Dafür ist er bekannt. Wir machen uns immer darüber lustig, dass er zusätzliche Regenmäntel, Stiefel, Wasserflaschen und warme Sachen mit sich herumkarrt, unabhängig von der Jahreszeit. Und wir nutzen seine Voraussicht schamlos aus, »leihen« uns überzählige Mützen und Handschuhe oder was er sonst noch so eingepackt hat – worauf wir uns insgeheim verlassen haben.

Das Transplantationsteam begrüßt uns in dem Aphereseraum mit der Art von freudigem Enthusiasmus, dem man in einem Krankenhaus selten begegnet. Vielleicht geht es auf der Geburtenstation ähnlich zu, aber nachdem ich das vergangene Jahr mit Maggie im Krebsflügel verbracht habe, bin ich an verzweifelte Gesichter und gedämpfte Unterhaltungen gewöhnt. Heute kümmert sich ein Krankenpfleger um mich, er heißt Brian, ein gut gelaunter Zeitgenosse in gebatikter OP-Kleidung. Er erklärt uns die riesige Maschine zur Stammzellapherese, die aussieht wie ein altmodischer Großrechner oder ein futuristisches Gerät aus einem schlechten Science-Fiction-Film, mit blinkenden Lämpchen und in alle Richtungen hängenden Kabeln und Schläuchen.

Als ich das Krankenhaushemd angezogen habe, platziert mich Pfleger Brian in das Bett neben der Maschine, und das Team macht sich an die Arbeit. Nachdem meine Vitalparameter überprüft wurden, wechseln sich mehrere Schwestern bei dem Versuch ab, Venen in meinen Armen zu finden, die groß genug sind, um die dicken Katheter aufzunehmen, die das mit Stammzellen beladene Blut aus meiner Armvene in die Maschin frachten werden und dann durch den anderen Arm w zurück in meinen Körper. Mein gesamter Brutkreislauf stundenlang diesen Weg nehmen, während die Maschine die Stammzellen vom Rest des Blutes trennt.

Nachdem es über eine Stunde lang erfolglos herumgestochert hat, lässt das Apheresetеam die »Venen-Zauberin« des Krankenhauses, wie Pfleger Brian sie nennt, holen. Wenn keine brauchbare Vene gefunden wird, muss ich eine Vollnarkose bekommen, damit ein Zentralvenenkatheter in die Brust gelegt werden kann. Was ich nicht will. Die Venen-Zauberin erscheint im Keller und sieht aus wie die Krankenschwester aus *Einer flog über das Kuckucksnest,* Schwester Ratched. Ohne Vorgeplänkel, geschweige denn ein »Wie geht es Ihnen?«, klopft Schwester Ratched auf eine Vene in meinem linken Arm, jagt die Nadel hinein – voilà, der Katheter liegt, und bevor ich etwas mitkriege, hat sie das Gleiche an meinem anderen Arm erledigt. Das Team überschlägt sich vor Dankbarkeit, mein Mann fällt fast in Ohnmacht. Pfleger Brian schließt mich an die Apheresemaschine an.

Meine Arme sind übersät mit blauen Flecken, und mein Herz rast vor lauter Adrenalin. Ich lasse den Schlauch, der von meinem Arm in die piepende und surrende Maschine führt, als wäre er mit dem Körper einer anderen Person verbunden, nicht aus den Augen. Nahezu sofort sehe ich einen gleichmäßigen Blutstrom. Ich atme zum ersten Mal, seit wir im Krankenhaus angekommen sind, tief durch – vielleicht das erste Mal, seit ich mit den Neupogen-Spritzen begonnen habe. Vielleicht sogar das erste Mal, seit ich am Flughafen von Miami den Anruf von der Transplantationskoordinatorin erhalten habe. Endlich ist es so weit – meine perfekt mit Maggies übereinstimmenden Zellen werden gesammelt. Ich bin froh, dass zwischen diesem Anruf und dieser Ernte genug Zeit geblieben ist – Zeit für Maggie und mich, um zu entdecken, was diese »perfekte Übereinstimmung« für uns bedeutet. Ich schließe die Augen und ermutige meine Stammzellen, sich zu zeigen. *»Mögen meine Zellen wie Ahornsaft an einem warmen Morgen im Frühling fließen«*, sage ich laut, als mir das Gebet aus der Therapiesitzung einfällt. Mein Sohn stimmt ein. Und kurz darauf auch mein Mann, und dann Pfleger Brian: *»Mögen diese Zellen wie Ahornsaft an einem warmen Morgen im Frühling fließen«*, wiederholen wir gemeinsam.

Es ist von entscheidender Bedeutung, dass der Patient während der Apherese weder die Hände noch die Arme bewegt. Deshalb wird Pfleger Brian, egal, wie lange es dauert, an meiner Seite bleiben – mich kratzen, wenn es mich im Gesicht juckt, die Bettpfanne halten, wenn ich pinkeln muss, mir Wasser geben, wenn ich Durst habe, den Fluss in den Schläuchen überprüfen und das Piepen und Blinken der Maschine im Auge behalten. Mein Mann und mein Sohn unterhalten sich mit mir, untereinander, mit Brian, aber schon bald lehne ich mich zurück, schließe die Augen und stelle mir die Betriebsamkeit in meinem Knochenmark vor und wie die Stammzellen sich reproduzieren und sich ihren Weg in den Blutkreislauf bahnen. Ich überlege, wie wir unserem Alltag nachgehen und überhaupt nicht daran denken, was gleich unter unserer Haut für überwältigende Wunder passieren. Werde ich mich daran erinnern, wenn das Drama um die Transplantation vorbei ist? Werde ich mich erinnern, in Ehrfurcht auf den menschlichen Körper zu blicken, auf die wunderschöne Choreographie der tanzenden Stammzellen im Mark der Knochen? Ich atme tief ein, und meine Lunge füllt sich. Die Lunge filtert den Sauerstoff heraus und schickt ihn zum Herzen. Ich atme aus, und das, was mein Körper nicht verwenden kann, wird in die

Atmosphäre zurückgeschickt. Wer hat sich dieses Wunder ausgedacht?

Ich wache aus meinen Tagträumen auf, als eine Gruppe Ärzte den Apharese-Raum betritt. Sie stehen um mich herum und schenken dem anderen Akteur im Raum mehr Beobachtung als mir: der Maschine. Sie hat begonnen, die Stammzellen vom Blut zu trennen. Ich höre dem Arzt zu, wie er den Assistenzärzten erklärt, wie man das Blut »liest«, während die Zentrifuge die lachsfarbenen Stammzellen herausschleudert und sie in ganz gewöhnlich aussehenden Plastikbeuteln sammelt. Nachdem die Stammzellen isoliert und eingesammelt sind, wird der Hauptteil des Blutes durch den Schlauch in meinem Arm zurück in meinen Körper gepumpt. Der Arzt erklärt den Assistenten, dass eine Stammzellenapherese normalerweise an mehreren Tagen durchgeführt wird, bis ausreichend Zellen – mindestens zwei Millionen, aber vorzugsweise fünf Millionen – gesammelt worden sind.

»Die meisten Spender«, jetzt zeigt der Arzt auf mich, »liefern innerhalb von zwei bis vier Tagen einer Apherese eine ausreichende Menge an Stammzellen.«

Ich lächele. »Ich bin Ausstellungsstück A«, sage ich. Aber die Ärzte scheinen den Witz nicht zu kapieren. Sie verlassen den Raum, und ich mache Anstalten, eine Hand zu heben, um ihnen nachzuwinken, aber Pfleger Brian legt sofort seine Hand auf meine.

»Keine Bewegungen«, ruft er mir in Erinnerung. Dann schüttelt er den Kopf. »Tut mir leid wegen dieser Hohlköpfe. Ich weiß nicht, wo sie diese Leute immer auftreiben.«

Nach vier Stunden kommen Maggie und Oliver vorbei. Sie haben ein Lunchpaket dabei, und wir sitzen zusammen und feiern eine kleine Party. Maggie füttert mich mit Weintrauben. Ich bitte sie, sie zu schälen. Sie versteht den Witz. Während wir essen, kommt der Arzt für einen Routinecheck zurück. Nachdem er die ausgedruckten Überprüfungsprotokolle analysiert hat, winkt er Brian zu sich heran. Sie beugen sich gemeinsam über die Seiten, und dann drückt Brian ein paar Knöpfe, woraufhin noch mehr Pieptöne erklingen. Nach einer Weile wendet der Arzt sich mit einem verwunderten Gesichtsausdruck an mich.

»Oh-ho«, sage ich. »Wo liegt das Problem?«

»Es gibt kein Problem«, sagt der Arzt.

»Im Gegenteil«, meint Brian, »es sieht so aus, als hätten Sie bereits verdammt viele von diesen Zellen-Scheißerchen produziert, wenn Sie meine Ausdrucksweise bitte entschuldigen mögen. Wir müssen die Zahlen noch einmal überprüfen, aber wenn sie stimmen, können wir den Laden hier dichtmachen. Wir haben elf Millionen Zellen in weniger als fünf Stunden gesammelt. Ich glaube, dieses Ahornsaft-Gebet hat gewirkt.«

Und das war's, wir sind einfach so fertig. Pfleger Brian erklärt mich zur Stammzellen-Königin. Mehrere Schwestern drängeln sich in dem Raum. Zwei von ihnen beginnen damit, mich von der Maschine abzuhängen und die Katheter zu ziehen. Eine andere Krankenschwester kommt mit einem Mini-Kühlschrank auf Rädern herbei. Bevor sie mit den Stammzellen wieder verschwindet, hält Maggie sie auf.

»Darf ich das mal kurz haben?«, fragt sie und streckt eine Hand nach dem orangefarbenen Beutel voll mit Stammzellen geschwängertem Blut aus. Der Inhalt sieht aus wie pulverisierter Lachs. Die Schwester schüttelt den Kopf. Aber Pfleger Brian nimmt ihr den Beutel ab und reicht ihn Maggie.

»Umwerfend«, sagt Maggie. Sie legt den kleinen versiegelten Beutel auf eine Handfläche und küsst ihn. »Ich bin ein Vampir«, sagt sie zu der Schwester.

Sie reicht mir den Beutel, und ich küsse ihn auch.

»Sie beschriften den Beutel doch, oder?«, frage ich die Krankenschwester.

Maggie lacht. »Schreiben Sie Maggie-Liz drauf.«

Die Krankenschwester entreißt mir den Beutel, legt ihn in den Kühlschrank und rollt ihn hektisch aus dem Zimmer.

»Bis bald, Mädchen!«, brüllt Maggie den Stammzellen hinterher.

SEI VORSICHTIG, WENN DIR EIN NACKTER SEIN HEMD ANBIETET

Wieder zu Hause nach der Ernte. Ich bin immer noch benebelt und müde von der Prozedur, aber man hat mir gesagt, dass ich mich innerhalb von ein paar Wochen wieder besser fühlen werde, da meine Zellen sich von selbst auffrischen. Elf Millionen gesunde Zellen befinden sich jetzt in dem korrekt beschrifteten Beutel, in einem Gefrierschrank. Dort bleiben sie, bis Maggie bereit ist, sie zu empfangen.

Ich bin auch tiefgefroren – unfähig, wieder ins normale Leben zurückzukehren. Vielleicht fühle ich mich aus Solidarität mit meinen Zellen so erfroren, oder vielleicht ist es einfach nur schwer, sich lebendig zu fühlen, während Maggie sich auf die Transplantation vorbereitet und gerade so viel Chemo verpasst bekommt, damit ihr Knochenmark getötet wird, aber nicht zu viel, um sie währenddessen nicht umzubringen. Aus diesen Gründen steht die Zeit irgendwie still, und ich warte auf das grüne Licht, auf den Moment, wenn Maggies Testergebnisse da sind und sie krebsfrei ist und die Transplantation stattfinden darf.

Ich versuche, ein paar Freunden die Stammzellen-Ernte zu erklären, aber von den vampirischen Anklängen wird ihnen übel. Und eine Beschreibung der Therapiesitzung ist noch schwieriger. Wenn ich darüber rede, fühlen sich die meisten provoziert. »Du findest also, dass ich meinen Vater zur Rede stellen soll, stimmt's?«, meint ein Freund, als ich ihm berichte, was in diesem Raum mit Maggie und dem Therapeuten passiert ist. Ein Arbeitskollege schüttelt den Kopf. »In eurer Situation mag das ja angebracht gewesen sein«, sagt er, »aber wenn wir hier bei der Arbeit immerzu in die Tiefe gehen müssten, würden die Sitzungen *niemals* enden. Erst schießen, dann fragen!« Und eine Freundin sagt: »Ich könnte so was nie mit meiner Schwester machen. Sie würde mir den Kopf abreißen. Manche Leute sind einfach so gemein, mit denen will man sich nicht anlegen, oder?«

Also höre ich auf, über die Therapiesitzung zu sprechen, bis ich herausgefunden habe, wie ich darüber reden kann, ohne dass alle gleich in die Defensive gehen. Ich will niemandem eine moralische Verpflichtung aufdrücken, das zu tun, was Maggie und ich getan haben. Noch beschreibe ich *die* exakte Methode dafür. Für Sie funktioniert vielleicht etwas ganz anderes: ein Waldspaziergang, eine Unterhaltung bei einer Tasse Kaffee, ein spontaner Anruf. Und ich will auf keinen Fall den Eindruck erwecken, dass so ein Sprung in die Tiefe mit egal wem ganz und gar ungefährlich oder immer besonders klug ist. Manche Leute sind tatsächlich zu gemein, als dass man sich mit ihnen anlegen sollte. Und wieder andere sind noch nicht so weit, oder sie haben keine Geduld oder kein Interesse oder ihnen fehlt der Mut. Oder *Sie* sind noch nicht bereit. Manchmal müssen wir uns erst um unsere eigene Heilung kümmern, bevor es mit anderen Leuten ein zu großes Durcheinander gibt. Manchmal müssen wir auf das Reifwerden warten – auf den richtigen Zeitpunkt, den richtigen Ort, die richtige Chemie. Das Thema beschäftigt mich zurzeit sehr, denn seit Maggie und ich unsere Wahrheits-Schmerzen erörtert haben, spüre ich überall Wahrheits-Schmerzen, sie winken mir zu wie ungeduldige Kinder in einem Klassenzimmer. Vor allem geht es mir im Beisein meiner anderen Schwestern so. Vielleicht bin ich momentan überempfindlich. Oder vielleicht nehme ich alles zu persönlich. Das wäre nicht das erste Mal. Obwohl ich weiß, dass ich in neun von zehn Fällen nichts persönlich nehmen sollte – bei meinen Schwestern und übrigens auch bei anderen Leuten –, kommen zwischen uns Schwestern Dinge hoch, die erledigt werden wollen. Wahrscheinlich sollten wir in ein Boot steigen und uns den Wahrheits-Schmerzen-Wasserfall hinunterstürzen, als Ziel die ruhigen Gewässer vor uns, die Maggie und ich erreicht haben.

Ich grübele so vor mich hin, während ich darauf warte, dass mein Verstand sich vom Nebel befreit und meine Energie aus der Kältestarre erwacht. Die Fragen rund um den Wahrheits-Schmerz interessieren mich, nicht nur weil sie auf mich und meine Schwestern zutreffen, sondern eben auch auf uns alle in unseren Beziehungen zueinander. Welche Themen sollte man ansprechen, und was bleibt besser ungesagt? Wen kann man gefahrlos auf die Flussfahrt mitnehmen? Sind manche Beziehungen zu versehrt, um zu heilen? Wann ist der richtige Moment für ein Gespräch über Verletzung und Vergebung, über das, was wir voneinander brauchen und was wir einander bedeuten? Ich will bei meinen anderen Schwestern nicht erst auf eine »Auf Leben und Tod«-Situation warten, damit wir offenbaren und heilen, was uns auf dem Herzen liegt. Aber ich will auch nicht die Drama-Queen sein oder diejenige, die zu viel Privates von sich preisgibt. Ich will niemandem tiefsinnige Gespräche aufzwingen, ich will nicht am Schorf einer Wunde herumpicken, die von selbst heilen würde, und ich will mir selbst keine Falle stellen und verletzt werden.

Was ich will, sind »ehrbare menschliche Beziehungen«, wie Adrienne Rich es nennt. Sie schreibt:

Eine achtbare zwischenmenschliche Beziehung – also eine, in der zwei Menschen zu Recht das Wort »Liebe« verwenden – ist ein Prozess, anspruchsvoll, gewalttätig, oftmals angstein-

flößend für beide Beteiligten, ein Prozess, in dem die Wahrheiten, die sie sich gegenseitig erzählen, verfeinert werden.

Dies zu tun, ist wichtig, weil es die menschliche Selbsttäuschung und Isolation niederreißt.

Dies zu tun ist wichtig, weil wir dadurch unserer eigenen Komplexität gerecht werden.

Dies zu tun ist wichtig, weil wir uns nur auf wirklich wenige Menschen verlassen können, die diesen schweren Weg mit uns gehen.

Mein gesamter Körper entspannt sich, als ich diese letzte Zeile lese: »*Dies zu tun ist wichtig, weil wir uns nur auf wirklich wenige Menschen verlassen können, die diesen schweren Weg mit uns gehen.*« Diese Worte raten mir, die Menschen, die ich an den Ort einladen möchte, sehr sorgfältig auszusuchen, und mit denen zu proben, die mir am nächsten stehen und mir am wichtigsten sind: die, bei denen ich mich geborgen fühle; die, denen ich meine Komplexität offenbaren kann; die, denen gegenüber ich Verantwortung übernehmen kann für meine vergangenen Verfehlungen, weil ich darauf vertraue, dass sie sich mir gegenüber genauso verhalten werden. Und dadurch, dass ich diese tiefgehende, schwierige Arbeit mit nur wenigen Menschen erledige, kann ich meine eigene Fähigkeit steigern, die vielen unterschiedlichen Schattierungen und Ebenen von Anerkennung in meine anderen Verbindungen einzubringen.

Manchmal ist es weniger kompliziert, zeitraubend oder gefährlich, als man denkt, ein bisschen mehr Anerkennung in eine Beziehung zu tragen. Dinge umgehend direkt anzusprechen statt später kann verhindern, dass ein Missverständnis einen Keil zwischen zwei Menschen treibt. Die einfachen Fragen »Warum hast du das gesagt? Was meinst du damit?« können den Verlauf einer Beziehung komplett ändern. Manchmal sind nur ein paar ehrlich gemeinte Worte nötig – *es tut mir leid* oder *ich liebe dich* oder *ich verstehe dich* oder *ich habe Unrecht, du hattest Unrecht, wir haben es beide vermasselt* und so weiter. Ich glaube, viele Menschen verzichten lieber auf schwierige Gespräche, weil sie befürchten, dass sie im Morast von endlosem Psychogebrabbel versinken werden, oder dass sie ein dramatisches Unrecht wieder zurechtrücken müssen, oder dass man sie für Dinge zur Verantwortung ziehen wird, die sie nicht getan haben oder nicht tun wollten.

Aber ich schwöre Ihnen, in den meisten Fällen brauchen Sie keinen Hochschulabschluss als Streitschlichter, damit Ihr Verhalten sich in achtsamen zwischenmenschlichen Beziehungen niederschlägt. Als ich während Maggies erster Lymphombehandlung in der Cafeteria des Krankenhauses Schlange stand, um einen Muffin zu kaufen, begegnete ich Dr. Ira Byock. Ich schüttelte seine Hand und bedankte mich, dass er Maggie half, mit den Schmerzen und der Angst während der monatelangen Isolation auf der Krebsstation besser umzugehen. Dr. Byock war damals Professor an der Dartmouth Medical School und Leiter der Palliativmedizin des Krankenhauses. Ich hatte ihn anhand des Fotos auf dem Umschlag seines Buches *Four Things That Matter Most* erkannt. Das Buch hatte mir bei Maggies erstem Krankheitsausbruch enorm geholfen. Nach jahrelanger Unterstützung von Familienmitgliedern im Umgang mit unheilbaren Krankheiten gelangte Dr. Byock zu der Überzeugung, dass es nur vier Dinge gibt, die man sich sagen muss, um zu heilen und Beziehungen wieder zu kitten: (1) »Danke.« (2) »Ich liebe dich.« (3) »Verzeih mir.« (4) »Ich verzeihe dir.« Ohne große Anstrengungen, Dr. Byocks Idee anzuwenden, setzten

Maggie und ich in unserer Therapiesitzung Dr. Byocks Ideen in die Tat um: Wir dankten uns und versicherten uns gegenseitig unserer Liebe, und wir sprachen Vergebung aus. Und das reichte, um jahrelang aufrechterhaltene Vorwürfe und Missverständnisse umzuwandeln.

Ich glaube, man muss beim Eingehen einer Beziehung riskieren, eine Abfuhr zu kassieren und sich zu täuschen – man muss Liebe trotz allem offen aussprechen, Probleme benennen, vergeben und Vergebung annehmen. Jemand muss den Ball ins Rollen bringen, weil wir alle so schüchtern sind, wenn es um emotionale Intimität geht – voller Angst, abgewiesen oder kritisiert oder bloßgestellt zu werden. Und dennoch sehnen wir uns nach Bindung, wir stehen herum und warten darauf – wie ungelenke Teenager am Rand einer Tanzfläche. Eine schlichte Aufforderung kann bereits Wunder bewirken. In den meisten Fällen lohnt sich der Versuch.

Aber nicht immer. Manchmal stellt sich ein Annäherungsprozess mit dem Wunsch nach mehr Nähe und Vertrauen als schwierig und gefährlich heraus, so wie Adrienne Rich es beschreibt. Manchmal braucht es viel Mut, genauso viel, wenn nicht mehr, wie für das, was man allgemein als mutig bezeichnet: in ein brennendes Gebäude rennen, für Gerechtigkeit demonstrieren, in den Krieg ziehen. Ich habe viele mutige Menschen kennengelernt – Aktivisten, Politiker, Notärzte –, die ihr Leben riskiert haben oder für Gerechtigkeit eingetreten sind, oder die mit Mächtigen in von Krieg zerrissenen Ländern Tacheles geredet haben. Doch in ihren persönlichen Beziehungen sind sie scheinbar kleineren Streits mit ihren Partnern, Kindern oder Kollegen aus dem Weg gegangen. Große kräftige Kerle, beherrscht von der Angst vor einem Ehekrach; mächtige Frauen, die zu niemandem Nein sagen können, aus Angst, nicht gemocht zu werden; Führungskräfte, die kein Problem damit haben, vor Tausenden eine Rede zu halten, aber sich davor fürchten, ihr Herz bei einem Tête-à-tête zu öffnen.

Uns angreifbar zu machen – die Wahrheit zu sagen über die chaotischen Leben, an denen wir mitgewirkt haben –, fordert uns heraus und ist extrem schwierig. Und deshalb sollten wir die Art von Seelenflussfahrt, wie ich sie mit Maggie gemacht habe, nicht mit jedem veranstalten. Ich habe das auf die harte Tour gelernt. Und ich meine die harte Tour, weil ich einen harten Schädel habe, auf den immer und immer wieder draufgehauen wurde, bis ich endlich kapieren wollte, dass manche Leute mich besser nicht auf dieser Reise begleiten. Eigentlich sollten sie mein Boot erst gar nicht betreten, außer ich will, dass jemand ertrinkt (und dieser Jemand könnte ich sein). Mit manchen Menschen kann man seine Wahrheits-Schmerzen nicht gefahrlos erörtern, weil sie in ihrer eigenen Selbstwahrnehmung nicht stark genug sind. Die Einladung auf eine tiefschürfende Reise, auf eine Begegnung in der paradoxen Mitte einer gemeinsamen menschlichen Erfahrung, wird sich für sie einschüchternd, verwirrend, fremd anfühlen. Diesen Leuten begegnet man am besten bedächtig und überlegt – sie dort abholen, wo sie stehen, statt sie mit dem eigenen Bedürfnis nach Tiefgang zu erdrücken. Ihre Worte werden nicht glaubhaft klingen. Oder es wird sich wie eine Verurteilung oder eine Drohung anhören. Einer Person auf der Ebene zu begegnen, zu der sie bereit ist, ist Ausdruck von Güte und Respekt.

Manche Leute kann man nicht gefahrlos auf eine Seelenreise einladen, weil sie einen über Bord schubsen werden. Sie werden sich nicht um Ihre Seele kümmern, weil sie Ihnen mit ihrem Ego gegenübertreten, mit ihrer Verteidigungsstrategie, mit ihren Boxhandschuhen. Vielleicht behaupten sie, dass sie von Seele zu Seele reden wollen, aber tatsächlich wollen sie nur Händchen halten. Wenn sie jemandem Ihre Seele offenbaren, der in seinem Ego eingesperrt ist, fordern Sie mit Ihrer Naivität Streit heraus, und Sie werden sich damit nur mehr Schmerzen einhandeln, nicht mehr Wahrheit. Manche Leute sind einfach zu verschlossen oder wütend oder verletzt, um vertrauenswürdig zu sein. Nicht jeder will in seinem Leben versuchen, über das Ego hinaus nach der Seele zu streben. Sie können nicht jedem Menschen eine liebevolle, verantwortungsvolle und ehrliche Bindung aufzwingen, aber Sie können bestimmen, auf wessen Herz Verlass ist. Oder eben nicht.

Bei der Entscheidung, auf wessen Herz Verlass ist, können Sie sich auf Maya Angelous Metapher über einen nackten Menschen beziehen. »Ich vertraue Leuten nicht, die sich selbst nicht lieben und mir dennoch sagen: ›Ich liebe dich.‹ Es gibt ein afrikanisches Sprichwort, das besagt: Sei vorsichtig, wenn dir ein Nackter sein Hemd anbietet.« Sie können sich die Frage stellen: Hat diese Person genug Liebe für sich selbst übrig, um zu wissen, wie sie mich liebt? Leidet er oder sie an einem übertrieben niedrigen Selbstwertgefühl oder einer narzisstischen Selbsteinschätzung (die zwei Seiten einer Medaille), um überhaupt in der Lage zu sein wahrzunehmen, wer ich jenseits der Rollen, der Wunden, der Vergangenheit bin? Wird diese Person ausreichend Geduld aufbringen, mir zuzuhören, wird sie mutig genug sein, mir die Stirn zu bieten, und wird sie abenteuerlustig genug sein, mit mir zusammen an den Ort jenseits von richtig und falsch zu reisen? Hat sie diese Art von Selbsterkenntnis in anderen Situationen oder Beziehungen bewiesen? Wenn die Antwort »Nein« lautet, seien Sie vorsichtig. Er oder sie ist möglicherweise nackt und bietet Ihnen trotzdem sein Hemd an. Aber niemand kann Ihnen geben, was er oder sie nicht besitzt.

Und dann müssen Sie Ihr eigenes Herz gut durchleuchten. Sie müssen Ihre eigene Glaubwürdigkeit testen. Manchmal halten wir unsere Beweggründe für aufrichtiger, als sie es in Wahrheit sind. Manchmal manipulieren wir andere, statt wirklich eine neue Art von Beziehung aufbauen zu wollen. Nach der Erfahrung mit Maggie in der Therapiesitzung lege ich einen Schwur ab: Ich schwöre, Maya Angelous Metapher zuallererst auf mich anzuwenden, bevor ich mich mit einer anderen Person an diesen Ort wage. Bin ich dazu bereit? Habe ich wirklich vor, die Verantwortung für meinen Teil der Geschichte zu übernehmen? Oder hake ich einen Tagesordnungspunkt ab? Bin ich zu verletzt, zu ungeduldig, zu bedürftig, zu abwartend, zu verwirrt, um genau zuzuhören und die Wahrheit auszusprechen? Wenn ja, dann sage ich besser nichts und warte ab, dann erledige ich zuerst meine innere Arbeit, bevor ich jemand anderen zu diesem Austausch auffordere.

In diesem Moment erinnere ich mich an etwas, das Maggie in der Therapiesitzung gesagt hat: »Man muss nicht perfekt sein, um perfekt zusammenzupassen.« Niemand von uns ist perfekt. Wir müssen auch nicht heiliggesprochen werden, bevor wir an den Ort reisen dürfen. Wir müssen nicht darauf warten, dass jemand sich durch Zauberei verändert, um ihn auf diese Reise einzuladen. Selbst wenn die Einladung mit einem dicken, fetten »Nein« beantwortet wird, wird es immer noch besser sein, in einer Beziehung das Risiko eines Irrtums eingegangen zu sein. Denn dann können Sie eine sachkundige Entscheidung über diese Beziehung treffen. Sie wissen, wie weit Sie gehen können, was Sie geben und erhalten können.

Unterm Strich heißt das: Gehen Sie in einer Beziehung ein Risiko ein, aber seien Sie vorsichtig, wenn Ihnen ein Nackter sein Hemd anbietet.

DAS WORT

Ich beabsichtige nicht zu behaupten, dass jedes unserer Gespräche tief und bedeutungsschwanger sein muss. Gott bewahre! Ich liebe harmlosen Klatsch und schlagfertige Antworten, Debatten und Streitgespräche. Ich beteilige mich oft genug an nicht geprobten Konfrontationen, Wutausbrüchen, Witzen und aus dem Stegreif gehaltenem endlosem Geplapper. Diese unterschiedlichen Kommunikationsformen sind Teil unseres Repertoires, sie machen uns menschlich. Aber wenn es die einzigen Mittel sind, mit denen wir gegenseitig in Kontakt treten, dann verraten wir die Macht der Sprache, die die Fähigkeit besitzt, uns auf Seelenebene miteinander zu verbinden. Es wäre klug von uns, dass wir uns an die tiefergehende Sprache erinnern, weil wir ohne sie unsere gemeinsamen Leben vermasseln, indem wir alte, abgedroschene Geschichten erzählen oder Wörter als Waffen benutzen oder uns hinter ihnen verstecken.

Die Menschen fingen vor fünfzigtausend Jahren an, miteinander zu reden. Ich stelle mir gerne diese ersten Gespräche vor – eine kleine Gruppe, die grunzend und fuchtelnd an einer Feuerstelle sitzt oder auf die Sterne zeigt oder über die ersten Versuche, witzig zu sein, lacht. Den Dingen einen Namen geben, sich gegenseitig vor Gefahren warnen, Freude zum Ausdruck bringen, anderen etwas beibringen, sich beschweren, streiten und die Spezies zu den größten Kommunikatoren auf dem Planeten Erde weiterentwickeln: Meister der Poesie und der Polemik, der Redekunst und der Talkshows.

Und trotzdem wissen wir kaum, wie wir sagen, was wir tatsächlich meinen. Ich sitze meinem Mann am Tisch gegenüber, dem Mann, mit dem ich seit fast dreißig Jahren zusammenlebe. In meinem Kopf brodelt ein Kessel voller Gedanken. Mein Herz steht unter Spannung durch ständig wechselnde Gefühlsbäder, im einen Moment erfüllt von Liebe, im nächsten kleinkariert und spießig. Ich bemühe mich, Worte zu finden, um die Gedanken und Gefühle aus mir heraus auf ein Boot aus Sprache zu bringen und mit ihnen in den Hafen eines Mannes zu segeln, wo wir vertraut miteinander umgehen und unsere Unterschiede wahrnehmen, genau wie unser Einssein. Die Worte formen sich, sie brechen aus mir heraus, sie schweben über dem Esstisch und sie landen an der Anlaufstelle meines Mannes. Manchmal kommen sie nahe an das heran, was ich sagen will, manchmal hört er sie so, wie ich sie gemeint habe, aber ziemlich oft könnten die Worte, in die ich mein Innenleben packe, genauso gut Grunzgeräusche der ersten Menschen sein.

Wie kann es sein, dass die Menschen fünfzigtausend Jahre später immer noch lernen, wie man miteinander spricht? Das Problem ist nicht nur ein ungeübter Umgang mit Worten oder unsere mangelnde Bereitschaft zuzuhören. Das größere Problem ist, dass wir von der Oberfläche unseres eigenen Selbst zu der Oberfläche des Selbst der anderen Person sprechen. Von einem Reptiliengehirn zum anderen. Von einem Ego zum anderen Ego. Reptilien und Egos wehren sich oder greifen an. Wenn Sprache aus der Oberfläche bezogen wird, tragen unsere Worte zu der generellen Verwirrung der Welt bei. Wie sollte es auch anders sein? Unsere oberflächlichen Gedanken und Gefühle sind ein einziges Wirrwarr aus Verlangen und Liebe und Bedürfnissen, gepaart mit Angst und Rechtfertigungen und Abwarten. Kein Wunder, dass Mönche und Nonnen basierend auf traditionellen Weisheitslehren Schweigegelübde ablegen. Einer der ersten indischen Gurus, dem ich begegnet bin, war ein alter Mann, der seit seinem zwanzigsten Lebensjahr kein Wort mehr gesprochen hatte. Er benutzte eine kleine Tafel, um in unverblümten, kernigen Sätzen zu kommunizieren. Als er gefragt wurde, warum er nicht mehr spricht, schrieb er auf seine kleine Tafel: »Um keinen Ärger zu kriegen.«

Aber die Menschen sehnen sich nach Kommunikation. Der Sog ist so groß wie die Schwerkraft, dieses Bedürfnis, sich durch Worte zu finden. Wie der Neurologe Oliver Sacks in seinem Vorwort zu Susan Schallers Buch *A Man Without Words* schreibt: »Sprache ist ein außergewöhnliches Aufeinandertreffen zweier Menschen auf jeder Seite einer großen Kluft.« Gefängnisinsassen in Einzelhaft setzen mit einem frei erfundenen Morsecode an den Wänden ihrer Zellen Notrufe ab an alle, die zuhören oder Kontakt aufnehmen wollen. In *A Man Without Words* schreibt Susan Schaller über ihre Erfahrungen in Mexiko als Übersetzerin in Gebärdensprache. In einer Stadt auf dem Land traf sie einen siebenundzwanzigjährigen Mann mit mexikanisch-indianischen Wurzeln, der hochgradig schwerhörig auf die Welt kam und niemals auch nur die einfachsten Sprachgrundlagen beigebracht bekommen hatte. Schaller sah sich genötigt, ihm das »grundlegende Geburtsrecht des Menschen auf Sprache«, wie Oliver es nennt, beizubringen. In einem Interview beschreibt Schaller den Moment, in dem der taube Mann plötzlich die Bedeutung seiner ersten Gebärde verstand. »Einen Augenblick lang war er völlig aus dem Häuschen, zeigte auf alle Gegenstände im Zimmer und machte nach, was immer ich ihm an Gestik vormachte«, berichtete Schaller. »Dann brach er zusammen und begann zu weinen, und ich rede nicht von ein paar Tränen. Er verbarg seinen Kopf in den Armen auf dem Tisch … und schluchzte.« Sie beschreibt diesen Moment in ihrem Buch: »Er hatte das Universum des Menschseins betreten, die Gemeinschaft der Denker … Er erkannte seine vorherige Existenz, allein in einem Gefängnis, siebenundzwanzig Jahre lang ausgeschlossen von der Menschheit.«

Wenn man bedenkt, wie sehr wir nach Kommunikation lechzen, sollte man meinen, dass wir dem Studium, der Übung und der Lehre, wie man auf eine noch seelenvollere Art und Weise miteinander spricht und sich gegenseitig zuhört, einen großen Wert beimessen. Über Liebe und Hass reden, über Ängste und Bedürfnisse, über heikle und knifflige und berührende Dinge. Sowohl die Dunkelheit als auch das Licht in unseren Herzen in Worte fassen, dem Standpunkt des anderen zuhören, uns gegenseitig von unseren tieferen Gefühlen berichten, bevor daraus unlösbare Differenzen werden, loben und bitten und fragen und erklären, damit wir uns gemeinsam auf den Weg durch das Labyrinth unserer Leben machen können. Es erstaunt mich immer wieder, dass der Krieg an verschiedenen Colleges gelehrt wird, aber es kein College für das Gegenteil von Krieg gibt, was meiner Meinung nach nichts mit einem Pseudo-Multi-Kulti-Frieden zu tun hat, sondern vielmehr auf der mündigen und durchdachten Fähigkeit beruht, Vernünftiges zu sagen und den anderen unvoreingenommen zuzuhören. Das grundlegende Geburtsrecht des Menschen auf Sprache zu verwenden, um die Kluft zu überwinden.

»Am Anfang war das Wort.« Bibelforscher deuten diese Zeile auf unterschiedliche Weise. Ich verstehe sie so, dass in uns allen ein tieferes Wort liegt. Eine tiefere Sprache, die Sprache der Seele, die Sprache der Liebe und der Klarheit. »Am Anfang war das Wort«: scharfsinnig, furchtlos, strahlend, gütig, weise. Das Licht des Bewusstseins kam ins Leben der Menschen mit der Sprache der Seele. Ohne diese Art von Sprache sind wir alle in der Dunkelheit gefangen, in unseren Egos, unfähig, uns und alle anderen wahrhaft kennenzulernen.

BESONDERS

Ich habe das Wort »Ego« in diesem Buch bisher nicht oft verwendet. Ich habe es absichtlich außen vor gelassen, da in diesem einen kleinen Wort – »Ego« – ein komplexes Konzept enthalten ist, das in der Popkultur oft missverstanden und missbraucht wird. Um das Ganze noch verwirrender zu machen, benutzen unterschiedliche Traditionen dasselbe Wort, um unterschiedliche Vorstellungen davon zu beschreiben. In gewissen psychologischen Denkschulen gibt es ein gesundes Ego und ein ungesundes Ego. Das gesunde Ego verleiht uns ein starkes, authentisches Selbst, das gut mit allen anderen auskommt, während das ungesunde Ego verletzt und schwach ist. Manche spirituellen Traditionen beschreiben Ego als die irrtümliche Wahrnehmung eines abgespaltenen Selbst. Das wahre Selbst fühlt sich verbunden, während das Ego sich bedroht fühlt.

Hier kommt der Versuch, meinem vierjährigen Enkel Will das Ego zu erklären. Zwei meiner Enkelkinder wohnen in derselben Stadt wie ich. Ihre Eltern auch, aber ich habe es vor allem auf die Enkel abgesehen. Donnerstags hole ich Will aus der Vorschule ab. Wenn ich Wills Klassenzimmer betrete, fühle ich mich privilegierter als bei einem Gang über den roten Teppich. An seiner Kindheit teilzuhaben ist ein seltenes Geschenk in diesem fragmentierten Zeitalter verstreuter Familien. Ich betrachte es nicht als selbstverständlich, eine teilhabende Großmutter zu sein. Diese kleinen kreatürlichen Körper im Arm zu halten, ist für mich wie eine Art Medizin. Und weil ich berufsbedingt ein Voyeur menschlicher Entwicklung bin, macht mich der tägliche

Umgang mit meinen Enkeln so glücklich wie einen Astronomen die Freigabe der höchsten Geheimhaltungsstufe für das Hubble-Weltraumteleskop. Enkelkinder sind ultimative Laboratorien, um kleine menschliche Wesen dabei zu beobachten, wie sie die Kunst meistern, sie selbst zu werden. Eltern kriegen das selten mit. Sie sind zu nah dran, zu beschäftigt, zu erschöpft.

Donnerstage sind meine Sonntage in der Kirche des Großelterndaseins. Ich darf mit Will den ganzen Nachmittag verbringen, angefangen mit der Autofahrt nach Hause. Wenn Sie Kinder großgezogen haben und mit ihnen im Auto unterwegs waren, dann wissen Sie, dass Ihr Auto der beste Ort ist, um herauszufinden, was im Kopf eines Kindes vor sich geht. Es muss an der vertrauten und dennoch persönlichen Sitzaufteilung im Auto liegen – Sie vorne auf dem Fahrersitz, das Kind hinter Ihnen, mit Blick auf Ihren Hinterkopf –, die bewirkt, dass Kinder sich öffnen und etwas anderes als »nichts« sagen, wenn man ihnen die ätzendste aller Fragen stellt: »Und, wie war's heute in der Schule?«

Heute, als ich mit Will nach Hause fahre, höre ich nebenbei im Radio ein Interview über das Ego, zwischen Oprah Winfrey und dem spirituellen Schriftsteller Eckhart Tolle. Tolle ist ein leise redender, koboldartiger Mann aus Deutschland, dessen Bücher weltweit millionenfach verkauft wurden. Ich habe das Radio leise gestellt, falls Will tatsächlich beschließt, sich mit mir zu unterhalten. Wie viele kleine Kinder besitzt Will die bemerkenswerte Fähigkeit des selektiven Hörens. Ob bei einer Talkshow im Autoradio oder während eines Gesprächs am Esstisch abends – man weiß nie, ob er andächtig zuhört oder die Erwachsenenwelt völlig ignoriert. Man sollte davon ausgehen, dass ein Vorschüler bei Eckhart Tolle abschaltet, schon allein wegen dessen hypnotischer Stimme, des deutschen Akzents und des esoterischen Themas.

Da sind wir also unterwegs, ich fahre und sinniere über Tolles Aussagen zum Ego, Will lümmelt auf der Rückbank in seinem Autositz. Ich blicke in den Rückspiegel. Will starrt aus dem Fenster, den Blick auf die Baumspitzen gerichtet. Ich wende meine Aufmerksamkeit wieder Oprah zu, die Tolle nach den Mustern eines ungesunden Egos fragt – Muster, die uns voneinander isolieren, uns in Konflikten einsperren oder uns davon abhalten, in einer liebevollen, konstruktiven Beziehung zu leben:

TOLLE: Jedes Ego möchte besonders sein. Wenn es nichts Besonderes sein kann, indem es besser ist als alle anderen, ist es auch glücklich damit, besonders unglücklich zu sein. Jemand sagt: »Ich habe Kopfschmerzen.« Und jemand anderes sagt: »Ich habe seit Wochen Kopfschmerzen.« Die Menschen konkurrieren darum, wer unglücklicher ist. Das Ego, das sich so verhält, ist genauso groß wie jenes, das sich jemand anderem überlegen fühlt. Wenn du in dir diesen unbewussten Drang erkennst, besonders sein zu wollen, dann bist du bereits frei, denn wenn du alle Muster des Egos erkennst …

OPRAH: Was gibt es noch für Muster?

TOLLE: Das Ego will immer Recht haben. Und es liebt Streit mit anderen. Es braucht Feinde, weil es sich dadurch definiert, anders zu sein. Das trifft auf Nationen zu, das trifft auf Religionen zu, das trifft auf die Menschen zu.

Plötzlich höre ich, wie Will von hinten etwas zu mir sagt.

»Granda?« So nennt er mich.

Ich schalte das Radio aus. »Ja?«

»Aber Granda«, sagt er mit sorgenvoller Stimme. »Ich *will* aber besonders sein.«

Ich verkneife mir ein Lachen. Ich weiß, dass er in dem Alter ist, in dem ein Kind sein gesundes Ego entwickelt – sein Gefühl dafür, eine autonome und gültige Person zu sein. Ich weiß, dass Will erst vier ist. Aber diese durchschaubare Masche des entstehenden Egos klingt bei einem Kind einfach lustig. Ich versuche ihm trotzdem zu erklären, was Eckhart Tolle meint.

»Na ja, Will, du bist etwas Besonderes. Aber alle anderen Kinder sind das auch. Weißt du …«

»Nein, Granda«, widerspricht Will mit einem autoritären Unterton. »Nur eine Person kann etwas Besonderes sein. Das ist doch die Bedeutung von ›besonders‹.«

Ich muss laut lachen. »Du hast Recht. Das bedeutet es. Aber jeder möchte etwas Besonderes sein. Also ist entweder jeder besonders oder niemand.«

In der typischen Manier eines Vierjährigen tut Will so, als hätte er mich nicht gehört. Das ist völlig in Ordnung. Wenn wir Glück haben, verbringen wir, wie alle anderen Menschen, auch die prägenden Jahre damit, ein gesundes Ego zu entwickeln, das hinausgehen kann in die Welt, sich abgrenzen und die Bestimmung der Seele zum Ausdruck bringen kann. Und wenn wir noch mehr Glück haben, verbringen wir den Rest unseres Lebens damit zu lernen, wie wir dieses Ego bändigen, wenn es sich aufplustert oder in sich zusammenfällt. Wenn wir Liebe und Verbundenheit erfahren wollen, wenn wir daran teilhaben wollen, eine friedlichere Welt zu erschaffen, dann müssen wir daran arbeiten, eins zu begreifen: entweder ist jeder besonders oder niemand. Sich selbst oder einen anderen Menschen auf ein Podest zu stellen – sich selbst oder jemand anderen immer Recht zu geben – ist ein sicheres Rezept für Enttäuschung, Konflikte und Einsamkeit.

Als ich die Gurte von Wills Autositz löse und ihm beim Aussteigen helfe, sagt er: »Und außerdem will ich IMMER Recht haben, Granda.«

Ich überlege, ob ich ihm die folgende Frage stellen soll: »Also, Will, willst du immer Recht haben, oder willst du glücklich sein?« Aber ich entscheide mich dagegen. Er wird das selbst lernen müssen. Er wird auf die gleiche verdammte Reise gehen müssen wie wir alle – das Ego zuerst stärken und es dann wieder abschwächen. Im Moment, mit vier, macht er die ersten Schritte: etwas Besonderes zu sein und Recht zu haben. Eine angemessene Phase für ein Kind. Aber wenn man älter als vier ist und sich an seinen Mitmenschen abarbeitet, sollte man vielleicht in Betracht ziehen, über diese Schritte hinauszugehen. Spirituelle Reife ist das Terrain zwischen besonders sein und Recht haben. Und es ist das Terrain jenseits des Glaubens, dass andere Menschen von Natur aus besser sind als man selbst. Beide Gedanken sind quälend – Symptome der zwei Seiten der Authentizitätsstörung.

Ich erinnere mich tatsächlich noch daran, als ich meinem eigenen Ego zum ersten Mal begegnet bin. Es ist eine lebendige, tief aus dem Bauch aufsteigende Erinnerung. Ich muss sechs oder sieben gewesen sein und war mit meiner Familie – meiner Mutter, meinem Vater und meinen drei Schwestern – unterwegs. Wir hatten das Auto auf einem Parkplatz am Strand abgestellt und zogen los, den Tag am Meer zu verbringen. Ich rannte auf einem Weg vorweg, der gesäumt war mit Dünengras und rosa blühenden Sträuchern, und fühlte mich auf einmal vollkommen unabhängig, als wäre das Bedürfnis, ich zu sein, und nicht Teil einer Gruppe, plötzlich vom Himmel gefallen und hätte sich in meiner Psyche eingenistet. Als ich weit genug weg war von den anderen, blieb ich stehen und bohrte meine Zehen in den weichen Sand. Ich spürte die Sonne auf meinem Körper und hörte das gedämpfte Rauschen der Brandung. Ich war allein in den Dünen. Ich war ich – nur ich. Es war ein großes, neues Gefühl, eins, das mit einem Zeichen versehen werden musste. Ich pflückte eine rosa Blüte und steckte sie mir hinters Ohr. Dann drehte ich mich zu meiner näher kommenden Familie um. Ich wollte rufen: »Seht ihr mich? Seht ihr, wie einzigartig ich bin? Wie besonders?« Aber ich sagte nichts, weil sich zusammen mit dem berauschenden Hochgefühl über meine Souveränität ein ebenso starkes Gefühl von Scham und Verlegenheit einstellte, als wäre ein vorwurfsvoller innerer Richter ebenfalls vom Himmel gefallen.

Da war es also – meine neue Freundin, mein Ego – mit ihrem ganzen authentischen Glanz und ihrem Größenwahn und ihrer ganzen einsamen Desorientiertheit. Somit begann eine lebenslange spirituelle Reise – die Reise zur Erkenntnis und zur Liebe meiner Einzigartigkeit, während ich auch mein Einssein mit allen begreifen lernte, mein Nichts-Besonderes-Sein, weil wir alle etwas Besonderes sind. Beides ist wahr, und bis wir den Frieden mit unserer Einzigartigkeit UND unserem Einssein geschlossen haben, ist das Leben hier auf Erden schwer. Die Wahrheit lautet: Es ist nicht entweder/oder. Es ist beides … und mehr. Das Ego ist nicht der Feind. Aber es ist auch nicht die ganze Geschichte.

Wir kommen als starke Eichel auf die Welt, als Destillation der Eiche, die aus uns werden soll. Das Ego fürchtet immer, weniger als alle anderen zu sein, oder es strebt danach, besser als alle anderen zu sein. Aber die Eichel sehnt sich nur danach, die Eiche zu werden. Das ist der bessere Antrieb; das ist der ursprüngliche Antrieb – die Eiche zu sein. Um die Eiche zu sein, müssen wir andere nicht davon abhalten, in ihr eigenes Selbst hineinzuwachsen. Wir können Seite an Seite stehen und uns trotzdem noch nach der Sonne recken. Wir gehören alle hierher. Es gibt genug Platz für alle.

Die Menschheit benimmt sich gewiss nicht so, als sei Platz für uns alle da. Wie sind wir hier gelandet, wo wir mit allen

Mitteln versuchen, uns gegenseitig unter Einsatz der Ellbogen aus der Stadt zu schubsen, so dass es als Endresultat möglicherweise einen Planeten gibt, der niemanden von uns mehr versorgen kann? Und wie können wir daran arbeiten, die Dinge wieder zum Besseren zu wenden? Meine Antwort geht immer wieder auf das ursprünglichste Paar zurück. Sie müssen nicht der Friedenstruppe der Vereinten Nationen beitreten, um auf dieser Welt etwas zu bewirken. Fangen Sie klein an – mit Ihrem Ehemann, Ihrem Kind, Ihrer Freundin, Ihrer Schwester.

Sigmund Freud sagte 1929 den berühmten Satz: »Die große Frage, die ich trotz meines dreißigjährigen Studiums der weiblichen Seele nicht zu beantworten vermag, lautet: ›Was will eine Frau eigentlich?‹« Fünfundsiebzig Jahre später wurde ein anderer schlauer Typ, der Nobelpreisgewinner Stephen Hawking, in einem Wissenschaftsmagazin gefragt, über was er am häufigsten nachdenkt. »Frauen«, antwortete er. »Frauen sind ein absolutes Mysterium.« Und das sagt ein Mann, der die komplexesten Mysterien der Kosmologie und Quantenphysik entwirrt hat.

Ich habe einen einfachen Dreistufen-Vorschlag für Freud und Hawking: (1) Fragt eine Frau, was sie will. (2) Respektiert ihre Antwort, auch wenn sie von eurem Weltbild abweicht. (3) Sagt ihr, was ihr wollt. Dann könnt ihr zwei euch auf halber Strecke begegnen und mit dem weiterkommen, was immer ihr rätselhafterweise für so unerreichbar haltet. Die gleiche Denkweise lässt sich genauso auf alle anderen Unterschiede zwischen den Menschen anwenden. Statt zu jammern, dass Sie nicht verstehen, wie ein Republikaner so denken kann, wie er denkt, treffen Sie sich mit ihm zum Mittagessen und finden Sie es heraus. Das Gleiche gilt für Ihren schwulen Cousin. Oder den wiedergeborenen Freund. Statt im Kopf Beweismaterial zusammenzutragen gegen jemanden, der anders aussieht, anders spricht oder dessen Lebenswandel anders ist als der Ihre, lernen Sie diese Leute kennen, finden Sie die Eichel im Herzen des anderen und teilen Sie Geschichten mit ihm oder ihr, wie man zur Eiche wird.

Unterschiedliche Menschen wird es immer geben, zumindest hoffe ich das. Vielfalt ist ein Gütesiegel unseres Lebens auf Erden. Artenvielfalt (zu der auch die menschliche Vielfalt zählt) ist für ein gesundes Ökosystem unerlässlich. Nicht die Vielfalt ist das Problem, sondern die Angst unseres eigenen Egos, nicht mehr die Person zu sein, die alle anderen übertrumpft in ihrer Besonderheit – die Besondere in unserer Familie, in der Schule, im Beruf. Ein Mitglied des Stammes, der Rasse, der Religion, der Nation, der Spezies der besonders Besonderen. Der Zen-Lehrer D. T. Suzuki sagt: »Über die Ego-Schale, in der wir leben, hinauszuwachsen, ist das Allerschwierigste.« Das Durchbrechen der Ego-Schale ist die vollendete Freiheit.

Es gibt ein Land zwischen dem Streben des Egos, »besser zu sein als«, oder seiner Angst davor, »weniger zu sein als«. Dieses Land ist dort, wo wir uns selbst als souverän und vereint kennen – »ein Teil von« im Gegensatz zu »besser oder weniger als«. Wenn Sie die Wahrheit erkennen, wer Sie im Mark Ihrer Seele sind, dann beginnen Sie bereits, Ihre Ego-Schale zu durchbrechen.

September. Wir sind wieder im Krankenhaus, bereit für die Transplantation. Maggie hat mehr Zeit gebraucht, als wir dachten. Zwei Wochen nach der Ernte meiner Zellen im Mai und einen Tag vor ihrem Transplantationstermin brach der Krebs am Ende der Chemotherapie wieder aus und begann zu streuen. Maggies Sommer versank in einem Nebel aus Ganzkörperbestrahlungen und häufigerer und stärkerer Chemositzungen – stark genug, um ihr eigenes Knochenmark anzugreifen und komplett zu zerstören. Alle paar Wochen landete sie wieder im Krankenhaus, mit Infektionen und erfüllt von einer schrecklichen Angst durch die Nähe des Todes. Aber irgendwann war der Krebs wieder zurückgedrängt, und Maggie war frei von Infektionen und bereit für die Transplantation.

Nach den zuletzt sehr aufwändigen Behandlungen kam einem die Transplantation technisch einfach vor, nahezu enttäuschend leicht. Nur Maggie, im Bett, angeschlossen an ein paar Schläuche mit Flüssigkeiten. Die ausführende Ärztin erklärt die Prozedur: »In ein paar Minuten«, sagt sie zu Maggie, »werden die gefrorenen Stammzellen wieder in den Raum geschoben werden. Wir tauen sie hier auf, in einem warmen Wasserbad. Sobald sie aufgetaut sind, zapfe ich mit dem Ding hier fünf Millionen Zellen ab.« Sie hält eine große Injektionsnadel hoch. »Und die werde ich dann in Ihre Vene spritzen«, fährt sie fort, während sie den Zentralkatheter in Maggies Brust überprüft.

Wir warten auf weitere Informationen, aber die Ärztin ist mit ihren Ausführungen fertig.

»Das ist alles?«, frage ich.

»Das ist die Transplantation«, antwortet sie. »Die gesamte Prozedur wird ungefähr fünfzehn Minuten dauern.«

»Und was passiert dann?«, will Maggie wissen.

»Tja, das ist schon ein kleines Wunder«, antwortet die Ärztin. »Wenn die Stammzellen Ihrer Schwester in Ihren Brutkreislauf gelangen, wissen sie sofort, wohin sie gehen müssen. Sie besitzen eine chemische Zielsuchlenkung, die sie zu den Knochen leitet. Und dann siedeln sie sich mit der Zeit in Ihrem Knochenmark an und beginnen, Ihr Blut aufzufrischen. Stellen Sie sich die Zellen wie Lachse vor, die instinktiv zum Laichen stromaufwärts schwimmen. Lachse schwimmen zum Oberlauf. Stammzellen schwimmen zu den Knochen. Es ist, als würden sie sich an ihren Herkunftsort erinnern und hätten es nur darauf abgesehen, nach Hause zurückzukehren.« Sie klang wie der Erzähler in einem *National Geographic*-Film.

Die Ärztin verlässt das Zimmer, um den Transport zu beaufsichtigen. Maggies Schwestern (gemeinsam mit Oliver, den wir in unsere Schwesternschaft aufgenommen haben) versammeln sich um ihr Bett. Eine Krankenschwester, die sich während vieler grauenvoller Krankenhausaufenthalte um Maggie gekümmert hat, ist ebenfalls bei uns.

»Was passiert da wirklich?«, fragt Maggie die Krankenschwester. »Ganz so einfach ist es doch nicht, oder?«

»Na ja, es läuft tatsächlich so ab«, sagt die Krankenschwester. »Wir werden Millionen von Stammzellen transfundieren. Sie fühlen sich dabei möglicherweise leicht benommen, vielleicht wird Ihnen ein bisschen schlecht. Aber das dauert höchstens ein paar Minuten. Die Zellen brauchen ungefähr zwölf bis vierzehn Tage, um sich anzusiedeln und mit der Produktion neuer Blutzellen zu beginnen. Erst danach – während der nächsten Monate – müssen Sie ein paar Hürden überwinden.«

»Davon will ich jetzt nichts hören«, sagt Maggie. »Jetzt will ich tanzen. Wer hat Musik dabei?«

»Sie wollen tanzen?«, fragt die Krankenschwester und starrt die winzige, ausgemergelte kahle Frau in dem Krankenbett an.

»Das machen wir immer so«, erkläre ich ihr, »wenn es hart auf hart kommt, tanzen wir am allerliebsten.«

Ich hole mein iPhone aus der Tasche. Die einzige tanzbare Musik, die ich habe, ist Michael Jacksons »Billie Jean«. Ich kann mich nicht erinnern, warum ich das Lied auf meinem Handy habe, aber es erfüllt den Zweck. Während wir also die nächsten zehn Minuten auf die Lieferung der Stammzellen warten, tanzen wir zu »Billie Jean« durchs Krankenzimmer. Mehrere Krankenschwestern beobachten uns vom Flur aus. Wahrscheinlich sehen sie zum ersten Mal, dass eine Patientin und ihre Familie, alle ausgestattet mit Mundschutz und Schutzkleidung, zu Michael Jackson tanzen, während sie auf eine Stammzellentransplantation warten. Maggie tanzt wie ein ausgeflippter kleiner Derwisch und schafft es irgendwie, mit vierzig Kilo Körpergewicht sexy auszusehen.

Es gibt eine Passage in Toni Morrisons Roman *Menschenkind*, in der die alte Baby Suggs eine Predigt vor den befreiten Sklaven hält, die gerade in eine gefährliche Welt ausziehen. Wir müssen zuallererst uns selbst lieben, sagt sie zu ihrem Volk. Man kann sich auf niemanden sonst verlassen, wenn man sich selbst nicht als Erstes liebt. »Hier«, sagt sie, »an diesem Ort sind wir Fleisch; Fleisch, das weint und lacht. Fleisch, das barfuß im Gras tanzt. Liebt es. Liebt es nach Kräften.« Sie zählt all die körperlichen Dinge auf, die sie lieben müssen: ihre Eingeweide und ihr Blut und ihre Gebeine. »Die dunkle, dunkle Leber – liebt sie, liebt sie, und das schlagende, schlagende Herz, liebt auch das. Mehr als die Augen und die Füße. Mehr als die Lungen, die erst noch freie Luft atmen müssen. Mehr als euren Leben tragenden Schoß und eure Leben gebenden Geschlechtsteile, hört mich an, liebt euer Herz. Denn dies ist der Preis.«

Ich sehe Maggie beim Tanzen zu, wie sie den Infusionsständer in diesem Krankenzimmer hinter sich herzieht. Welchen Mut sie bewiesen hat, als sie lernte, sich selbst zu lieben – Körper und Herz –, selbst inmitten einer Krebsattacke. Sie hat ihr Fleisch geliebt. Selbst als es schlaff wurde und brannte und schmerzte und alt wurde, hat sie ihr Fleisch nach Kräften geliebt. Jetzt wird mein Fleisch Teil ihres Fleisches werden. Jetzt werden die Herzen in unseren Körpern dasselbe Blut durch unsere Körper pumpen. Unsere spirituellen Herzen – unsere Seelen, unser beider wahres Selbst, *der Preis* – sind bereits verschmolzen. Das war das wirkliche Wunder: Während Maggie gelernt hat, an sich selbst zu glauben, während sie ihr Herz *nach Kräften* geliebt hat, hat sie den Preis der Liebe von der ganzen Welt bekommen. Als ihr verängstigtes Ego seinen Klammergriff aufgab, ist sie Teil der Menschheit mit ihren Fehlern geworden; sie hat viel freier mit den Menschen in ihrem Leben getanzt. Sie hat sich selbst mit einer Seelenmarktransplantation beschenkt. Und jetzt ist der Zeitpunkt für die Stammzellentransplantation da.

Die Ärztin rollt einen Wagen ins Zimmer. Ich schalte »Billie Jean« ab. Und tatsächlich befinden sich meine lachsfarbenen Stammzellen in dem Beutel (richtig beschriftet). Ein Techniker taut sie auf und bereitet das flüssige Gold für die Transplantation vor. Dann reicht er den Beutel an die Ärztin weiter, die die Zellen in die riesige Spritze aufzieht. Wir nehmen wieder unsere Plätze rund um das Bett ein. Ich schließe die Augen und erinnere mich an den Satz einer Freundin von mir, kurz vor der Ernte meiner Stammzellen. Sie sagte: »Gib etwas von deiner Stärke an die Stärke deiner Schwester weiter. Sei nicht die große Schwester, die der kleinen Schwester hilft. Sei nicht die Starke, die der Schwachen hilft. Sei nicht die Glückliche, die dem Opfer hilft. Gib etwas von deiner Stärke an ihre Stärke weiter. *Stärke zu Stärke.*«

Jetzt spritzt die Ärztin die Zellen aus der Spritze in den Zentralkatheter. Ich halte Maggies Hand und wiederhole im Stillen »*Stärke zu Stärke*«, während Millionen meiner Zellen in sie hineinfließen. Maggie ist kurz ein bisschen schlecht und schwindelig, aber der Sturm zieht vorüber, und dann liegt sie einfach da – in ihrem Bett, halb ich, aber trotzdem Maggie.

feldnotizen • 10. september

ich war so was von bereit für die transplantation, wie man nur bereit sein konnte; ich hatte so lange gewartet; sechs monate von der wiederkehr bis zur transplantation. LEGT EINFACH LOS. schiebt mich einfach da hinein und foltert mich, wie es euch gefällt, aber FANGT ENDLICH AN. 1 woche vor der transplantation wurde ich eingeliefert, um mit der letzten runde chemo anzufangen. am ersten tag begann mein abstieg in die hölle. am letzten tag haben schwester katy und liz ein video von mir gedreht, auf dem ich kurz vor beginn der transplantation wild tanze. das ärzteteam kam, eine wundervolle schwester nahm ihren platz in höhe des zentralkatheters in meiner brust ein. mein band am handgelenk und die verbale personenidentifizierung passten zu dem RICHTIG BESCHRIFTETEN beutel voller stammzellen, und dann war es so weit. weil liz eine schier unglaubliche menge an stammzellen produziert hat, verbrauchten sie nur den halben beutel und froren den rest wieder ein. die ärztin zog die zellen auf eine 20-cc-spritze auf und injizierte sie vorsichtig während der nächsten fünf minuten in den zentralkatheter. mir wurde heiß, schlecht – ich dachte, ich muss mich übergeben – und schwindelig, und dann ging es mir gut. wir feierten, und dann bereitete ich mich auf den fallout vor.

CHIMÄRA

In den ersten Wochen nach der Transplantation erholt Maggie sich schnell. Bis zum Ende der zweiten Woche haben sich meine Zellen nahezu komplett in Maggies Knochen angesiedelt und damit begonnen, frische, gesunde Blutzellen zu produzieren. Nach nur drei Wochen wird sie aus dem Krankenhaus entlassen, mit den Auflagen, gut zu essen, sich oft auszuruhen und von Menschenansammlungen und Leuten mit ansteckenden Krankheiten fernzuhalten. Wir sind alle begeistert und voller Hoffnung. Sie nimmt immer noch eine halbe Apotheke an Tabletten ein – elf unterschiedliche Medikamente pro Tag, und wenn ich sie im Internet nachschlage, tauchen bei fünf von ihnen die Nebenwirkungen Übelkeit, Diarrhöe und Kopfweh auf. Die anderen sechs haben Nebenwirkungen wie Mundsoor, Immunschwäche und lebensbedrohliche Infektionen. Sie wird diese Tabletten ein Jahr lang einnehmen müssen. Den Winter über ruht sie sich so oft aus, wie ein Kolibri sich eben ausruhen kann, versucht, mit den Nebenwirkungen klarzukommen und auf diesem langen, leidvollen Weg in Richtung Gesundung positiv zu bleiben.

Auf einer Internetseite lese ich, dass die Empfänger von Knochenmark- oder Stammzellentransplantaten Chimären genannt werden. Ich erinnere mich vage daran, dass meine Mutter uns aus einem griechischen Mythos über eine Kreatur vorgelesen hat, die Chimära genannt wurde, aber wie so viele Dinge, die sie uns beigebracht hat, setzt auch diese Geschichte in einem vernachlässigten Bereich meines Gehirns Staub an. Als meine

Mutter starb, habe ich ein paar Bücher von ihr mitgenommen – nicht viele, denn da waren einfach zu viele. Ich nahm die mit, die Teil ihres Kanons waren, wie *Das große Buch der klassischen Mythen* von Edith Hamilton. Edith Hamiltons Texte waren unser Grundnahrungsmittel. Als Kind dachte ich, sie sei eine Freundin der Familie – so oft hat meine Mutter sie zitiert. (Ich dachte übrigens auch, Eleanor Roosevelt sei die beste Freundin meiner Mutter.)

Ich finde meine Ausgabe der *Klassischen Mythen* wieder und frische mein Wissen über den Mythos der Chimära auf. Ich erfahre, dass die Chimära Feuer spie, weiblich war, grauenerregend und stark. Sie war eine Kreatur mit der Kraft dreier unterschiedlicher Tiere. »Die Chimaira war ein mythisches Geschöpf, vorne Löwe, hinten Schlange, und in der Mitte besaß sie den Leib einer Ziege.« Heutzutage wird der Begriff verwendet, um alle möglichen erfundenen Tiere mit Körperteilen von anderen Tieren zu beschreiben, oder aber es bezeichnet eine Idee oder ein Ding, die oder das »wahnsinnig fantasievoll und unwahrscheinlich« ist.

Also gut, diese ganze Transplantationskiste kommt mir wahnsinnig fantasievoll und unwahrscheinlich vor. Maggie ist jetzt teils ich, teils sie selbst. Ihr gesamtes Blut ist »meins«, und der Rest von ihr ist … tja, Maggie. Selbst Mediziner finden das alles wahnsinnig fantasievoll und unwahrscheinlich – warum sonst sollten sie Empfänger von Transplantaten Chimären nennen?

Ich erzähle Maggie davon, dass sie jetzt eine Chimäre ist. »Du bist teils Löwe, teils Schlange, teils Ziege. Und du bist grauenerregend und stark. Edith Hamilton höchstpersönlich sagt, dass du unbesiegbar bist. Alles klar?«

»Alles klar, Mom«, erwidert Maggie.

Aber als die Wochen und dann Monate verstreichen, fühlt Maggie sich alles andere als unbesiegbar. Sie fühlt sich eher zerschlagen und niedergekämpft, bezwungen von Erschöpfung, Hautausschlägen und Diarrhöe. Mehrmals bekommt sie hohes Fieber und wird sofort ins Krankenhaus eingeliefert. Und dann bekommt sie die ersten Symptome einer Transplantat-gegen-Wirt-Krankheit (Graft-versus-Host-Disease, GvHD), was bedeutet, dass meine Zellen ihren Körper angreifen. Die Ärzte beruhigen sie, sie solle sich keine Sorgen machen; es komme häufig zu einer derartigen Reaktion, und ein Vorteil der Krankheit sei, dass die frisch transplantierten Zellen nicht nur Maggie angreifen, sondern auch Krebszellen aufspüren und zerstören, die eventuell die Chemo und Bestrahlungen überlebt hätten. Außer als Hinweis auf GvHD bedeuten ihre Symptome möglicherweise aber auch, dass ihr Immunsystem meine Zellen abwehrt, was zum Scheitern der Transplantation führen kann. *Abwehr und Angriff.* Maggie sagt, ihr Körper fühle sich an wie ein Schlachtfeld, auf dem unsere Zellen gegeneinander kämpfen – wie diese Bürgerkriegsgeschichten, in denen Bruder gegen Bruder kämpft. Ich versuche unter Hochdruck, Kontakt zu meinen Zellen aufzunehmen. Ich schließe die Augen und stelle sie mir vor, einige sind geduldig im ruhigen Inneren von Maggies Knochen geblieben, andere schwimmen in ihrem Blutkreislauf herum und erledigen fleißig das, was man ihnen gesagt hat, und wieder andere tun sich nach Krebszellen um. Und dann gibt es noch die anderen – die überaggressiven Störenfriede und die zögerlichen Selbstzweifler. Ich danke den folgsamen Zellen und schmeichle den Tunichtguten, damit sie ihren Zweck erfüllen. »Los, macht schon, Jungs!«, sage ich (mit meiner allerandächtigsten Stimme). »Spult euer Programm ab. Folgt den Anweisungen. Greift die Krebszellen an, aber verschont die Patientin.« Dann ermutige ich die verunsicherten Zellen, an sich zu glauben. Jetzt bin ich ein Coach: »Ihr schafft das! Zeigt ihnen, was ihr draufhabt!« Das Ganze erinnert mich an meine Versuche, den Kindern bei ihren Hausaufgaben zu helfen. Wie viel ist zu viel Engagement?

Ich beobachte mich selbst ganz genau, wie ich auf Neuigkeiten reagiere, auf Menschen, die anders sind als ich, auf vermeintliche Drohungen. Schicke ich jetzt unbeabsichtigt eine Nachricht an meine Zellen, auf der Hut zu sein vor Fremden, die ihnen möglicherweise etwas antun wollen? Ich weiß, dass ich dazu neige (dass wir alle dazu neigen), jeden, der nicht man selbst ist, als Fremden abzustempeln, als den »anderen«.

Vielleicht geht es aber auch um etwas ganz anderes. Wenn Maggie das Transplantat abwehrt, liegt es vielleicht daran, weil meine Zellen zu erbärmlich sind, sich für ihre neue Existenz einzusetzen. Reagieren sie auf meine nur allzu menschliche Angst vor Wertlosigkeit? Spielt mein Hochstapler-Syndrom verrückt und flutet meine Zellen mit Unsicherheit und bringt sie dazu, ihre Fähigkeit in Frage zu stellen, die Aufgabe des Transplantats zu erledigen? Ich gebe mir alle Mühe, mich an die Würde meiner Seele zu erinnern, während ich meinen Alltag in Angriff nehme. Ich entstaube meine Meditationsübungen und widme sie meinen Zellen. Im Verlauf des Tages setze ich mich immer wieder aufrecht hin, schließe die Augen und kehre nach Hause zu meiner Seele zurück. Ich bitte sie, diese wahnsinnig fantasievolle und unwahrscheinliche Situation in ihre Hände zu nehmen.

Ich frage mich, ob meine Zellen glauben, ich hätte sie im Stich gelassen – brauchen sie etwas von mir? Habe ich sie überhaupt um Erlaubnis gefragt, geerntet, eingefroren, aufgetaut und dann in einen fremden Körper gepumpt zu werden? Ich kann mich nicht daran erinnern, ob wir dieses Gespräch geführt haben, bevor sie meinen Körper entrissen wurden. Ich frage mich, ob es einen Unterschied gemacht hätte. Ich frage mich, ob ich verrückt bin. Ich fange an, mich ein bisschen verrückt zu fühlen.

Messe ich der Idee, dass meine Gedanken Einfluss auf das Überleben meiner Schwester haben, zu viel Bedeutung bei? Bin ich auf irgend so einem Machttrip? Vielleicht sollte ich aufhören, sie als MEINE Zellen zu betrachten und Maggie das Ruder überlassen. Ich bringe das zur Sprache, vier Monate nach der Transplantation, als ich sie im tiefsten Winter besuche. Sie hat sich auf ihren Lieblingsplatz am Fenster gekuschelt, eingehüllt in eine Daunendecke, sie ist so dürr und kahl wie ein Vogelbaby.

»Deine Zellen schneiden schlecht ab, Liz.« Sie wackelt mit dem Finger vor mir herum.

»Vielleicht sollten wir aufhören, sie als meine zu betrachten«, schlage ich vor. »Vielleicht brauchen sie jetzt, dass ich den Weg frei mache. Vielleicht wollen sie, dass du das Ruder übernimmst.«

Maggie wirft mir einen Blick zu, als würde ich das Schiff verlassen und es in die Hände einer ausgemergelten, auf See gebliebenen Mannschaft übergeben. Ich ziehe die Idee sofort zurück.

»Gut«, sagt Maggie. »Du musst mit diesen Zellen in Kontakt bleiben, Liz. Ich brauche dich dafür.«

feldnotizen • 12. februar

ich habe lange nichts mehr geschrieben. ich bin so müde, so verzweifelt, dass ich schon bei der vorstellung, etwas zu schreiben, laut schreien möchte. stattdessen werde ich jetzt in diese worte schreien. ich bin im tiefsten erdfall von trauer aufgewacht, unfähig, mich selbst zu ertragen. heute musste ich vor der fahrt richtung norden ins krankenhaus für einen checkup und blutabnahmen drei stunden totschlagen. innerlich habe ich getobt, und ich hatte das gefühl, dass nichts von dem, was man mir sagte, irgendeinen wert hatte. manche stellen in meiner lunge tun so weh wie damals, als der krebs zum ersten mal zurückkam – ist es die transplantat geg. wirt krankheit oder sind die tumore wieder da? ich habe die steintreppe hoch in mein kunstatelier erklommen und versucht zu arbeiten, um mich von mir selbst abzulenken. Ich stehe in dem atelier, das oliver für mich ausgebaut hat für dieses kunstgeschäft, das zu etwas geworden ist, was ich nie für möglich gehalten habe. ich finde immer noch, dass ich keine echte künstlerin bin, aber wie liz so schön sagt, der beweis ist, dass meine arbeiten über das ganze land verteilt in häusern von leuten hängen. also stand ich da in meiner kathedrale. gewölbte decke, mehrere riesige fensterfronten, flügeltüren hinaus auf einen balkon, der ebenfalls verziert und geschwungen ist. heute habe ich nichts davon bemerkt. ich sah lediglich die vielen dinge in meinem leben, die erledigt werden mussten, falls ich sterbe. und ich war zu müde, mir zu überlegen, wie ich das alles durchforsten sollte.

ich ging wieder nach draußen und stand in der wintersonne. In diesem augenblick begriff ich, dass ich völlig den kontakt zu meinem atem verloren hatte, ich beruhigte mein herz und verwurzelte meine füße im boden. ich tat, was ich zu tun vergessen hatte; ich hielt mein linkes handgelenk mit der rechten hand fest umschlossen und atmete vom becken aus in mein herz und die lunge und verlangsamte meinen puls. und dann war es an der zeit, ins krankenhaus zu fahren. olly und ich stiegen ins auto, ich saß am steuer, und wir fuhren nach norden. wir trafen die ärzte, die laborwerte waren stabil. kein grund, sich sorgen zu machen, sagten sie. leben sie ihr leben, sagten sie. also fuhren wir zu noras farm, und sie und ich verbrachten 2 herrliche stunden in ihrem gewächshaus, die wintersonne warm unter dem glas, es lief musik, wir setzten die ersten der endlosen schalen dieser jahreszeit an, schalotten, zwiebeln und frühlingszwiebeln. schubkarren voller erde gaben ihre aromen ab, als wir warmes wasser darübergossen, umrührten und dann die anzuchtschalen befüllten. beim arbeiten, beim pflanzen, zusammen mit meiner unglaublich tollen tochter, konnte ich spüren, wie mein wahres selbst aus der gosse herauskam. hier war ich präsent, intakt, vollkommen unversehrt unter dem die psyche zermalmenden krebs.

irgendwer fragte, wie es mir geht. ich antworte, ich weiß es nicht, und ich will es nicht wissen. stattdessen lese ich also einen roman nach dem anderen, verliere mich tagelang in anderer leute leben. ich koche, backe, gehe spazieren, sehe mir filme an, schlafe. jedes gespräch über meine gesundheit, meine krankheit, löst herzrasen bei mir aus. ich versuche zu atmen, den kopf frei zu kriegen, an andere dinge zu denken. ein kleiner husten, das wiederkehrende unbehagen in meiner brust, müdigkeit erinnern mich an alles, dem ich ins auge sehen muss. ich fühle mich einfach nicht wohl in meiner eigenen haut. ich fühle mich wie eine zeitbombe. ich befinde mich in einem schwebezustand zwischen leben und tod, gesundheit und krankheit, freude und niederschmetternder traurigkeit. wie immer kann niemand das richtige sagen. stimmen sie mir zu, wenn ich über die schlechte prognose spreche, dann bin ich sicher, dass ich sterben werde. wenn sie mir erzählen, dass ich das überstehen werde, bin ich sicher, sie sind ahnungslose idioten. niemand kann gewinnen. meine intoleranz gilt allen ohne todesurteil. und nur damit klar ist, was man BESSER NICHT zu einem kranken oder sterbenden freund sagt: »niemand kommt hier lebend davon« oder »wir werden alle sterben« sind sätze, bei denen ich den überbringer erwürgen will.

STÄRKE ZU STÄRKE

Es ist schwierig, genau zu wissen, wie man denjenigen helfen kann, die wir lieben, egal, ob sie an einer schweren Krankheit, an Kopfschmerzen oder an Liebeskummer leiden. Ich bin mir darüber klar geworden, wie ich manchmal NICHT helfe, oder zumindest darüber, wie ich Maggie nicht helfe. Ich habe beobachtet, wie sie sich in ihren Panzer zurückzieht, wenn ein wohlmeinender Freund ungefragt Ratschläge erteilt über die heilenden Kräfte einer Saftkur oder über eine Klinik in Deutschland schwafelt, wo der Friseur einer Freundin erfolgreich behandelt wurde. Ich habe dabei zugesehen, wie Maggies Gesicht sich ungläubig vor Wut verzieht, wenn jemand vorschlägt, dass negatives Denken, gegrilltes Fleisch oder frühkindlicher Kontakt mit Pestiziden möglicherweise der Grund ihrer Krebserkrankung sind. Wie kann für Maggie irgendetwas davon an diesem fortgeschrittenen Punkt ihrer Krankheit hilfreich sein?

Wenn Sie nicht wissen, wie Sie helfen sollen, halten Sie sich an diese zuverlässige Faustregel: Geben Sie kranken Menschen keine ungebetenen Ratschläge. Wenn Sie es nicht lassen können, fragen Sie zuerst, ob sie etwas über diese vielversprechende neue Therapie oder Geschichten über Menschen, die es entgegen aller Wahrscheinlichkeit geschafft haben, hören wollen. Fragen Sie so, dass der sehr verwundbare, sehr erschöpfte Patient oder der gleichermaßen erschöpfte Betreuer problemlos »Nein, danke« sagen kann zu Artikeln, Büchern und Links zu Behandlungsplänen und meditativen YouTube-Videos.

Eines Tages, Monate nach der Transplantation, rufen mich Pete, ein alter Freund meines Vaters, und seine Frau Jane an. Pete und mein Vater haben zusammen im Zweiten Weltkrieg gekämpft, und Jane wurde zu einer Freundin meiner Mutter, Pete und Jane und ihre Kinder sind für uns wie Familie. Pete ist mittlerweile einundneunzig und fast taub. Jane ist Mitte achtzig und vergisst schnell, über was oder mit wem sie ein paar Minuten zuvor geredet hat. Mit anderen Worten, schalten wir im Schnelldurchlauf einige Jahre weiter nach vorne, und wir werden alle Jane und Pete sein. Also, wenn wir Glück haben. Vor Kurzem, bei einem Familientreffen, kamen sie in einem kleinen Sportwagen zur Party angerauscht. Pete saß am Steuer, Jane neben ihm. Einer ihrer Söhne meinte nur: »Sie ist die Einzige, die verrückt genug ist, mit ihm Auto zu fahren.«

Die Freunde meiner Eltern rufen also an, weil sie, wie sie es nennen, aufregende Neuigkeiten haben.

»Was ist so aufregend?«, frage ich.

Und dann beginnt Jane, laut aus einer Zeitschrift vorzulesen, auf die sie im Wartezimmer beim Zahnarzt gestoßen ist, über die zehn Wege, Krebs zu besiegen, beginnend mit der »aufregenden Neuigkeit«, dass Maggie, wenn sie auf raffinierten Zucker verzichtet und große Mengen an japanischem Grüntee zu sich nimmt, vollkommen von ihrer Krankheit geheilt werden kann. Ich versuche, sie zu unterbrechen, Jane zu sagen, dass Maggie keinen Faible für diese Art von Heilmitteln hat, aber wegen Petes Schwerhörigkeit und Janes unbezähmbarem Charakter macht sie immer weiter. »›Lisa P. aus Jacksonville, Florida‹«, liest sie am Telefon vor, »›wurde aufgefordert, nach Hause zu gehen und ihre Angelegenheiten in Ordnung zu bringen. Sechs Monate später, nach der Superfood-Diät von Dr. M., die reich an Antioxidantien ist, offenbarten ihre Testergebnisse, dass der Krebs komplett verschwunden war.‹«

»Jane!«, schreie ich ins Telefon und hoffe, dass meine Stimme laut genug ist, damit Pete vielleicht etwas mitbekommt und eingreift. »Jane!« Aber sie fährt mit dem Artikel fort. Ab und zu fragt Pete nach, was sie gerade vorgelesen hat.

»Du meinst die Stelle über den grünen Tee?«, fragt Jane ihn.

»Was?«, brüllt Pete.

»Über den grünen Tee?«, brüllt Jane zurück.

»Ja! Den grünen Tee!«

»›Grüner Tee‹«, wiederholt sie, »›hat nachweisbar Tumore vieler Krebsarten reduziert. Craig S. aus Bensenville, Illinois …‹«

Das Ganze geht ewig so weiter – Jane liest vor und Pete bittet sie zu wiederholen, was sie gerade vorgelesen hat –, bis es mir endlich gelingt, ihre Aufmerksamkeit zu erringen. Mit lauter Stimme erkläre ich ihnen, dass ich viel über diese Behandlungsmethoden weiß, dass sie bei manchen Leuten erfolgreich waren, und dass ich, wenn ich jemals an Krebs erkranken sollte, sie ausprobieren würde. Jane antwortet: »Schimpf mich einen lächerlichen Optimisten, aber lass mich dir noch einen weiteren Absatz des Artikels vorlesen«, und dann setzt sie zu einer langen Beschreibung von Einläufen mit Kaffee an.

Ich komme mir vor, als sei ich Teil eines Sketches bei *Saturday Night Live* über Methoden, jemandem nicht zu helfen. Ich weiß, dass die Freunde meiner Eltern aus Liebe so handeln. Sie können den Gedanken kaum ertragen, dass meine Schwester krank ist. Sie wollen nur helfen. Wir alle wollen nur helfen, wenn jemand, den wir lieben, krank ist oder einen Verlust erleidet oder sich mit etwas herumquält, das jeden von uns treffen kann. Aber manchmal übertreiben wir es und füllen die unbehagliche Lücke mit zu vielen Ratschlägen, zu viel Gerede. Und manchmal ziehen wir uns komplett zurück, weil wir verwirrt sind, was hilfreich ist und was nicht. Wir rufen nicht an, wir machen keine Besuche, wir bringen kein Essen vorbei, weil wir nicht das Falsche sagen oder in die Privatsphäre eindringen wollen. Aber denjenigen zu meiden, der leidet, gehört ebenfalls in die Was-wenig-hilfreich-ist-Kategorie.

Wie hilft man also am besten? Es ist viel unkomplizierter, als Sie glauben. Nicht einfacher, sondern unkomplizierter. Erstens, kontaktieren Sie Ihr eigenes Mark – den tiefsten, wahrhaftigsten Teil Ihrer selbst. Ruhen Sie in der stillen Erhabenheit Ihres authentischen Selbst. Erfüllen Sie Ihr ganzes Sein mit dem Licht dessen, was Sie sind. Und dann kommen Sie mit nichts weiter als dem Geschenk Ihres authentischsten, schnörkellosesten, furchtlosen Selbst vorbei. Denn wenn sich eine Person in ihrer eigenen Haut zu Hause fühlt, kann er oder sie der anderen Person helfen, ebenfalls weniger ängstlich zu sein. Dringen Sie aus Ihrem Innersten zum Innersten des anderen vor. Erinnern Sie sich daran, was eine Freundin mir vor der Transplantation sagte: »Sei nicht die Starke, die der Schwachen hilft. Sei nicht die Glückliche, die dem Opfer hilft. Gib etwas von deiner Stärke an ihre Stärke weiter. *Stärke zu Stärke.*«

Und hören Sie der Person zu, die leidet. Wenn er sagt, dass er Angst hat, sagen Sie ihm nicht, er soll mutig sein. Bitten Sie ihn stattdessen, Ihnen davon zu erzählen. Hören Sie mit Empathie zu. Einfach nur zuhören. Einfach nur da sein. Wenn sie sagt, dass sie sterben wird, wechseln Sie nicht das Thema. Begleiten Sie sie dorthin. Seien Sie ein Gefäß für ihre Träume und Ängste und Pläne. Salbadern Sie nicht und zucken Sie nicht zurück. Seien Sie echt. Offen. Stark. Und finden Sie das Körnchen Stärke in Ihrem Gegenüber. *Stärke zu Stärke.*

Bevor wir das Telefonat beenden, fragt Jane mich, ob ich glaube, dass Maggie aufgibt.

»Warum will sie keine alternativen Heilmethoden ausprobieren?«, fragt Pete. »Meditieren und Beten? Wird Maggie das in Erwägung ziehen?«

»Sie ist genau wie eure Mutter«, sagt Jane. »Eure Mutter gab auf.«

Ich will ihnen erklären, dass mehrfache Chemotherapie und Ganzkörperbestrahlungen und eine Stammzellentransplantation nicht gerade das sind, was man unter Aufgeben versteht, aber Pete hört mich nicht, also sage ich nichts weiter dazu. Eine Weile schweigen wir am Telefon. Ich möchte ihnen erzählen, dass Maggie tatsächlich so viel von meiner Mutter hat. Ich möchte Jane fragen, wie meine Mutter als junge Frau war, warum sie so große Angst vor dem Leben hatte, vor ihrem eigenen großartigen Selbst. Ich möchte Pete und Jane sagen, wie Maggie diese grässliche Krankheit genutzt hat, mutig ihr eigenes Leben in die Hand zu nehmen, und wie sehr ich daran glaube, dass sie, indem sie die Zügel in die Hand nimmt, unserer Mutter ehrt und ihre Träume von Freiheit lebt. Alles das will ich unseren alten Freunden erzählen, aber diese Art von Gespräch kann man nicht mit einem einundneunzigjährigen Mann und einer lächerlichen Optimistin ins Telefon brüllend führen.

LIEBER DEEPAK

Als aus Wochen Monate werden und der Winter dem Frühling weicht, durchlebt Maggie weiterhin große Schwankungen ihres Gesundheitszustands. Eine Woche fühlt sie sich stark und ist voller Hoffnung; dann hat sie einen Fieberanfall, muss zurück ins Krankenhaus, und es geht wieder abwärts. Sie kehrt nach Hause zurück, aufgepäppelt mit Steroiden und Antibiotika. Sie schmeißt sich wieder ins Leben, aber dann melden sich die Symptome der Transplantat-gegen-Wirt-Krankheit zurück. Meine Zellen greifen ihre Zellen an. Ein gutes Zeichen, sollten meine Zellen auf der Suche nach übrig gebliebenen Krebszellen sein. Kein so gutes Zeichen, sollten meine Zellen das angreifen, was sie nach dem Zufallsprinzip als »Nicht-Ich« identifizieren.

Ich setze mich ruhig hin und richte meine Aufmerksamkeit auf meine weit entfernten Zellen, kilometerweit weg, in einem anderen Staat, in Maggies Blutkreislauf. Wieder einmal strenge ich mich an, Kontakt zu ihnen aufzunehmen. Ich fange an, indem ich mir vorstelle, wie die Blutzellen in meinem eigenen Körper auf meinen ruhigen Atem und meine heilenden Gedanken reagieren. Und dann stelle ich mir meine Zellen in Maggies Körper vor; ich schicke ihnen tröstliche Energie; ich bitte sie, mit den willkürlichen Angriffen auf Maggie aufzuhören. Ich stelle sie mir als gewissenhafte Kämpfer vor, die eine Krebszelle von einer gesunden Zelle unterscheiden können. Ich bitte sie, kluge Entscheidungen zu treffen.

Es gibt ein paar Heilmethoden, die vielleicht wie Wischiwaschi-Voodoo klingen, aber sie wurden wissenschaftlich geprüft und für hilfreich befunden. Forschungen zeigen, dass bestimmte meditative Entspannungstechniken die eigene Gesundheit auf Zellebene beeinflussen können. Es gibt Studien, die die Effizienz der »nonlokalen Heilung« beweisen – der Vorstellung, dass eine Person, die sich hier befindet, eine andere Person, die sich dort drüben befindet, durch Gebet oder Visualisierung beeinflussen kann. Aber was passiert, wenn die Person dort drüben tatsächlich Zellen der Person hier in sich trägt? Würde die Wahrscheinlichkeit der nonlokalen Heilung dadurch gesteigert? Ich suche nach Studien, werde aber nicht fündig.

Es muss jemanden geben, der sich in diesen Dingen auskennt.

Ich schreibe eine E-Mail an eine von Maggies Ärztinnen – derjenigen, die mir lange vor der Ernte meiner Stammzellen gesagt hatte, dass meine Zellen Maggie für den Rest ihres Lebens am Leben erhalten würden. Ich bitte sie, mir die wissenschaftliche Seite der Ansiedelung eines Transplantats, den Mechanismus der Transplantat-gegen-Wirt-Krankheit und die Rolle, die meine Zellen jetzt in Maggies Körper spielen, zu erklären. Wie viel Kontrolle habe ich über das Schicksal von Maggie-Liz?, frage ich die Ärztin. Glaubt sie daran, dass die Geist-Körper-Verbindung meine Zellen beeinflussen kann, obwohl sie sich nicht länger in meinem Körper befinden? Es ist mir egal, ob die Ärztin mich für ein bisschen verrückt hält; ich habe jegliche Scham überwunden, was das Fragenstellen Ärzten gegenüber anbelangt.

Die Ärztin gibt freundlicherweise zu, dass ihre medizinische Ausbildung sie daran hindert, an »magisches Denken« zu glauben, aber sie ist fasziniert von der Idee, dass die mentale Verfassung des Spenders Einfluss auf die transplantierten Zellen oder Organe haben könnte. Sie schlägt vor, ich solle einen Antrag für eine Studie an ihrem Krankenhaus stellen. Ich lehne ab. Es fühlt sich zu klinisch an – eine Möglichkeit, mich von meinem momentanen Anliegen zu entfernen. Aber ich weiß ihre wissenschaftlichen Erläuterungen zum Thema Ansiedelung zu schätzen: »Maggies Stammzellen, die jetzt für die Herstellung ihrer gesamten Blutzellen verantwortlich sind, stammen von Ihnen«, mailt mir die Ärztin. »Und im Inneren des Nukleus von jeder einzelnen ihrer beider Zellen befindet sich eine identische Kopie Ihres gesamten Genoms – ein kompletter Satz Ihrer DNA. Ein kompletter Satz dessen, was aus Ihnen Sie macht. Also, ja, man könnte sagen, dass Sie, Liz, jetzt tatsächlich in Maggie herumschwimmen. Und deshalb nehme ich an, dass Sie in dem Maße, in dem Sie Ihr Immunsystem willentlich beeinflussen können, auch Maggies beeinflussen können, aber das geht weit über mein Fachgebiet hinaus!«

Also frage ich jemand anderen. Vor vielen Jahren lernte ich einen jungen Zellbiologen und Arzt kennen, der erst vor Kurzem aus Indien in Boston angekommen war, um zu lehren und als Arzt zu praktizieren. Er hatte gerade ein Buch über die Verbindung von Geist und Körper veröffentlicht. Ich lud ihn ein, auf einer von mir organisierten Tagung zu sprechen. Dieser junge Arzt – Deepak Chopra – wurde zum Pionier der Überschneidung von Meditation und Medizin, Spiritualität und Wissenschaft und ein regelmäßiger Redner im Omega Institute. Ich fand, er sei gut geeignet, meine Obsession mit Zellen zu erhellen.

In meiner ersten E-Mail an Deepak Chopra frage ich ihn, ob er glaubt, dass mein Gemütszustand Einfluss auf meine Schwester hat, obwohl die Transplantation Monate zurückliegt. »Soll ich irgendetwas tun?«, frage ich. »Ist es vergleichbar mit meiner Schwangerschaft, als ich für zwei gegessen habe? Funktioniere ich jetzt für zwei? Oder sollte ich die transplantierten Zellen nicht mehr als meine ansehen? Sind es jetzt ihre Zellen? Oder sind sie nur Energie in der Form von Zellen und gehören deshalb keiner von uns beiden?« Ich maile diese Fragen an Dr. Chopra, in der Hoffnung, dass er sie mit einer Gebrauchsanweisung aus nachweislich wirksamen Heilmethoden beantwortet.

Stattdessen antwortet er mir, dass ich bereits alles getan habe, was ich tun konnte. »Sie haben Ihrer Schwester Ihre Stammzellen gespendet«, schreibt er, »mit einer klaren Absicht und aus vollem Herzen. Jetzt ist der Zeitpunkt da, die Kontrolle über das Ergebnis abzugeben.« Es sei nicht mehr meine Aufgabe, schreibt er. Ich müsse darauf vertrauen, dass jetzt etwas anderes das Kommando übernommen habe. Er zitiert den angesehenen britischen Astrophysiker Sir Arthur Eddington, der einst sagte: »Irgendetwas Unbekanntes tut etwas, von dem wir nicht wissen, was es ist.« Das Ruder an dieses unbekannte Etwas abzugeben sei das Beste, was ich tun könne.

Eine inspirierende, aber dennoch unbefriedigende Antwort. Ich antworte ihm und verwende die Sprache aus Dr. Chopras eigenen Büchern über Zellverhalten und die Doppelblindstudien zu Gebetsheilung. Gibt es keine Forschung, die zu unserer Situation passt? Je mehr ich auf eine definitive Antwort dränge, desto weniger medizinisch klingt er. Nach einem langen Hin und Her von E-Mails lautet seine abschließende Antwort: »Stellen Sie sich das Ganze einfach als Gott vor. Ihre Zellen, die Ihrer Schwester, Sie, Ihre Schwester – alles – als Gott. Kein Getrenntsein. Und dann ergeben Sie sich dem Unbekannten.«

Das hatte ich nicht im Sinn. Also kontaktiere ich eine namhafte Wissenschaftsautorin, die bereits Bücher zu dem Thema veröffentlicht hat. Ihre Antwort ist der von Dr. Chopra so ähnlich, dass ich mich frage, ob die gesamte Geist-Körper-Gemeinschaft eine Nachricht erhalten hat, in der vor dieser verrückten Lady gewarnt wird, die ihrer Schwester Stammzellen gespendet hat. Ich gehe so weit, dass ich ein Medium befrage, das mit

Verstorbenen spricht. Es erzählt mir, dass meine Eltern versuchen würden, Kontakt zu mir aufzunehmen, ich sie aber ständig ignorieren würde. »Sie wollen, dass du weißt«, sagt das Medium, »dass sie von jetzt an übernehmen. Sie sind stolz auf das, was du getan hast, aber jetzt hätten sie die Sache im Griff.« Jeder – Ärzte, Wissenschaftler, spirituelle Lehrer, sogar meine toten Eltern – scheint mir dasselbe sagen zu wollen: »Du hast alles getan, was du tun konntest. Jetzt lass einfach los.«

Also versuche ich es. Ich versuche loszulassen. Ich erlaube mir, mich hilflos, machtlos, nutzlos zu fühlen. Ich fühle mich unwohl dabei, aber lieber unwohl als durchgeknallt. Ich höre auf den Rat von Deepak Chopra und sage mir immer wieder, dass nicht ich hier das Sagen habe; dass es Mächte gibt, die viel größer sind als mein eigenes kleines Ego; dass die Bestimmung über das Leben meiner Schwester, über mein Leben, über alles Leben außerhalb meiner Kontrolle liegt. Und dass auf einer bestimmten Ebene alles gut ist, so wie es ist. Meine Aufgabe ist es jetzt, das zu begreifen, darauf zu vertrauen, meinen Frieden mit dem zu machen, was auch immer als Nächstes kommt. Und trotzdem höre ich jedes Mal, wenn ich meinem Kontrollbedürfnis freien Lauf lasse, Maggies Worte: »Du musst mit diesen Zellen in Kontakt bleiben, Liz. Ich brauche dich dafür.« Und ich stehe wieder genau da, wo ich angefangen habe.

An einem Frühlingstag, es ist noch früh am Morgen, schickt Maggie mir nach einem Besuch der Notaufnahme des Krankenhauses eine E-Mail:

boaahh, unsere zellen führen krieg. Ich bin von 95% ansiedelung auf 75% gesunken. durchfall. übelkeit. ich bekomme jetzt steroide. auf dem heimweg bei beiden kindern vorbeigeschaut und das hat irre geholfen. dann habe ich mir die gartenschere geschnappt und beim herumlaufen alles mögliche abgesäbelt. ich glaube, es ist an

der zeit für den nächsten besuch beim therapeuten. ich glaube, es ist an der zeit, dass ich übernehme. ich glaube, diese zellen brauchen mich, um von nun an die richtung vorzugeben.
liebe dich m

Eine Welle der Erleichterung schwappt über mich hinweg. Ich kann beinahe spüren, wie mir ein Stein von den Schultern fällt, als ich daran denke, die unmögliche, abwegige Aufgabe abzugeben, das Leben meiner Schwester zu retten. Der Spruch, den Deepak Chopra von Sir Arthur Eddington zitierte, kommt mir wieder in den Sinn: »Irgendetwas Unbekanntes tut etwas, von dem wir nicht wissen, was es ist.« Im gegenwärtigen Augenblick klingt etwas Unbekanntes bei Weitem besser ausgerüstet als ich, um mit der Situation umzugehen.

Ich rufe den Therapeuten an, und wir legen das Datum für unseren nächsten Termin fest. Er will wissen, was wir diesmal vorhaben. Ich erzähle ihm von meinem Plan, die transplantierten Zellen an Maggie zu übergeben, und noch mehr als das, an irgendetwas Unbekanntes, das etwas tut, von dem wir nicht wissen, was es ist.

»Gute Idee«, sagt er.

»Und Maggie hat die Absicht, sich ihre Gesundheit, ihr Leben, egal, was als Nächstes kommt, von mir und den Ärzten zurückzuholen. Ihren Mut zusammenzunehmen und ihrem eigenen Instinkt zu folgen.«

»Eine noch bessere Idee«, sagt der Therapeut.

AMOR FATI

Maggie und ich gehen die Treppe zur Praxis des Therapeuten hinauf. Die Tür öffnet sich sofort, und als Erstes sagt der Therapeut: »Wissen Sie, dass es heute – am dreißigsten Mai – auf die Stunde genau – fünfzehn Uhr – ein Jahr her ist, dass wir uns das letzte Mal gesehen haben? Exakt ein Jahr, auf den Tag und die Uhrzeit!«

Wir folgen ihm in den Praxisraum, begrüßen den Hund, setzen uns wie Hühner auf der Stange auf die Couch und fangen direkt mit der Sitzung an, als wäre keine Zeit verstrichen. Außer dass Zeit verstrichen ist. Offenbar ein ganzes Jahr. Man kann die vergangene Zeit an Maggies Post-Chemo-Frisur ablesen. Statt einen Hut zu tragen, um ihren kahlen Kopf zu verbergen, trägt sie nun stolz über den Kopf verteilte struppige Büschel zur Schau, als wäre sie bei einem Friseur in einem Dr.-Seuss-Buch gewesen. Aber für jemanden, der so viele medizinische Behandlungen durchlebt und so viele Medikamente einnehmen musste, wirkt ihr Gesicht wie unverändert. Sie sieht unerklärlicherweise immer noch bezaubernd aus, wie ein junges Mädchen.

Erneut stellt der Therapeut uns die Frage, warum wir hier sind. Maggie kommt gleich auf den Punkt. »Ich weiß eigentlich nicht, warum wir hier sind«, sagt sie. »Zuerst dachte ich, weil unsere Zellen sich in meinem Körper bekriegen und es wissen wollen. Liz' Zellen greifen mich an. Und ich wehre ihre Zellen ab. Und vielleicht können wir durch unser Hiersein diesen Teufelskreis durchbrechen. Aber darum bin ich nicht wirklich hier. Ich glaube nicht, dass das überhaupt das Problem ist.«

»Was ist denn dann das Problem?«, fragt der Therapeut Maggie.

Maggie atmet scharf mit geschürzten Lippen aus. »Ich bin es einfach leid, Achterbahn zu fahren«, sagt sie. Sie hustet und seufzt. »Ich wache jeden Morgen auf, kämpfe gegen die Schmerzen und die Übelkeit an und denke dabei, dass es aussichtslos ist, weil der Krebs sowieso zurückkommen wird. Dass ich einfach aufgeben und passieren lassen sollte, was immer auch passiert. Ich fahre ins Krankenhaus und mache Tests, und sie sagen, alles sei in Ordnung, aber ich glaube ihnen nicht. Und dann glaube ich ihnen doch manchmal und werde optimistisch, was mir Angst macht. Ich muss gegen diese Angst ankämpfen, diese Panik, den ganzen Tag lang. Manchmal habe ich so viel Liebe für alle in mir, und dann wieder bin ich manchmal so wütend, weil niemand auch nur die leiseste Ahnung davon hat, wie sich das alles für mich anfühlt. Deshalb möchte ich mich dann zu einer kleinen Kugel zusammenkauern und sterben. Weil es einfach alles zu viel ist – wie sehr ich alle und alles liebe, und wie verängstigt ich bin und wie erschöpft, nicht nur körperlich, sondern auch … Keine Ahnung. Manchmal kommt mir der Tod tröstlich vor. Wie der einzige Ausweg.«

»Ausweg woraus?«, fragt der Therapeut.

»Aus allem. Weg von den Leuten. Weg von mir. Ich kann nichts mehr so machen wie früher. Und ich glaube, das macht die Leute verrückt.«

»Wie hast du denn früher alles gemacht?«, fragt der Therapeut.

»So, wie jeder es wollte. Ich habe versucht zu wissen, was die anderen wollen, bevor sie selbst wussten, was sie wollten.« Sie schüttelt den Kopf. Tränen schießen ihr in die Augen. »Fast mein ganzes Leben habe ich so verbracht.«

»Wie war das für dich?«

Maggie legt beide Hände auf ihren Bauch. Sie sieht den Therapeuten direkt an. »Es hat mich krank gemacht«, sagt sie. »Es hat mich verängstigt, und dann hat es mich krank gemacht.«

»Und der einzige Ausweg ist Sterben?«

»Ja. An manchen Tagen sehe ich das so. Aber ich weiß auch, dass es noch einen anderen Ausweg gibt. Und das mache ich dieses Jahr viel, wirklich. Und es ist wunderbar. Aber es ist eben schwer, einem alten Hund neue Tricks beizubringen. Tut mir leid«, sagt Maggie an den Hund des Therapeuten gerichtet, der mit dem Schwanz wedelt.

»Erzähle mir von diesen neuen Tricks«, sagt der Therapeut.

Maggie denkt nach. »Es ist peinlich, das zuzugeben.«

»Was zuzugeben?«

»Dass ich so lange gebraucht habe, diesen neuen großen Trick zu lernen.«

»Der da wäre …«

»Ich selbst zu sein. Einfach nur ich selbst zu sein. Das ist der große Trick. Ich habe so viele Jahre versucht, jemand anders zu sein; versucht, so zu sein, wie ich dachte, dass ich sein soll oder dass man es von mir erwartet. Und dann versucht, aus den Abfällen das herauszupicken, was ich für mich wollte, oder heimlich Dinge hinter dem Rücken der anderen zu machen. So anstrengend. Glauben Sie mir, so zu leben ist anstrengend. Aber der Krebs hat mich nackt ausgezogen. Ich habe nichts mehr zu verlieren, wie man so schön sagt. Also habe ich dieses Jahr zu mir gesagt: Scheiß drauf, keine Entschuldigungen mehr, ich bin jetzt einfach ich selbst. Mal sehen, wie das funktioniert.«

»Und wie war's?«, fragt der Therapeut.

»Es *hat* funktioniert«, antwortet Maggie. »Ich war überrascht. Je mehr ich aufgehört habe, für alle anderen ein perfekter kleiner Mensch zu sein, desto mehr habe ich aufgehört, von anderen Leuten zu erwarten, dass sie perfekt sind. Je mehr ich mir selbst vertraut habe, desto mehr habe ich anderen Menschen vertraut. Verdammt komische Sache. Ich dachte, das Gegenteil davon würde passieren. Ich dachte, entweder würde ich vereinsamt ich selbst sein, oder ich würde so sein, wie die anderen es von mir erwarten. Aber stattdessen läuft es zwischen mir und den anderen immer besser, je mehr ich zulasse, ich selbst zu sein. So wie mit dir, Liz.«

Maggie sieht zu mir herüber, als hätte sie ganz vergessen, dass ich auch noch da bin. »Genau das will ich meinen Kindern weitergeben. Ich will ihnen sagen, sie sollen sich nicht so viele Sorgen darüber machen, was die anderen denken. Sie sollen keine Angst davor haben zu sagen, was sie wollen, was sie brauchen. Ich will ihnen sagen: Stellt euer Licht nicht unter den Scheffel, lebt nicht bescheiden. Ihr seid keine beschädigte Ware, ihr müsst nicht repariert werden. Seid einfach ihr selbst – weil das die Menschen, die wirklich wichtig sind, sowieso wollen. Die Wahrheit darüber, wer ihr seid.«

»Ab auf die Kanzel mit dir, Schwester«, sage ich.

Der Therapeut geht zu Maggie und setzt sich neben sie auf die Couch. Er nimmt ihre Hand. »Maggie«, sagt er, »das ist gut. Das ist wahrhaftig. So lebt man. Du musst nicht sterben, um so zu leben. Begreifst du das?«

»Klar«, sagt Maggie, »aber ich werde andauernd rückfällig. Und dann übermannt es mich einfach, und ich will nur weg. Weg von allem.«

»Das ist in Ordnung«, sagt der Therapeut. »Wir werden alle rückfällig, wirklich alle, andauernd. Es ist schwer, dahin zu gelangen, worüber du redest, und es ist noch schwerer, dort zu bleiben. Es ist Arbeit, ein Leben lang. Schwerstarbeit, und die beste Arbeit von allen. Du musst dir nur immer wieder in Erinnerung rufen, dass das der Weg ist, wie man lebt. Es ist eine Lebensart – du selbst zu werden, du selbst zu sein.« Er kehrt auf seinen Platz zurück. »Was möchtest du jetzt zu Liz' Zellen sagen? Lass Maggie reden, die weiß, wer sie ist.«

Maggie sitzt einige Minuten lang still da. Dann beginnt sie mit geschlossenen Augen zu sprechen: »Ich sehe deine Zellen, Liz, und sie tanzen irgendwie herum und winken dir zum Abschied zu. Sie wollen dich wissen lassen, dass sie sehr, sehr glücklich sind in ihrem neuen Zuhause.« Sie lächelt versonnen. »Ein paar von ihnen gefällt es hier sogar besser, besser als da drüben.« Sie streckt die Hand aus und tätschelt mein Bein. Dann öffnet sie die Augen. »Ehrlich, das ist genau das, was ich sehe. Viele glückliche, gesunde Zellen, die dir zum Abschied zuwinken, denen es gutgeht und die ihr neues Zuhause lieben. Ich vermute mal, sie lieben es, weil ich es liebe. Es ist ein sehr guter Ort, weißt du. Hier geht's lustig zu. Es ist ein guter Ort, um zu leben – mein Körper, ich.«

Der Therapeut unterbricht sie. »Sag das noch mal, Maggie.«

»Es ist ein guter Ort, um zu leben – mein Körper, ich.« Sie grinst den Therapeuten an, als sie plötzlich seinen Trick bemerkt. »Sie haben dafür gesorgt, dass ich das sage! Aber Sie haben Recht. Es *ist* ein guter Ort, um zu leben.« Sie dreht sich wieder zu mir hin. »Deine Zellen wollen dich wissen lassen, dass du nichts mehr tun kannst, Liz. Liebe mich einfach nur, liebe dich selbst, und sie kümmern sich um den Rest.«

Ich sehe sie an. Ich sehe ihr in die Augen, und sie erwidert meinen Blick. Ich glaube nicht, dass ich mich jemals bei einem Blickkontakt mit einer anderen Person so unbefangen gefühlt habe. Ich sehe sie; sie sieht mich. Wir sind wir selbst, und wir sind einander wir beide. Ich hebe die Hand und winke meinen Zellen zum Abschied zu. »Viel Spaß dort drüben«, wünsche ich ihnen.

»Und was ist mit dir, Liz?« Der Therapeut wendet sich an mich. »Warum genau bist du heute hergekommen?«

»Um das zu hören. Um loszulassen. Um mit der Hyperwachsamkeit meinen Zellen gegenüber aufzuhören, Maggies Gesundheit gegenüber, meiner Arbeit und meinen Kindern und dem Alltag gegenüber – irgendwie habe ich in meinem Kopf verankert, dass es meine Aufgabe ist, immer den Überblick über *alles* zu behalten. Wenn ich das tue, kann ich vielleicht die Auswirkungen steuern. Als müsste ich auf alles andauernd schlau reagieren. Das ist die Arbeitsplatzbeschreibung meines Selbst.«

»Du glaubst also, dass schlau sein und Kontrolle zu haben dasselbe sind?«, fragt der Therapeut. »Dass Hypervigilanz, ständige Wachsamkeit, dasselbe ist wie Intelligenz?« Er wartet nicht auf meine Antwort. »Ich glaube nicht, dass sie dasselbe sind. Ich glaube, dass es manchmal ziemlich dumm ist, einen Versuch zu starten, das Leben unter Kontrolle zu halten. Und ziemlich schlau, die Dinge loszulassen. Zu kapitulieren. Und die schlausten Menschen, die klügsten unter ihnen wissen, wann sie dranbleiben und wann sie loslassen müssen. Also warst du vielleicht doch nicht so schlau, wie du dachtest«, sagt er mit einem Augenzwinkern.

»Hm«, entgegne ich. »Das scheine ich immer und immer wieder lernen zu müssen. Das ist wohl meine lebenslange Aufgabe – loszulassen, die Welt sich um sich selbst kümmern zu lassen. Ich meine, ich weiß, dass es gut ist zu helfen, zu versuchen, die Dinge zu verbessern, aber die Menschen können sich selbst helfen. Sie wollen sich selbst helfen. Und sie wollen sogar mir helfen! Ich bin immer so fokussiert darauf zu helfen, dass die meisten Leute selten bemerken, dass auch ich Hilfe brauche. Nicht besonders schlau, oder?«

»Was würde denn passieren, Liz«, fragt mich der Therapeut, »wenn du die Welt hin und wieder für sich selbst sorgen lässt? Wie würdest du dich dabei fühlen?«

»Wertlos. Und ängstlich.« Die Worte plumpsen mir aus dem Mund. »Ich würde befürchten, dass ich der Aufgabe nicht gewachsen sei, dass Dinge nicht erledigt würden oder dass sie nicht richtig erledigt würden.«

»Na ja, Liz, im Mittleren Osten geht gerade alles den Bach runter«, sagt der Therapeut ernst. »Ich denke, am besten fliegst du da sofort hin und machst dich nützlich.«

Ich lache. »Weißt du, ich fühle mich tatsächlich schuldig, dass ich gerade jetzt nicht dort drüben bin. Und an jedem anderen Ort der Welt, an dem es gerade Probleme gibt. Ich könnte vielleicht helfen.«

»Ach du meine Güte«, sagt der Therapeut. »Da hast du ja eine Riesenaufgabe am Hals, oder?« Er lächelt mich an. »Du kannst unmöglich allem und jedem helfen«, sagt er. »Diese Welt wird immer den Bach runtergehen und sich wieder aufrappeln und wieder den Bach runtergehen. Genau wie deine Freunde und Familie. Man kann unser widerspenstiges Leben nicht kontrollieren. Kannst du dich damit abfinden? Kannst du mehr, als dich nur damit abfinden? Kannst du diese Widerspenstigkeit feiern?«

»Ich kann's versuchen«, sage ich in aller Aufrichtigkeit, »ich versuche es schon.«

Maggie tätschelt mir die Hand. Der Hund klopft mit dem Schwanz auf den Boden. Der Therapeut sitzt einfach nur da. Nach langem Schweigen sagt er: »Wisst ihr, ich denke, wir haben alles behandelt. Ich denke, ihr wisst beide, was ihr zu tun habt. Ihr Schwestern seid von der schnellen Truppe! Lasst uns die großartige Arbeit von heute nicht verkomplizieren. Holt euch weiter unten an der Straße ein Eis.«

Wir verlassen die Praxis. Es ist erst vier Uhr, und es fühlt sich an, als würden wir die Schule schwänzen. Händchenhaltend schlendern wir die Straße entlang, holen uns ein Eis, und dann beschließt Maggie, dass wir ihre Tochter besuchen sollten, die ganz in der Nähe lebt. Wir nehmen die landschaftlich schöne Strecke, folgen dem Connecticut River, der zwischen New Hampshire und Vermont fließt. Es ist ein schöner, klarer, windiger Tag. Die späte Nachmittagssonne scheint zwischen den Bäumen durch und taucht sie in eine Farbe, für die es keinen Namen gibt. Kleeblattgrün? Apfelgrün? Chartreuse-Likör-Grün? Nichts trifft genau die elektrisierende Farbe, die durch die Blätter jagt und die Atmosphäre in ein smaragdgrünes Licht taucht. Der Fluss ist gletschergrün und reißend durch die Schneeschmelze der Berge. Alles bewegt sich, verändert sich, alles ist lebendig.

Die Straße biegt scharf ab, wo der große Connecticut River auf den kleinen Ompompanoosuc River trifft. Als wir abbiegen, sagt Maggie: »Es gibt da etwas, das ich während der Therapiesitzung vergessen und nicht gesagt habe.«

»Was denn?«, frage ich und drehe den Kopf zu ihr. Sie weint.

»Ich habe vergessen zu sagen, dass das hier das beste Jahr meines Lebens war.«

Mir stockt der Atem, und meine Augen füllen sich mit Tränen. Ich halte an, weil ich nicht von der Straße abkommen und in einen Baum fahren will. Maggie hat viel zu viel dafür getan, am Leben zu bleiben, als dass ich sie jetzt hier durch einen Autounfall ums Leben bringe.

»Mir ist klar, dass ich mich bei dir hauptsächlich über meine Schmerzen beschwere«, sagt Maggie. »Und ich danke dir nicht genug. Mir ist klar, dass es deine Zellen sind, die mich am Leben erhalten.«

»Das musst du nicht sagen«, unterbreche ich sie.

Aber sie redet weiter, als würde dieselbe Kraft, die den Wind durch die Bäume wehen und das Wasser durch den Fluss fließen lässt, auch sie durchströmen. Sie spricht schnell und deutlich. Sie redet wie ein Wasserfall. »Ich muss dir einfach sagen, was für ein Privileg es ist, das Leben zu leben, das ich gelebt habe«, sagt sie. »Manchmal fühle ich mich wie der reichste Mensch der Welt. Reich durch unsere Kindheit, unsere Eltern, unsere Werte, unsere Erziehung. Reich durch meine wunderbaren Kinder und Oliver und die besten Schwestern auf der ganzen Welt. Reich durch mein heimeliges Zuhause und gutes Essen und Freunde und durch die Tatsache, einfach lebendig zu sein auf dieser erstaunlichen Erde. Ich bin gierig nach mehr. Ich will weitere dreißig gute Jahre. Aber ich will, dass du weißt, dass ich auch im Reinen mit dem Sterben bin. Ich werde es annehmen, weil wir das alle müssen! Und nur fürs Protokoll, ich hatte achtundfünfzig tolle Jahre. Selbst die schlechten Jahre sind mittlerweile okay, weil das letzte Jahr so fantastisch war. Ich weiß, dass es komisch klingen muss, dass die Lebensjahre mit Krebs die besten Jahre waren. Und vor allem dieses Jahr – dieses schreckliche Jahr – war das beste meines Lebens. Also danke ich dir dafür, Liz. Und ich möchte nicht, dass du dir Sorgen um mich machst, okay? Versprich mir das. Ich will, dass du darauf vertraust, dass ich klarkomme, egal, was passiert. Egal, wie das Ende aussieht, will ich, dass alle wissen, dass es das wert war. Dass es gut war. Wirst du dich daran erinnern, selbst wenn ich es vergesse? Weil ich es wahrscheinlich vergessen werde.«

»Ja, ich werde mich erinnern – für uns beide. Für uns alle. Versprochen.«

Wir sitzen am Straßenrand und beobachten, wie die grünen Blätter im Wind flattern und wie der wilde Fluss an uns vorbeirauscht. Ich denke über das schreckliche Wunder dieses Jahres nach, dieses beste Jahr in Maggies Leben und wie sie ihr mieses Schicksal in etwas so Schönes verwandelt hat.

»Amor fati«, sage ich.

»Amor was? Ist das wieder so ein Edith-Hamilton-Ding?«

»Nein, schlimmer. Es ist von Nietzsche.«

»Okay, raus damit.«

»Es ist Latein für das, was du gerade gesagt hast. Amor fati: Liebe zum Schicksal. Nietzsche sagte, dass man, wenn man Ja zu allem sagen kann, selbst wenn dein Schicksal zum Kotzen ist, wenn man es lieben kann und nicht einfach nur erträgt, dann würde man überall Schönheit und Sinn finden.« Ich belasse es dabei. Wir fahren weiter, die Schönheit des Tages spricht für sich selbst.

Zurück zu Hause finde ich die Passage von Nietzsche – geschrieben während einer Krankheit, die ihn später das Leben kosten wird.

Ich will immer mehr lernen, das Nothwendige an den Dingen als das Schöne sehen: so werde ich Einer von Denen sein, welche die Dinge schön machen. Amor fati: das sei von nun an meine Liebe! Ich will keinen Krieg gegen das Hässliche führen. Ich will nicht anklagen, ich will nicht einmal die Ankläger anklagen. Wegsehen sei meine einzige Verneinung! Und, Alles in Allem und Grossen: ich will irgendwann einmal nur noch ein Ja-sagender sein!

GLEICH UND GLEICH, UND DOCH GANZ ANDERS

Nach der Therapiesitzung und Maggies ekstatischen Worten am Straßenrand höre ich auf damit, mich zu fragen, ob mein Gemütszustand Maggie beeinflusst oder nicht; ich höre auf damit, Ärzte und Forscher und spirituelle Lehrer nach ihrer Meinung zu fragen, ob ich vielleicht immer noch eine Verbindung zu den Zellen in Maggies Körper habe oder nicht; ich höre auf damit, den Einfluss der Kraft von Gebeten und innerem Frieden auf die Genesung einer Krankheit zu erforschen. Ich höre auf damit, die Fragen zu stellen und fange damit an, die Antwort *zu sein.*

Der vietnamesische buddhistische Mönch Thich Nhat Hanh ging während des Vietnamkrieges ins Exil und bereist heute den Globus, um zu lehren, was er »Frieden sein« nennt. Er sagt, Frieden sein sei die Grundlage, um Frieden zu schaffen. Nur wer Frieden in sich trage, könne dabei helfen, Frieden für andere zu schaffen, für die Welt.

Als einer der einflussreichsten Meditationslehrer der Welt bietet dieser schmale Mönch, gekleidet in eine schlichte braune Kutte, wo immer er auch hingeht, eine einfache Übung an: die Übung des »Interseins«, der Entwicklung eines Bewusstseins für unsere Verbindungen untereinander, mit der Erde, mit den Sternen und dem Universum als solchem. Wir alle sind aus dem gleichen Stoff gemacht, den gleichen Elementen, den gleichen Molekülen. Sie müssen keine Stammzellentransplantation durchstehen, damit diese Wahrheit auf alle Ihre Beziehungen,

Kollegen, Freunde zutrifft, sogar auf die Menschen, die Sie vielleicht als Ihre Feinde bezeichnen.

Die Luft, die Sie atmen, ist die Luft, die ich atme. Wir tauschen Moleküle aus. Vor und zurück, hinein und hinaus, auf der ganzen Welt. Wir fühlen, was jeder fühlt, wir werden mit den gleichen Hürden und dem gleichen Durcheinander konfrontiert, wir streben nach Verständnis und Liebe. Wir teilen uns denselben Planeten; wir brauchen einander; wir *sind* der jeweils andere. Wir sind Stränge in einem komplexen Geflecht, das wir nicht sehen können, weil wir Teil davon sind.

Statt mich also zu fragen, ob Liebe heilt, versuche ich, Liebe zu sein. Ich durchdringe die mich umgebende Atmosphäre mit so viel Liebe und Liebenswürdigkeit, wie es mir aufrichtig und wahrhaftig möglich ist. Wann immer mein Herz verschrumpelte Bömbchen in die Welt verschickt – wenn ich eifersüchtig oder voreingenommen oder stinksauer bin, wie gestern Abend, als die Mieter des Nachbarhauses Heavy-Metal-Musik auf der Terrasse dröhnend laut laufen ließen –, bremse ich mich und kehre zurück in den Zustand, Liebe zu sein (und rufe meine Nachbarn *erst dann* an). Falls meine Zellen in Maggies Körper immer noch mit meiner inneren Landschaft verbunden sind, dann ist das Verströmen von Liebe und das Verteilen von Liebenswürdigkeit eine schlaue Strategie. Und falls meine Handlungsweise keinerlei Einfluss auf Maggies Gesundheitszustand hat, dann ist es immer noch eine bessere Art zu leben, für mich und für alle in meiner Umgebung.

Bringt Frieden Heilung? Dann seien Sie mit sich im Reinen. Während der Zeitungslektüre, wenn Sie konfrontiert werden mit Leid und Ignoranz und Brutalität, atmen Sie Frieden ein und atmen Sie Frieden aus. Ich lasse meine Schultern fallen, entspanne meinen Bauch und spüre, wie die Zellen in meinem Körper in einem friedlicheren Rhythmus vibrieren. Handlungen, die von einem friedlichen Ort ausgehen, sind tendenziell wirkungsvoller als Handlungen, die Chaos und Wut entspringen; das hat sich im Umgang mit meinen Kindern und Aktivisten auf der ganzen Welt bewahrheitet.

Bringt Wahrheit Heilung? Ja, denn Wahrheit entfesselt meine Seele in einer Welt, die hungrig ist nach authentischer Lebensfreude. Eine einzige Person, die die Wahrheit sagt, ermutigt die Seelen der anderen. Deshalb ist es heilsam, wenn ich mit meiner eigenen wahrhaften Stimme spreche, voller Liebe und Überzeugung – heilsam, sich weniger Gedanken darüber zu machen, was andere über mich denken, und mehr an das zu denken, was ich als gut und richtig erachte.

Ich fange langsam an zu begreifen, wie viel einfacher es ist, über Dinge wie Liebe, Frieden und Wahrheit nachzudenken und darüber zu lesen oder anderen davon zu erzählen, als tatsächlich danach zu leben und zu handeln. Tatsächlich in die Tat umzusetzen, was Dr. King in seiner Nobel-Vorlesung »The Quest for Justice and Peace« am 11. Dezember 1964 die »angewandte Kunst, in Harmonie zu leben«, nannte. Es ist frappierend, welche Anstrengungen wir unternehmen, aus einer leicht verständlichen Aussage eine komplizierte Theorie zusammenzuschustern. Jesus predigte die reduzierteste und schlichteste Art von Wahrheit, und dann haben sich ein paar Theorie-Freaks eingemischt und seine Worte in eine Religion mit Geboten und Strafen umgemünzt und Dingen, die man auswendig lernen und für die man sich hübsch anziehen muss. Das Gleiche gilt für andere Heilige und Propheten aus allen Religionen – ihre Worte sind einfach, aber wir Menschen vollbringen allerlei komplizierte Manöver, um ihre Weisheit zu metabolisieren.

Obwohl der Mensch allem Anschein nach die eigensinnigste Spezies ist, die jemals erschaffen wurde; obwohl es oft so aussieht, als würden wir nie lernen, Frieden, oder Liebe oder Wahrheit zu sein – so lernen wir doch, dass wir uns verändern können. Thich Nhat Hanh schlägt seinen Schülern vor, jeden Tag mit diesem Gebet zu beginnen:

Beim Erwachen am Morgen lächle ich.
Vierundzwanzig funkelnagelneue Stunden liegen
vor mir. Ich gelobe, jeden Augenblick
wirklich zu leben und alle Wesen
mit Augen des Mitgefühls anzuschauen.

Heute gelobe ich feierlich, Liebe zu sein, und obwohl ich dieses Gelöbnis wieder und wieder breche, kehre ich immer wieder zu ihm zurück. Beim Aufwachen gelobe ich, meinem Mann gegenüber Liebe zu sein. Ich gelobe, Liebe zu sein, selbst wenn er sich nicht rasiert hat, selbst wenn ich die Geschichte, die er mir beim Frühstück erzählt, schon viele Male gehört habe. Statt ungeduldig zu sein, wende ich mich ihm zu und zeige ihm mein ganzes Selbst – keinen Widerstand, keine Irritation, nur Liebe. Und, o Wunder, die Stimmung im Raum ändert sich, als würde die Sonne eine Wolke durchbrechen und uns mit ihrer heilsamen warmen und großmütigen Seele durchströmen.

Ich breche zur Arbeit auf, und bevor ich das Büro betrete, gelobe ich gegenüber jedem Kollegen, dem ich begegne, Liebe zu sein. Für den Anfang konzentriere ich mich darauf festzustellen, ob ich ungeduldig oder genervt bin.

Aber je weiter der Tag voranschreitet, desto leichter fällt mir das Liebesein, denn meine Akzeptanzmuskeln werden stärker als meine Angriffsmuskeln. Am Ende des Arbeitstages umarme ich den UPS-Boten auf dem Parkplatz. Vielleicht übertreibe ich es mit der praktischen Umsetzung ein bisschen.

Thomas Merton, ein Trappistenmönch und sozialer Aktivist, sagte einmal, mit zunehmendem Alter erst habe er begriffen, dass nicht Ideen die Welt verändern, sondern einfache, liebevolle Gesten, die man den Menschen in der nächsten Umgebung zuteilwerden lässt, und manchmal sogar denen, in deren Nähe man sich am unwohlsten fühlt. Er schrieb, dass man den Menschen in seinem Leben dienen muss, statt die Welt zu retten. »Man kämpft immer weniger um eine Idee«, schrieb Merton, »und immer mehr um einzelne Menschen. Letztendlich ist es die Wahrhaftigkeit einer persönlichen Beziehung, die alles bewahrt.«

Wenn wir uns kennen und lieben bis ins Mark, in unser Innerstes, und wenn wir das Einssein begreifen, tief hinein bis ins Mark unserer Seelen, dann ist Liebe immer weniger eine abstrakte Idee und immer stärker die einzig gesunde Vorgehensweise. Wir sind eins, wir sind viele, und Liebe ist die alles verbindende Brücke.

Als ich in Thailand war, hörte ich sehr oft eine bestimmte Redewendung, vor allem in den Garküchen auf der Straße. Es war völlig egal, für welches Essen ich mich interessierte. Zog ich eine Nudelsuppe in Erwägung und fragte den Verkäufer: »Ist da Huhn drin?«, dann neigte er den Kopf zur Seite und reichte mir die Speise mit den Worten: »Gleich und gleich, und doch ganz anders.« Wenn ich klebrige Reisbällchen mit kleinen bunten Stückchen drin beäugte und fragte: »Sind das Mangostückchen?«, kam von der Lady am Stand prompt der Singsang: »Gleich und gleich, und doch ganz anders.« Was bedeutete das? Falls ich mich bemühte, zum Beispiel mit der Frage: »Ist das Mango oder Papaya?« mehr Klarheit zu gewinnen, bekam ich dieselbe Antwort: »Gleich und gleich, und doch ganz anders.«

Mittlerweile ertappe ich mich mehrmals am Tag dabei, selbst diese Redewendung zu benutzen. Ich neige meinen Kopf zur

Seite und sage: »Gleich und gleich, und doch ganz anders.« Wir sind gleich. Und trotzdem sind wir anders. Maggie und ich sind eins, für immer verbunden durch unsere Herkunft und Blutzellen und Liebe. Und dennoch geht jede auf ihrem eigenen Weg ihrem eigenen Schicksal entgegen. Gleich und gleich, aber anders. Dieser eine kleine Spruch erfasst das Wesentliche einiger hochgradig esoterischer, komplexer und geheimniskrämerisch spiritueller Texte, die jemals geschrieben wurden. Meine Entschuldigung gilt Lord Shiva und Buddha, Jesus und der Heiligen Teresa von Ávila, Mohammed und Dschalal ad-Din ar-Rumi, meine Hochachtung den dicken Schwarten wie den voluminösen und weitschweifigen Upanishaden des Hinduismus, dem *Tibetischen Totenbuch* und den mystischen jüdischen und christlichen und islamischen heiligen Schriften, aber ich folge einem Rätselspruch, den ich an einem Essenstand gehört habe. Gleich und gleich, und doch ganz anders. Für mich vereint er die Weisheit der Jahrhunderte in sich; er hilft mir, mich daran zu erinnern, dass unser Leben zwar uns gehört, wir aber dennoch zusammengehören. Unser Selbst ist individuell, jedes mit einer einzigartigen Bestimmung, die es zu entdecken und auszudrücken gilt. Und wir sind Stränge in einem Geflecht, das jenseits unserer Vorstellungsgabe liegt.

Fünfter Teil

DIE TAGE DAZWISCHEN

And there were days I know
When all we ever wanted
Was to learn and love and grow
Once we grew into our shoes
We told them where to go
Walked halfway around the world
On promise of the glow
Stood upon a mountain top
Walked barefoot in the snow
Gave the best we had to give …

ROBERT HUNTER / JERRY GARCIA

PFLAUMENMUS

Anfang September, ein Jahr nach der Transplantation, hole ich Maggie ab, um sie für Tests ins Krankenhaus zu bringen. Wir haben uns seit der Therapiesitzung nicht mehr gesehen – die längste Trennung seit Beginn unserer Stammzellen-Achterbahn. Das Ablegen unserer Maggie-Liz-Identität war für uns beide eine Befreiung. Mein zwanghafter Kontroll- und Verantwortungsdrang hat nachgelassen. Und Maggie hat ihr Leben zurückgefordert – mit allen Unbekannten und Eventualitäten, seinen Schrecken und Hoffnungsschimmern. Sie hat sich, so gut sie kann, auf dieses Leben im Ungewissen eingelassen. Wenn sie über dieses Jahr spricht, fällt mir der Song von den Grateful Dead ein, »Days Between«, in dem Jerry Garcia singt: »Sobald wir in unsere Schuhe hineingewachsen waren, sagten wir ihnen, wo's langging.« Von allen Lebensjahren meiner Schwester ist dieses hier dasjenige, in dem sie in ihre Schuhe hineinwuchs und ihnen sagte, wo's langging. Das Jahr, in dem sie einen Blick in ihr Innerstes geworfen hat und dort die Freiheit fand, »zu lernen und zu lieben und zu wachsen«.

Jetzt sitze ich im Wartezimmer der Abteilung 3Z, dem Flügel des Krankenhauses, in dem ein PET-Scanner Aufnahmen der Patienten macht, auf denen man selbst die winzigsten Krebsmoleküle im Körper entdeckt. Wir sind hier, weil sich eine mysteriöse Geschwulst um den Mediannerv in Maggies Arm schlingt. Das Ding löst schreckliche Schmerzen aus und – natürlich – die Angst, der Krebs könnte zurückkommen. Vielleicht ist die Geschwulst nur eine Nebenwirkung der häufigen

Chemotherapie oder eine durch die Transplantat-gegen-Wirt-Erkrankung verursachte Schwellung. Aber der Husten ist auch wieder da, die Art von Husten, die vor achtzehn Monaten der erste Hinweis auf das Rezidiv des Lymphoms war: ein weiterer Grund für den PET-Scan.

Für den Scan wird eine geringe Dosis einer schwach radioaktiv markierten Substanz in die Vene des Arms gespritzt, die durch den Körper wandert und von den Organen und dem Gewebe absorbiert wird. Anschließend liegt der Patient flach und vollkommen reglos für eine Stunde auf dem Rücken im PET-Scanner – eine große Maschine in der Form eines Donuts. Der Scanner zeichnet die Strahlung auf, die von der radioaktiven Substanz abgegeben wird und verwandelt sie in ein dreidimensionales Bild. Bereiche des Körpers, in denen sich Krebs-Energie befindet, strahlen wie Kugeln am Weihnachtsbaum.

Der berühmte Dichter-Weise Khalie Gibran sagt: »Arbeit ist sichtbar gemachte Liebe.« Ich finde, ein PET-Scan ist sichtbar gemachte Liebe. Das ganze Krankenhaus ist sichtbar gemachte Liebe: Ärzte, Krankenschwestern, die Radiologen des PET-Scanners, Reinigungspersonal, Geistliche, Angestellte der Cafeteria, alle machen durch ihre tägliche Arbeit Liebe sichtbar. Ich habe keine Geduld für diejenigen, die auf die westliche Medizin schimpfen oder Krankenhäuser hassen. Die moderne Medizin hat ihren Nutzen und ist genauso geweiht wie jeder andere Versuch, Liebe sichtbar zu machen. Wenn es hart auf hart kommt, sind es die Krankenhäuser, in denen Liebes-Engel verweilen.

Während Maggie im Scanner liegt, sitze ich im Wartebereich in Gesellschaft meiner Mitmenschen. Manche sind, wie ich, vergleichsweise gesund. Andere bedecken mit Baseballkappen die kahlen Chemo-Köpfe oder tragen Krankenhaushemden oder haben diesen Ausdruck eines verängstigten Tiers in den Augen. Wir alle sitzen einfach nur da und warten.

Auf einer von mir organisierten Tagung stellte ein Mann dem spirituellen Lehrer Eckhart Tolle eine Frage über das Warten: »Gibt es spezielle Meditationsübungen, während man auf jemanden wartet oder darauf, dass etwas beginnt?« Eckhart Tolle saß eine Weile schweigend da, während wir alle auf seine Antwort warteten. »So etwas wie Warten gibt es nicht«, antwortete er schließlich. »Es gibt nur Gegenwärtigkeit in jedem Augenblick. Es gibt keine Vergangenheit oder Zukunft, sondern nur das Jetzt. Vergeuden Sie diesen Moment nicht. Vergeuden Sie diese Momente Ihres Lebens nicht. Es ist keine Seltenheit, dass manche Menschen ihr ganzes Leben damit verbringen, darauf zu warten, dass es anfängt.«

Mit dem Warten aufzuhören – seit Jahren eine Übung von mir. Den Verstand von seinem zwanghaften Wiederaufwärmen der Vergangenheit und seinem ruhelosen Grübeln zu befreien, und stattdessen neugierig und unvoreingenommen dem Hier und Jetzt gegenüberzutreten. Statt also im Wartebereich des Krankenhauses zu warten, tauche ich in den Moment ein und schwimme mit den anderen Menschen darin herum. Eine junge Frau wird in einem Rollstuhl abgeholt. Ihr kleiner Junge rennt ihr weinend hinterher. Sie versucht, ihm durch den Mundschutz, den sie trägt, einen Abschiedskuss zu geben. Eine krankhaft übergewichtige Frau stößt auf zwei Gehstöcke gestützt zu uns. Ein Krankenpfleger treibt einen Rollstuhl für sie auf, aber er ist zu schmal für ihr enormes Hinterteil. Sie lehnt sich keuchend an die Wand. Der Pfleger bleibt bei ihr und hält ihre Hand. Ein paar Minuten später wird ein Mann im Rollstuhl hereingeschoben und mitten im Wartebereich abgestellt. Man hat ihm nur eine dünne weiße Decke übergelegt. Eine dicke Geschwulst wächst am Scheitel aus seinem Kopf heraus, und er friert und hustet. Die Leute wenden den Blick ab, weil sie ihm die Demütigung angesichts seiner Hilflosigkeit ersparen wollen.

Nach einer Weile wird es unerträglich, den gegenwärtigen Augenblick einfach nur wahrzunehmen. Der arme Mann mit der Geschwulst ist immer noch allein. Seit zehn Minuten kümmert sich niemand um ihn. Diejenigen, die in den Wartebereich kommen, müssen seinem Rollstuhl ausweichen. Jedes Mal, wenn es wieder so weit ist, senkt er den Blick. Sollte ich etwas unternehmen? Eckhart Tolle sagt auch: »Oft ist es besser, irgendetwas zu tun als gar nichts. … War es ein Fehler, dann kannst du zumindest etwas daraus lernen, und schon ist es kein Fehler mehr.« Ich stehe auf und frage den Mann im Rollstuhl, ob er möchte, dass ich ihn an einen anderen Platz schiebe. Er nickt. Als sich unsere Blicke treffen, blitzt Gnade in seinen Augen auf. Ich schiebe den Rollstuhl auf die Seite des Wartebereichs, wo er relativ ungestört ist, und kehre an meinen Platz zurück.

Es ist Arbeit, wach und neugierig inmitten all der Dinge zu bleiben, die das Leben uns vor die Füße wirft. Ich glaube nicht, dass wir diese Arbeit allein bewerkstelligen können. Wir sind wie die füllige Frau, die an der Wand lehnt. Wir brauchen jemanden, der unsere Hand hält und uns unterstützt. Wir sind wie der Mann im Rollstuhl, mitten im Alltag im Stich gelassen. Wir brauchen jemanden, der uns anschiebt.

Manchmal denke ich, ich werde mich auf mein Totenbett legen, meine Liebsten ansehen und mit einem erleichterten Seufzer sagen: »Uff, ich hab's lebendig bis hierher geschafft. Euretwegen. Danke.«

Als der PET-Scan vorbei ist, möchte Maggie sofort raus aus dem Krankenhaus. »Nichts wie weg hier«, sagt sie. Das sagt sie jedes Mal. Schweigend fahren wir durch den lodernden Indian

Summer. Sie ist von dem Beruhigungsmittel schläfrig und schließt die Augen. Die einstündige Fahrt auf dem Highway vom Krankenhaus zu Maggie ist während jeder Jahreszeit spektakulär, aber heute ist sie schmerzlich schön. Die Ahornbäume haben über Nacht ihre Farbe gewechselt, die Blätter heben sich scharlachrot von dem unglaublich blauen Himmel ab. Die vorbeiziehenden Wälder sind dunkel und grün und duften nach Harz, gesprenkelt mit Birken, deren dünne weiße Stämme und goldenen Blätter in der Septembersonne funkeln. Ich fahre und schippere uns durch den Tag, während Maggie immer wieder einnickt.

Kurz bevor wir in ihre Straße abbiegen, setzt sie sich gerade hin und beschließt, dass wir zu der Obstplantage in der Nähe fahren, damit sie aus den Früchten Pflaumenmus machen kann. »Scheiß auf das Leben im Jetzt«, sagt sie. »Ich will für die Zukunft Pflaumenmus machen, ob ich dann noch da bin oder nicht.« Also parken wir und spazieren durch endlose Reihen von knorrigen Bäumen, Beerensträuchern und Weinreben, die sich den ganzen Hügel hinauf erstrecken. Apfelbäume beugen sich fast bis zum Boden, schwer beladen mit Früchten. Gelbe Bienen schwirren wie betrunken um sie herum. Die Luft riecht nach Apfelmost. Die Pflaumenbäume sehen aus, als hätte ein Pointillist Hunderte von lila Punkten auf die Zweige getupft. Wir pflücken viel zu viele Pflaumen und einen Korb Äpfel der Sorte Honeycrisp, und zum Schluss noch ein paar spät blühende rote Himbeeren. Schwer beladen mit Obst kommen wir nach Hause. Wir lachen über etwas, das außer uns niemand lustig finden würde, oder höchstens für eine Minute, aber niemand würde den Spruch immer wieder mit verschiedenen Akzenten wiederholen und jedes Mal vor Lachen zusammenbrechen. Das Telefon klingelt. Ich nehme den Anruf entgegen. Es ist das Krankenhaus. Und augenblicklich verändert sich alles – wieder einmal.

Das Lymphom ist zurück. In Maggies Lunge, in ihren Leisten, in ihrem Uterus und in der Geschwulst in ihrem Arm, in dem anderen Arm, ihren Knochen. Die Weihnachtskugeln in ihrem Körper leuchten überall, angetrieben von Krebsenergie. Mantelzelllymphom – der fremde Eindringling, den sie seit fast einem Jahrzehnt mit schweren Geschützen wie Chemotherapie, Ganzkörperbestrahlung, einer autologen Stammzellenspende und einer allogenen Stammzellentransplantation bekämpft und mit einem Heer weiterer Medikamente gegen die Nebenwirkungen der Chemo, Bestrahlung und der Transplantation. Wie viel mehr erträgt ihr schmaler Körper noch?

Der Abend ist ein Déjà-vu. Zum dritten Mal erlebe ich, wie Maggie ihren Kindern mitteilt, dass sie dem Tode nahe ist. Zum dritten Mal fragt sie sich laut in unserer Gegenwart, wie sie sterben soll – langsam und qualvoll oder bewusst, indem sie Tabletten nimmt, die den Prozess beschleunigen? Wieder einmal klammert ihr Sohn sich an ihr fest und weint. Er baut gerade die Straße hoch ein Haus für eine Zukunft, die er von ganzem Herzen mit seiner Mutter teilen will. Ihre Tochter ruft an, und ich höre ihrem Gespräch zu, als folge ich zwei Schauspielern, die sich die Sätze vorlesen. Ich will dem Stückeschreiber zurufen, dass Menschen in Wirklichkeit nicht so miteinander reden – es ist zu intensiv, zu ungefiltert. Mildere es etwas ab, will ich ihm sagen. Das Publikum braucht Luft zum Atmen.

Später am Abend, kurz vor dem Einschlafen, denke ich über den gegenwärtigen Moment nach und überlege, ob ich jemals wirklich verstanden habe, was er bedeutet. Seit meinem neunzehnten Lebensjahr bin ich eine fleißige Schülerin der Achtsamkeit. Möglicherweise habe ich die Worte »im Hier und Jetzt sein« genauso oft ausgesprochen wie »Hallo« und »Auf Wiedersehen«. Aber was ist das Hier und Jetzt? Sind die einzelnen

Momente im Hier und Jetzt unabhängig voneinander, aufgereiht wie die Perlen eines Rosenkranzes? Entspricht jeder dieser Momente einem Millimeterstrich auf einem Lineal oder der Sprosse einer Leiter, auf der wir uns nach oben hangeln, Atemzug für Atemzug, jetzt, jetzt, jetzt? Die Weisen sagen uns, man soll nicht den einzelnen Moment festhalten und weder zurück noch nach vorne schauen. Wir werden angewiesen, uns mit voller Aufmerksamkeit an der Leitersprosse festzuhalten, ohne dort zu verharren – jeder Schritt die Leiter hinauf ist ein brandneuer sauberer Moment, frei von der Vergangenheit und ungetrübt von der Zukunft. »Anfänger-Geist« heißt das im Buddhismus. So soll man meditieren: Fange mit jedem Atemzug von Neuem an, als Übung für das Leben.

Aber momentan muten die klassischen Meditationsanleitungen zu nüchtern an für das wirkliche Leben, mit seiner schwierigen Vergangenheit und seiner fraglos unschönen Zukunft. Vielleicht ist dieser blitzsaubere Moment im Hier und Jetzt nicht so, wie ich ihn mir vorgestellt habe. Vielleicht gibt es gar nicht so etwas wie einen Haufen voneinander unabhängiger Momente. Stattdessen existiert immer nur ein unvollendetes, unvollkommenes, sich ständig veränderndes, superfaszinierendes, ineinander verzahntes Geflecht aus Zeit und Raum, in dem alle Dinge gleichzeitig passieren, ungetrennt, auf Ewigkeit. Plötzlich will ich spirituelle Anweisungen, die mir sagen, dass ich *sehr wohl* mit großer Zuneigung auf das gesamte verwirrende, erschreckende Gemälde zurück-, nach vorne und überall um mich herum blicken soll – sogar mit dem Gefühl der Verbundenheit. Dass es in Ordnung ist, sich in Nostalgie zu suhlen, wenn ich einen Song aus meiner Jugend höre, oder meine Zukunft zu planen, bang und hoffungsvoll. Dass ich genieße, was kommt, betrauere, was verloren ist, dass ich über meine unbeholfenen Fehltritte lache und über die unschuldige Hybris meiner Pläne. Dass ich mit offenen Augen die Ewigkeit bin, ein Herz, das voller Staunen schlägt, ein neugieriger, humorvoller Geist mit Sinn für Ironie.

Möglicherweise haben diese besagten Weisen genau das immer gemeint mit ihrem »im Hier und Jetzt sein«. Weil ich nicht daran glaube, dass wir als Menschen hier auf Erden leben können, ohne die Vergangenheit mit uns in die Zukunft zu zerren. Man würde doch auch nicht säckeweise Früchte nach Hause schleppen, wenn man sich nicht gerne daran erinnert, wie man mit seiner Mutter Marmelade eingekocht hat. Und man würde nicht mit seiner Schwester bis kurz vor Mitternacht aufbleiben – zwei Hexen, die sich über einen Kessel voller blubbernder Pflaumen beugen –, ohne die Zukunft im Blick zu haben: eine Zukunft, in der jemand an einem kalten Wintermorgen in der Küche am Frühstückstisch sitzt, vor sich eine Tasse Kaffee und einen Toast mit Pflaumenmus.

Also überarbeite ich meine Anleitungen zur Achtsamkeit heute Abend, nur für mich. Sie können sich Ihre eigenen ausdenken. Das sind meine: Wir sind aus der Vergangenheit gemacht und für die Zukunft. Beide sind in den gegenwärtigen Moment eingebettet. Ohne den Schmerz und die Süße dessen, was vorher kam, und dem verlockenden Reiz und der Herzklopfen auslösenden Angst, was als Nächstes kommt, können wir nicht die Fülle des gelebten Moments zelebrieren.

Überall, wo ich mich in Maggies Haus umsehe, stoße ich auf Wahrzeichen der Vergangenheit und Hinweisschilder für die Zukunft. Erinnerungen und Träume: Fotos ihrer Kinder in allen Altersstufen und gezwungene Blumenzwiebeln, die an Weihnachten blühen werden. Der alte Küchentisch aus Eichenholz, der meinen Eltern gehörte, und die Dose frische Farbe, die darauf wartet, die abgeblätterten Stellen an den Schränken auszubessern. Der Komposteimer randvoll mit Pflaumenschalen, und die Marmeladengläser, die auf der Arbeitsplatte abkühlen. Addieren Sie alles zusammen, und die Summe ist das Jetzt.

Ich denke an meine eigenen Erinnerungen und Träume. Ich kenne den Unterschied zwischen denen, in denen ich festhänge, und denen, die mein Leben mit Würze versehen. Ich denke, fast jeder von uns kennt diesen Unterschied. Die, die nach Eifersucht oder Schuldzuweisung schmecken – wenn wir klug sind, lassen wir diese Erinnerungen und Träume los. Aber die anderen behalten wir. Sie stärken unsere Seele und nähren unsere Vorstellungskraft. Wie die Erinnerungen an meine Eltern, die wie ein unbezahlbares Kunstwerk in meinem Herzen hängen – mysteriös, farbenfroh, vielschichtig. Oder wie mein Traum, in dem ich mit Bruce Springsteen durchbrenne und mit der E Street Band als Background-Sängerin auftrete. Ich weiß, es ist ein Hirngespinst, aber ich halte mir diese Tür in meiner Fantasie gerne offen. Man kann nie wissen.

WEITERE SONNENUNTERGÄNGE

Ich wache mitten in der Nacht mit dem Mitten-in-der-Nacht-Syndrom auf. Bedrohliche Szenarien fangen an, sich kilometerweit weg im Ozean der Negativität zu formen. Sie werden zu riesigen Wellen und rollen auf die Küste zu, eine nach der andern, im Schlepptau ihre hinterlistigen Argumente, warum ihre dunkle Gesinnung der Hoffnung oder der Zuversicht weit überlegen ist. Ich weiß, dass ich ihre Vorstöße stoppen sollte. Ich weiß, dass sie Erfindungen meines ängstlichen Verstandes sind und dass die meisten von Paranoia verkrusteten Albträume nicht wahr werden, obwohl sie vielleicht Splitter des Möglichen in sich tragen. Deshalb sollte ich mich umdrehen und wieder einschlafen. Eine gute Faustregel: *Glauben Sie nichts von dem, woran Sie zwischen Mitternacht und Sonnenaufgang denken.*

Aber natürlich lasse ich mich, während ich mich auf dem Futon-Ozean im Gästezimmer meiner Schwester hin und her wälze, von den Wellen überrollen: Wellen von Schuldzuweisungen, Wellen von Misstrauen, Wellen von Furcht. Ich gebe meinen Zellen die Schuld, dass sie sich nicht genug angestrengt haben. Oder vielleicht enthielten sie irgendeine Mutanten-Unregelmäßigkeit, die provozierte, dass Maggies Krebszellen sich in einen noch bösartigeren Lymphom-Stamm verwandelten. Vielleicht hätten wir die Transplantation nie machen sollen. Bevor ich von dieser Welle zerschmettert werden kann, landet eine neue an: Ich überlege, ob sie durch das nahe Wohnen an einer Obstplantage – genau der, wo wir die Pflaumen gepflückt haben – den Krebs überhaupt erst bekommen hat. Sind giftige

Pestizide in den Boden gesickert und den Hügel runtergeflossen und in der Luft herumgeschwirrt, wodurch dieses so unverdorben wirkende Tal zu einer Todesfalle wurde? Und jetzt enthalten die Marmeladengläser voller Bio-Pflaumenmus, die gerade auf der Arbeitsplatte abkühlen, kleine Giftbomben, die im Körper von irgendjemand anderem explodieren werden. Selbst während ich mit offenem Fenster schlafe und die kühle Herbstbrise durch die Vorhänge weht, atme ich den Tod ein. Die Wellen von Zweifel und Verderbnis raunen mir ihre fürchterlichen Ansichten zu. Ich glaube ihnen jedes Wort.

Ich bin gerade so weit, in dem Mitten-in-der-Nacht-Syndrom zu ertrinken, als plötzlich, warum auch immer, vor meinem geistigen Auge die korpulente Frau aus dem Krankenhaus erscheint. Da steht sie, angelehnt an die Wand im Wartebereich, Hand in Hand mit dem Krankenpfleger, und sie erinnert mich daran, dass man um Hilfe bitten kann, wenn man ertrinkt. Also mache ich das Licht an, stehe auf, finde meinen Laptop und setze ein SOS an meinen Ehemann ab. Ich erzähle ihm von diesem Tag – von dem Test und dem Resultat und von einem Spaziergang, den Maggie und ich im Sonnenuntergang gemacht haben, nachdem das Krankenhaus angerufen hatte. Als wir an ihrem Gemüsegarten vorbeikamen, klang ihre Stimme durchzogen von traurigem Staunen, als sie sagte: »Ich dachte, ich hätte noch ein Jahr mehr im Garten.« Und als wir über die Brücke gingen, sagte sie: »Ich dachte, ich würde noch mal im Fluss schwimmen.« Und als wir zu der Scheune kamen, sagte sie: »Ich muss noch so viele Kunstwerke zu Ende bringen; ich dachte, ich hätte noch mehr Zeit in meinem Atelier.«

Ich erzähle meinem Mann, dass ich Mühe habe, mich über Wasser zu halten; dass ich dringend ein spirituelles Rettungsfloß brauche. »Bitte hilf mir, Hoffnung zu schöpfen. Bitte erinnere mich an die ewige Reise der Seele«, hämmere ich in die Tastatur.

Am nächsten Morgen finde ich das hier in meinem Posteingang, bei Tageslicht geschrieben von meinem Mann:

Auf die Schnelle ist Folgendes das Beste, was mir einfällt: Behalte ein reines Herz, und du und sie werdet tatsächlich noch weitere Sonnenuntergänge und üppige Gärten sehen und in fließenden Gewässern schwimmen und Kunst aus nichts weiter erschaffen als aus euren eigenen Visionen. Das Allerbeste, was dein Herz fühlen kann und sich vorstellen kann, wird auf dem nächsten Flug und beim nächsten Mal, wenn du hier wieder am Leben sein wirst, verwirklicht werden. Bleibe einfach nur in der Liebe, jetzt und nachdem sie gestorben ist. Und außerdem kannst du immer noch mit ihr reden, wenn sie von uns gegangen ist. Ich weiß, wie gerne ihr beiden euch unterhaltet.

feldnotizen • 12. september

der befund zeigt, dass der krebs überall ist, von den knochen bis zu den organen, also ist es diesmal sehr ernst. derweil fühle ich mich ziemlich gut. also habe ich einen deftigen pflaumenkuchen gebacken, die nicht vom frost zerstörten bohnen gepflückt, geprüft, wo der frost schaden angerichtet hat (minimal), und bin auf dem weg ins atelier, weil die rahmen angekommen sind und ich es kaum erwarten kann, die neuen bilder zu rahmen. bis zu der tour über die kunsthandwerksmessen im winter werde ich vielleicht tot sein, aber ich mache trotzdem weiter mit meiner arbeit. heute treffe ich mich mit dem fotografen meiner drucke, der sie angesichts meiner situation superschnell anfertigen wird. ich bin mega aufgeregt. liz' freundin nennt es »den wilden tanz der hoffnungslosigkeit tanzen«. depressionen habe ich nie verstanden, selbst mit meiner traurigen krankheit nicht. ich bin nicht deprimiert, ich bin traurig, all diese schönheit zu verlassen. ich finde, schönheit ist die antwort auf alle probleme. schönheit und liebe. seine kinder zu lieben, den partner, die freunde und familie. gedeihende gärten und pflanzen und das wunder der jahreszeiten. das bewusstsein schärfen für den wind, die sonne auf deinem gesicht, das berühren der erde beim unkrautjäten, die wunderschöne kleinheit von leben. ich werde es so sehr vermissen.

WURZELN UND SAMEN

Es ist wieder November, und ich bin auf dem Weg zu Maggie und Oliver. Mittlerweile kommt mir die dreistündige Fahrt so bekannt vor wie mein Weg zur Arbeit. Genau wie die Gefühle, die mit mir unterwegs sind. Ich fahre energiegeladen los. Ich schalte das Radio ein. Ich singe mit. Ich höre mir die Nachrichten an. Ich wechsle das Programm zu einer Rechts-außen-Talkshow für ein bisschen kulturelle Vielfalt. Dann werde ich unruhig, gelangweilt oder fange an, mir Sorgen zu machen oder mich mit Selbstzweifeln herumzuplagen. Tue ich genug für Maggie? Tue ich zu viel? Sollte ich sie häufiger besuchen? Sollte ich länger bleiben? Als ich mich Vermont nähere, will ich Stille. Ich schalte das Radio aus. Ich beruhige meinen Verstand. Ich spüre meinen Gefühlen nach.

Als ich mich heute Maggies Haus nähere, unterhalte ich mich laut mit meinen Eltern, deren Anwesenheit ich auf diesen Fahrten oft wahrnehme. Mit meinem Vater rede ich wenig – es ist mehr so eine Art schneller Check-in, eine Rückmeldung, dass er tatsächlich am Quai sein wird, wenn Maggies Fähre einläuft. Mit meiner Mutter tauche ich in das Gespräch ein, in dem wir uns im Kreis drehen und das ich seit ihrem verdrießlichen Tod vor zehn Jahren mit ihr führe. »Warum hast du uns nicht gesagt, dass du sterben willst?«, frage ich meine Mutter zum tausendsten Mal. »Warum hast du es dir und uns so schwer gemacht?« Ich höre ihrer Antwort genau zu. Zuerst ist da nichts außer dem Sirren der Reifen auf der regennassen Straße. Aber etwas später erscheint ein Wort vor meinem geistigen Auge: »MUT.«

Wie in einem Teleprompter bewegt sich das Wort »Mut« langsam vor dem Bildschirm in meinem Kopf. Vielleicht will meine Mutter mich wissen lassen, dass sie mutig war. Sie hat uns und sich selbst Jahre voller Invalidität und Abhängigkeit erspart.

»Ja, ich weiß, dass du tapfer warst«, entgegne ich meiner Mutter, »aber du musstest nicht alleine tapfer sein.« Ich denke an meine Mutter während ihrer letzten Tage, als sie den Tod gewählt hat, statt ihre Töchter zu erdrücken. Ihre Einsamkeit greift immer noch nach meinem Herzen. Und es macht mich immer noch wütend – die Art, wie sie uns eine unmögliche Aufgabe übertrug. Wir sollten ihr helfen zu sterben, obwohl sie leugnete, dass sie im Sterben lag. Aber so war sie – zu Lebzeiten und im Angesicht des Todes: undurchdringlich, nervös, niemals auf der Suche nach Aufmerksamkeit oder darauf aus, uns zur Last zu fallen. »Aber, Mom, wir wollten, dass du uns zur Last fällst!«, sage ich laut zu dem Geist im Auto. »Wir liebten dich! Liebe bedeutet, die Last zu tragen.« Jetzt muss ich über mich selbst lachen, denn mir fällt ein Satz aus Erich Segals Romanze »Love Story« ein: »Liebe bedeutet, niemals um Verzeihung bitten zu müssen.«

Meine ältere Schwester Katy und ich trampten gerade durch Europa, als die Verfilmung des Romans in die Kinos kam. Ich hatte gerade mein erstes Jahr am College beendet. Katy hatte ihren Abschluss gemacht und lebte in Europa. Wir trafen uns in London und ließen uns dorthin treiben, wo unser erhobener Daumen uns hinführte – England, Irland, Italien, Schweiz. Irgendwann strandeten wir in Paris. Eines Tages, als wir von der harten Arbeit, uns auf Französisch durchzuschlagen, total müde waren, gingen wir nachmittags ins Kino. Wir wählten den amerikanischen Film *Love Story*, weil er in der Originalversion mit französischen Untertiteln lief und wir dadurch im

Vorteil gegenüber den Parisern waren. Am Ende des Films, nachdem die wunderschöne junge Ali-McGraw-Rolle gestorben ist, sagt Ryan O'Neal die berühmten letzten Worte, Liebe bedeute, niemals um Verzeihung bitten zu müssen. Als die Musik anschwillt, lachen Katy und ich über das Geschniefe der Leute, die in unserer Nähe sitzen, und rennen anschließend immer noch hysterisch lachend aus dem Kino, typisch für die rotzfrechen, sarkastischen Mädchen, die wir damals waren. Lange bevor Leben, Lieben und Verlieren uns unsere Schnoddrigkeit ausgetrieben hatten.

Der Tod meiner Mutter war im Gegensatz zu der Beschreibung aus *Love Story* kein auf die Tränendrüse drückender Schmachtfetzen. Ehrlich gesagt weinte ich selten während der verstörenden, chaotischen Umstände ihres Verfalls. Jahrelang hatte sie uns nicht in ihr sorgfältig gehütetes Geheimnis eingeweiht – dass ihre Erkrankung an Morbus Crohn sie umbrachte, dass sie unter Schmerzen litt, dass sie operiert werden musste. Wir weinten nicht, weil wir nichts davon wussten, und als wir es endlich wussten, ließ sie es nicht zu, dass wir weinten. Selbst nach der Notoperation, selbst als sie zu Hause in ihrem Bett ihren Tod aktiv vorantrieb und immer wieder bewusstlos wurde und aufwachte, selbst da leugnete sie, dass sie krank war. Sie hatte seit Tagen nichts gegessen, und diesmal hatten wir sie nicht zurück ins Krankenhaus gebracht, damit sie künstlich ernährt wurde.

Denn ungefähr eine Woche vorher hatte eine Schwester aus dem Krankenhaus mich und Maggie und Katy zur Seite genommen, als wir unsere winzig gewordene Mutter zum dritten Mal seit ihrer Darmoperation einsammelten. »Ihre Mutter will nicht mehr ins Krankenhaus gebracht werden«, sagte sie.

»Aber sie isst nicht«, entgegnete ich der Krankenschwester. »Sie wird sterben.«

»Ihre Mutter hat mich gebeten, Ihnen mitzuteilen, sie nicht mehr einzuweisen«, wiederholte die Krankenschwester.

»Hat sie gesagt, dass sie sterben will?«, fragte Katy. »Uns gegenüber hat sie davon aber nichts verlauten lassen. Ist es das, was sie will? Sterben?«

»Sie bat mich nur, ihren Töchtern mitzuteilen, sie nicht mehr ins Krankenhaus zurückzubringen«, sagte die Krankenschwester mit Engelsgeduld.

Maggie begann den Refrain von vorne. »Aber wenn wir sie nicht wieder herbringen …«

Die Krankenschwester unterbrach sie. »Manche schaffen es nur noch, verklausuliert zu sprechen«, sagte sie ganz freundlich. »Deshalb werde ich es noch einmal wiederholen: Ihre Mutter will nicht, dass Sie sie wieder ins Krankenhaus bringen.«

Das waren die deutlichsten Worte, die wir – indirekt – von unserer Mutter über ihre Sterbepläne zu hören bekamen. Ich würde es »ihre Pläne, Selbstmord zu begehen«, nennen, aber ist es Selbstmord, wenn die betroffene Person zweiundachtzig Jahre alt ist, eine Operation hatte, die sie nicht wollte, und dann für immer einen Stomabeutel tragen soll? Wenn es um jemanden geht, dessen Definition von Leben auf Unabhängigkeit und Umtriebigkeit beruht? Jemand, der in einem Glauben erzogen wurde, der die Existenz seines Körpers verleugnet, aber nun eine krasse Manifestierung der intimsten Körperfunktion um den Bauch geschnallt hat, in der Form eines Plastikbeutels voller Exkremente? Ist es Selbstmord, wenn eine Person einfach aufhört zu essen und sich langsam, still, verstohlen davonmacht, obwohl sogar die Ärzte ihr gesagt haben, dass sie noch viele erfüllte Jahre vor sich hätte, sobald sie mit dem Stomabeutel zurechtkäme?

Ganz gleich, als was man ihren Tod bezeichnet, meine Schwestern und ich kümmerten uns jedenfalls wie Glucken um unsere im Sterben liegende Mutter. In ihren letzten Momenten versammelten wir uns um ihr Bett. Maggie – das Saatgut des Krebses schlummerte bereits in ihrem Blut – stand am Fußende. Meine Mutter, abgemagert auf sechsunddreißig Kilo und den Farbton des Todes bereits im Gesicht tragend – hatte während einiger Minuten unregelmäßig geatmet. Bei jedem Einatmen stimmte sie ein scharfes »Ha« an und ein langes »Laaah« bei jeder Ausatmung, wie ein Sufi-Dhikr, der von den Derwischen während der Gebetszyklen gesungen wird, die die ganze Nacht andauern. Ihre letzten Atemzüge waren geflüsterte Gebete, nach jeder Einatmung »Ha« machte sie eine Pause und wir warteten, und dann atmete sie aus: »Laaah!« »Ha... laaaah. Ha.... laaaaah. Ha...« Bei ihrer letzten Einatmung hielt sie sehr lange die Luft an und atmete schließlich mit einem pfeifenden Geräusch aus. Als dieser letzte Atemzug den Körper meiner Mutter verließ, machte Maggie einen Satz nach hinten und rang nach Luft, als wäre sie von diesem Lufthauch getroffen worden. Später erzählte sie uns, dass sie einen glühenden Stab gesehen hätte, in der Farbe von geschmolzenem Eisenerz, der mitten aus der Brust meiner Mutter empor- und direkt auf sie zugeschossen sei. Das goldene Licht trat in sie ein, sagte sie, mitten in ihren Bauch. Ein heller gelber Stern, so nannte sie es, der einen Schweif warmen und weichen grünen Lichts hinter sich herzog, wie eine Sternschnuppe. Tagelang sagte Maggie immer wieder, sie fühle sich von diesem grünen Licht durchflutet. Sie hinterfragte die Vision nicht. Sie erhielt sie, wissend, und nahm sie in ihren Körper auf als ein Abschiedsgeschenk aus Mut.

Damals war Maggie für mich die letzte Person, bei der ich mir vorgestellt hätte, dass sie eine Totenbett-Vision hat, in der geschmolzenes Eisenerz aus dem Herz meiner Mutter angeflogen kommt und ein Stern aus Stärke in Maggies Körper abgelegt wird. Wenn überhaupt jemand so etwas haben würde, dann wäre ich das gewesen, und dann hätte niemand mir geglaubt. Man hätte es als eine weitere dubiose Geschichte des Wischiwaschi-Voodoo-Mitglieds der Familie abgetan. Aber aus dem Mund der pragmatischen und skeptischen Maggie kommend hatte die Erscheinung Schlagkraft.

In dem Jahr nach diesem Moment brach Maggie aus ihrer Ehe aus, und innerhalb von zwei Jahren bekam sie die Krebsdiagnose. Zu Lebzeiten hätte meine Mutter während Maggies Kämpfen nicht gewusst, wie sie ihr hätte helfen können; sie hätte Maggies Entscheidung, ihren Mann zu verlassen, verurteilt, und sie hätte mit der Krankheitsnachricht gerungen. Und dann hätte sie sich in ihrem nervösen Schneckenhaus abgeschottet. Aber in ihren letzten Momenten muss meine Mutter zu einem Weitblick fähig gewesen sein, an dem es ihr als verängstigtem und an sich selbst zweifelndem Menschen vorher gefehlt hatte. Sie muss erkannt haben, was auf ihre geliebte dritte Tochter wartete – der Tochter, die ihr am ähnlichsten war. Und mit diesem letzten Atemzug sammelte sie jeden letzten Funken Energie zusammen, der in der Hülle ihres Körpers übrig war, und schoss einen Pfeil aus Mut mitten in Maggie hinein.

Daran muss ich denken, als ich in Maggies Einfahrt abbiege. Ich steige aus und schüttele die Erinnerungen ab. Jetzt ist jetzt, nicht damals. Es geht um Maggie, nicht um meine Mutter. Maggies Krebs ist seit zwei Monaten zurück. Niemand gibt uns eine klare Antwort auf die Frage, worauf man sich jetzt einstellen muss – aber nicht weil die Ärzte Informationen vor uns zurückhalten. Sie wissen einfach nicht, was passieren wird. Obwohl wir gerne hätten, dass sie Götter sind, sind Ärzte auch nur Menschen, und Menschen können nicht alles wissen – vor allem nicht in Augenblicken wie diesen. In unserem letzten Treffen mit dem Ärzteteam des Krankenhauses riet uns einer der Ärzte, ein Hospiz anzurufen, während ein anderer vorschlug, Maggie solle an einem Arzneimitteltest für ein vielversprechendes Krebsmedikament teilnehmen. Sie entschied sich für den Arzneimitteltest, allerdings hat sich bis jetzt trotz des Medikaments am Verlauf der Krankheit nichts geändert.

Ich hole meine Tasche aus dem Kofferraum und gehe den Weg zum Haus entlang. Was werde ich vorfinden? Wird sie anders aussehen? Wird sie Schmerzen haben? Ist der Tod nah? Die letzte Biegung der Reise von meinem Haus zu Maggies endet immer mit dieser Art Fragen. Manchmal hatte ich ein lebhaftes Telefongespräch mit ihr am vorherigen Abend und erwarte, sie munter anzutreffen. Stattdessen schläft sie am späten Morgen zusammengekauert auf dem Fensterplatz, wenn ich die Tür aufschließe, und sie ist blass und ihr Atem flach. Oder das Gegenteil: Ich erwarte, dass sie ein Nickerchen macht, aber stattdessen karrt sie eine Schubkarre voller Kompost durch die Gegend.

Heute stelle ich mir vor, dass sie im Bett liegt, mit mehreren Schmerzmitteln im Magen. Aber noch bevor ich das Haus betrete, höre ich ihre Stimme. Sie kommt aus der alten Scheune angerannt, fuchtelt wild mit den Armen durch die Luft und ruft: »Hier bin ich! Sieh mal, woran ich gerade arbeite.« Ihr Atelier ist ein langer, heller Raum – der obere Stock einer Scheune, die Oliver erst vor ein paar Jahren für sie beide gebaut hat, in Vorwegnahme eines langen Lebens mit Maggie. Er bewahrt das Werkzeug für seine Holzarbeiten im Erdgeschoss auf. Sie trocknet und presst Blumen, aus denen sie ihre Kunst erschafft, im obersten Stock. Ich gehe die raue Granittreppe hinauf, und da steht sie – ein winziger Kobold, der unserer Mutter so sehr ähnelt, dass es zum Lachen ist. Sie zeigt mir einen riesigen, ein Meter fünfzig hohen Giclée-Druck ihrer neusten botanischen Kreation. Es ist der Druck einer Waldstaude – dem falschen

Salomonssiegel, *Smilacina racemosa*, klärt Maggie mich auf, vollständig mit rankenden Wurzeln und absterbenden Blättern und braunen Samenkapseln, aufrecht stehend vor einem reinweißen Hintergrund. Die Herbstbeeren der Pflanze hat sie gepflückt, zerdrückt und als leuchtende Farbe verwendet – zersprengtes Purpurrot, das aus den Samenkapseln und scheinbar bis über den Rand des Drucks und des Rahmens quillt. Dieser Druck ist eine Abkehr von den kleinen, sorgfältig gepressten Stücken, die sie die letzten zwanzig Jahre angefertigt hat. Auch wenn sie sich auf Kunsthandwerksmessen im ganzen Land gut verkauft haben, sollte diese Arbeit im Museum of Modern Art hängen.

Verwilderte Samen

25 Jahre habe ich die Wälder durchforstet nach Wildpflanzen und kurzlebigen Frühlingsblühern für meine botanischen Kunstwerke. Ich bin nahe an meiner Heimat geblieben, in den Wäldern Vermonts, habe in ganz New England am Straßenrand angehalten und gesucht, und ich bin hoch bis nach Alaska gereist, zu den Wäldern und der Tundra.

Jetzt ist es Herbst; nicht meine übliche Sammelzeit für Wildblumen und Sprösslinge. Aber ich sterbe. Ich habe vielleicht nicht mehr die Zeit, auf den Frühling zu warten. Hier in den herbstlichen Wäldern Vermonts stürzt sich mein Herz auf das abgeknickte, angefressene, vergammelnde goldene Laub und die vielen farbigen Früchte, die aufrecht stehen oder am Boden liegen, um ihre Samen in den Boden abzugeben. Das Leben ist so reich, selbst wenn es sich darauf vorbereitet zu sterben.

Ich nenne diese Serie »Verwilderte Samen«. Ich hatte nie vor, dass sie eine so tiefe Bedeutung für mich bekommt. Aber während des Entstehungsprozesses ist sie zu einer unmissverständlichen Metapher für mein Leben geworden. Ich sehe den gesamten Lebenszyklus einer Pflanze in dieser Saison, genauso wie ich den gesamten Zyklus meines Lebens in mir sehe. Meine Wurzeln sind meine bemerkenswerte Familie, die mich genährt und gezogen hat, und meine Kinder sind die leuchtend eingefärbten Samen, die aus den Kapseln heraus- und in die Welt aufbrechen, während ich aus dem Rahmen hinein ins Universum schwebe.

Als ich diesmal wieder nach Hause fahren will, schmiegt Maggie sich an mich.

»Kannst du noch ein bisschen bleiben?«, fragt sie mich.

»Warum? Warum ich?«, will ich zu ihr sagen. »Frag doch eine der anderen Schwestern. Frag Katy. Frag Jo. Sie wohnen in der Nähe, und sie lieben dich auch.« Aber ich behalte es für mich, weil sie mir bereits anvertraut hat, dass sie außer mir und ihren Kindern und Oliver fast niemanden mehr um sich herum erträgt. Wir sind ihr Team; so will sie es haben. Und deshalb mache ich es so. Ich packe meine Tasche wieder aus und bleibe. Ich nehme für unser Abendessen ein Hühnchen aus der Gefriertruhe. Ich stelle mich auf eine weitere Nacht ein. Was ich nicht tun sollte. Ich lasse Leute im Büro hängen. Ich habe mein Zuhause und meine Familie vernachlässigt. Aber ich spüre eine Kraft, die an mir zieht und mich zum Bleiben überredet – dieselbe magnetische Anziehung wie vor acht Jahren in Montana, dieselbe Kraft, die ich meinen Knochen verspürt habe, als die Stammzellen sich stark vermehrt haben.

Wie hat es mich hierher verschlagen, auf dieses Podest der aufopferungsvollen Hingabe an meine Schwester? An diesen Ort jenseits von Zeit, jenseits meines restlichen Lebens, das völlig aus dem Tritt gekommen ist? Es überrascht mich immer wieder, wie sehr Maggie mich braucht und wie stark ich auf ihr Bedürfnis reagiere. Nicht weil die Rolle des Kümmerers neu für mich ist. Kochen, putzen, Chauffeur spielen – eigentlich mag ich dieses Für-andere-Sorgen, in das ich als Mutter von drei

Kindern hineingewachsen bin. Und den Forscher für medizinische Fragen. Mein Lieblingsteil der Sonntagsausgabe der *New York Times* ist die Sektion, in der die Fehldiagnose einer Krankheit endlich von einem intelligenten Arzt entschlüsselt wird, der nicht aufhören wird zu suchen, bis er versteht, was den Patienten umbringt. Und ich bin nie vor blutigen Eingeweiden zurückgeschreckt, vor Körperausscheidungen, Krankenhäusern oder davor, dem medizinischen Establishment Paroli zu bieten, um die beste Versorgung oder die ehrlichste Antwort zu erhalten. Ich bin ein großer Fan von Albert Einsteins Leitlinie: »Autoritätsdusel ist der größte Feind der Wahrheit.«

Es sind die anderen Rollen, die ich im Laufe dieser Jahre angenommen habe – oder genauer gesagt, die wir beide gemeinsam angenommen haben, Maggie und ich – und von denen wir beide überrascht wurden. Wir sind beste Freundinnen geworden. Und die größte aller Überraschungen ist, dass ich, in vielerlei Hinsicht, zu Maggies Mutter geworden bin und sie genauso meine Mutter geworden ist. Wir bemuttern uns gegenseitig. Durch meine ständige (und manchmal zwanghafte) Fürsorge ihr gegenüber schreibe ich die Geschichte unserer Kindheit um. Ich schenke ihr die Art von Aufmerksamkeit, die wir als Kinder selten, oft gar nicht, erhielten. Die Art, aus der Beständigkeit und Fürsorge spricht: »Du bist mein kostbares, wertgeschätztes, erhabenes Mädchen. Du stehst für mich an erster Stelle. Weil du mein Mädchen bist, weil du zu mir gehörst, weil wir zusammengehören, und weil du hier auf Erden zu uns gehörst. Und solange du da bist, verdienst du es, gesehen und behütet zu werden.« Diese Botschaft – ausgesprochen oder angedeutet – haben wir von unseren Eltern nicht erhalten. Sie liebten uns, aber ohne großes Trara oder besondere Zärtlichkeit. Sie betrachteten es als ihre Pflicht, uns einen moralischen Kompass mitzugeben, mit dem wir auf unserem weiteren Weg als brave Bürger dieser Welt auf uns selbst gestellt waren. Liebesbeweise, Bestätigung unseres einzigartigen Charakters, Hilfestellung und Trost nach Stürzen und Traumata waren Dinge, die nur die anderen nötig hatten – so wie auf Grußkarten gedruckte Sprüche als Bewältigungsstrategie für die Schwachen und Dummen.

Der Gedanke, dass Maggie und ich uns gegenseitig noch einmal großzogen, kam mir eines frühen Morgens, als ich in Eile auf einer der immer häufiger stattfindenden dreistündigen Fahrten auf dem New York State Thruway unterwegs war. Ich kam an denselben Wäldern vorbei, denselben Feldern, denselben Straßenschildern, und fragte mich mal wieder, warum ich das alles auf mich nahm? Sollte ich es überhaupt auf mich nehmen? War es das, was Maggie wirklich wollte, was sie brauchte? Überschritt ich meine Grenzen, nahm ich zu viel Raum ein, wenn ich in Rollen eintauchte, für die andere besser geeignet waren? Und plötzlich, ping! Die Antwort des Rätsels »Warum?« kam plötzlich vom Himmel gefallen – wie ein Kieselstein, der in die Windschutzscheibe fliegt. Auf einmal sah ich alles so klar vor mir, dass ich auf dem Standstreifen anhalten und den Verkehr an mir vorüberziehen lassen musste. Die Antwort war zuerst eine körperliche Reaktion, als würde mich ein starker Magnet zu Maggie und Maggie zu mir ziehen. Was war das? Mir fiel eine Gedichtzeile ein: »Lass dich schweigend anziehen von dem stärkeren Sog dessen, was du wirklich liebst.« Sie stammt von Rumi. Ich spreche die Worte laut aus, während ich in der gedämpften Stille des im Leerlauf stehenden Autos sitze, mehrmals hintereinander. »Lass dich schweigend anziehen von dem stärkeren Sog dessen, was du wirklich liebst.« Ich wurde von der Kraft der bedingungslosen Liebe angezogen. Ich erkannte diesen Sog wieder als die Kraft, die ich in mir verspürte, wenn ich meine Neugeborenen zum ersten Mal sah. Sie ist ursprünglich.

Sie ist die Reaktion einer Mutter auf das Weinen eines Kindes. Sie ist die Reaktion, nach der wir uns als Kinder so sehr sehnen – von unseren Eltern als die gesehen zu werden, die wir sind; geliebt zu werden, nur dafür, wer wir sind; behütet zu werden, nicht weil wir etwas richtig gemacht haben, sondern weil es uns gibt, weil wir etwas bedeuten, weil wir dazugehören.

Ich erinnerte mich an eine Unterhaltung mit einer Freundin in den erbarmungslosen Tagen und Nächten als junge Mutter. Meine Freundin, eine kinderlose Arbeitskollegin, fragte mich, warum in aller Welt man Kinder haben wollte. Alles, was sie von außen sehen konnte, war der undankbare Stumpfsinn aus triefenden Nasen, schlaflosen Nächten und der Unfähigkeit, sich im Büro zu konzentrieren.

»Kriegt man da je was zurück?«, fragte meine Freundin.

Etwas zurückkriegen? Darüber hatte ich mir noch nie Gedanken gemacht. Aber die Antwort darauf wusste ich sofort: »Es ist meine einzige Chance auf bedingungslose Liebe«, sagte ich.

»Aber Kinder lieben ihre Eltern nicht bedingungslos«, erwiderte meine Freundin.

»Das meinte ich damit auch nicht«, sagte ich. »Es ist *meine* einzige Chance, bedingungslos zu lieben. Es ist egal, ob die Liebe meiner Kinder für mich mit meiner Liebe für sie übereinstimmt. Das hat nichts mit Mathematik zu tun. Es ist einfach nur ein unbeschreibliches Gefühl. Fast heilig. Und genau das kriegt man zurück. Der Preis, den man dafür bezahlt, ist gepfeffert, da hast du Recht. Ziemlich oft nervt es nur. Aber eine so erfüllende Liebe, tagein, tagaus ... Keine Erwartungen auf eine Gegenleistung, sich selbst nicht so wichtig nehmen. Das ist es, was man zurückkriegt.«

Meine Freundin sah mich an, als sei ich verrückt, was ich natürlich tatsächlich war. Eltern *sind* verrückt. Sie verlieben sich in einen flaschengroßen Tyrannen. Sie binden sich ein Leben lang an diese Beziehung. Und obwohl sie diesem Bedingungslose-Liebe-Pfeil, der sie mitten ins Herz getroffen hat, niemals gerecht werden, werden sie es versuchen und versuchen und versuchen, und durch dieses Versuchen werden sie vom gesegneten Wein egofreier Liebe trinken. Allerdings ist es unmöglich, diese Art von Liebe jeden Augenblick, jeden Tag innerhalb der komplexen Verwicklungen des familiären Miteinanders zu praktizieren. Mönche lassen die unvollkommene Welt hinter sich, um Gottes vollkommene Liebe zu erfahren. Was ist das Gegenteil davon, Mönch zu sein? Eltern zu sein.

Die Sehnsucht nach bedingungsloser Liebe ist universal, und dennoch ist mir aufgefallen, dass nur wenige Menschen in dem Gefühl leben, genug von ihr erhalten zu haben. Vielmehr sind sie von unvollkommenen Menschen unvollkommen großgezogen worden. Und obwohl sich die Fachleute – von Neurologen bis hin zu weisen Großmüttern – einig sind, dass die sich entwickelnden Gehirne und Herzen von Kindern unglaublich große Mengen an Zärtlichkeit und Zustimmung brauchen, und obwohl die meisten Eltern ihr Bestes geben, scheinen wir nicht in der Lage zu sein, diesen Kreislauf zu durchbrechen: durchgeknallte Eltern, die durchgeknallte Kinder hervorbringen, die zu durchgeknallten Eltern werden, die sich an ihren Kindern revanchieren und so weiter, ad infinitum. Falls Sie Ihre Kinder als vollkommener Elternteil großziehen, klammern Sie sich bitte aus dem universalen »wir« aus und schicken Sie uns anderen bitte ein paar hilfreiche Tipps.

Oprah Winfrey hat mal gesagt, dass während ihrer Show, die lange im Fernsehen lief, Tausende von Interviewgästen auf ihrer Couch saßen, und dass jeder einzelne Gast – ob Mann oder Frau – das gleiche Bedürfnis nach Bestätigung hatte. Sie alle wollten bis tief in ihre Seele gesehen und geliebt werden, für die, die sie waren. Es spielte keine Rolle, wie alt sie waren, aus welchem Land sie kamen, welchen Job sie innehatten, wie viel Statusobjekte oder Geld sie besaßen; sie alle saßen da wie Kinder und fragten in die Welt hinaus: »Seht ihr mich? Entspreche ich euren Erwartungen? Bedeutet euch das, was ich sage, etwas?« Diese Lektion wurde so tief in Oprah verankert, dass sie es sich zur Lebensaufgabe machte, die anderen wissen zu lassen, dass sie sie in ihrer Gänze und Tiefe wahrnahm. »Einfach nur ›Hallo‹ zu sagen reicht schon, um selbst einen Fremden anzuerkennen«, sagt sie.

Diese Gedanken gingen mir durch den Kopf, als ich am Straßenrand des New York State Thruways stand und die kieselsteingroße Erkenntnis in mir reifte und mich mit Verständnis erfüllte, das mich für die bleibenden Tage von Maggies Leben führen würde. Unsere Mutter hatte ihr Bestes gegeben, und jetzt übernahmen wir ihren Platz, um ihre Aufgabe zu Ende zu bringen. Wir reagierten auf den stärkeren Sog, der von der Art von Anerkennung und Fürsorge ausging, die uns als Kinder nicht zuteilgeworden war. Wir schlossen die Lücke, die unsere Mutter im Mutter-Kreislauf offen gelassen hatte. Wir schlossen diese Lücke mit einem Band aus bedingungsloser Liebe.

SCHWESTERN

In den Anfangsjahren ihrer Erkrankung kreuzten Freunde und Familienmitglieder in der Einwohnerzahl einer mittleren Kleinstadt auf, um Maggie beim Gesundwerden beizustehen. Ich war nur eine aus einem großen Stab bereitwilliger Betreuer, einschließlich meiner älteren Schwester Katy und der jüngsten von uns, Jo. Doch als Maggies Krankheit schneller voranschritt als ihre Heilung, und als ihre Angst und ihre Resignation wie ein Sturm Einzug hielten, schloss sie das Fenster zur Außenwelt und öffnete sich stattdessen dem, was vor ihr lag. Und nach und nach, Tag für Tag verweigerte sie den meisten Menschen Zugang zu ihrem Haus und ihrem Herzen. Zuerst traf es die entfernteren Bekannten, dann die engeren Freunde, dann die Familie, bis nur noch ihre Kinder und Oliver und ich willkommen waren. Selbst ihre loyalen alten Freunde, die es gut mit ihr meinten, eckten bei ihr an, selbst die Ärzte und Krankenschwestern, selbst ihre anderen Schwestern. Und je öfter sie den Leuten sagte, sie sollten wegbleiben, desto öfter bat sie mich zu kommen. Ich flehte sie an, auch Katy und Jo helfen zu lassen. Und manchmal stimmte sie zu, und ich überreichte dankbar die Staffel, kehrte nach Hause zurück und nahm die Zügel meines eigenen Lebens wieder in die Hand.

Aber etwa eine Woche später bekam ich wieder einen Anruf. Ob ich kommen könnte? Ob ich sie zu einem Termin fahren könnte? Ob ich mit den Ärzten über eine neue Behandlung sprechen könnte, die sie in Erwägung zogen? Ob ich ihre Freunde und Katy und Jo anrufen könnte, um ihnen zu sagen, sie sollen bitte nicht vorbeikommen? Ich hasste es, meinen Schwestern mitzuteilen, dass sie wegbleiben sollten. Es fühlte sich falsch an. Aber jetzt war nicht der richtige Zeitpunkt, von Maggie zu verlangen, ihre Meinung zu ändern. Es wäre besser gewesen, wenn sie den anderen freundlich, aber bestimmt gesagt hätte, was sie brauchte – außer dass sie genau das ja kaum zustande gebracht hatte, als sie noch gesund war.

Also versuchte ich, meinen Schwestern die Situation, so gut ich konnte, zu erklären. Jedes Mal, wenn ich der Überbringer von Maggies Botschaften war, nahm ich wahr, wie alte Ressentiments aus der Kindheit wach wurden und frische Triebe ansetzten. Warfen Katy und Jo mir vor, das Kommando übernommen zu haben? Redeten sie hinter meinem Rücken über mich? Ich hielt nicht inne, um sie zu fragen, und sie kamen nicht auf mich zu.

Schon bald verbrachte ich fast jedes Wochenende bei Maggie, manchmal blieb ich die ganze Woche. Und obwohl es mir immer schwerfiel, mein Zuhause und meine Arbeit zu verlassen, war ich von dem Moment an, in dem ich bei Maggie und Oliver ankam, genau dort, wo ich sein wollte. Dort hatte mich der starke Sog dessen, was ich wirklich liebte, hingeführt. Die Welt ging weiter vorwärts, doch ich war aus dem Zug ausgestiegen und blieb an einem bedächtigen, stillen Ort zurück, an dem ich eine Person so gut und so lange liebte, wie ich eben konnte.

Wir machten es uns zur Routine, morgens am Fenster zu sitzen, auf unseren Lieblingsplätzen, und zu lesen, zu quatschen, zu dösen. Wir waren bekümmert und weinten, wir sahen uns lustige Filme an und lachten, wir gingen in unsere Kindheit zurück, wir machten uns Gedanken über das Leben nach dem Tod. Ich brachte ihr Meditieren bei. Sie brachte mir tausend Sachen bei – wie man Obstbäume pflanzt und Bienen versorgt, Pastetenteig formt und Marmelade einkocht. Sehr zu ihrem Verdruss machte sie nachmittags ein Nickerchen, und ich erledigte die Dinge, die sie nicht mehr schaffte: einkaufen und kochen, putzen und aufräumen, Ärzte anrufen, Testergebnisse einholen, Termine vereinbaren. Oliver und ich verglichen unsere Notizen über Forschungsergebnisse, neue Medikamentenversuche, andere Ärzte. Manchmal fuhr ich Maggie für Untersuchungen und Behandlungen ins Krankenhaus – auf dem Hinweg wurde mehr geredet und gelacht, auf dem Rückweg mehr geschlummert (sie) und gebetet (ich).

Abends suchte Oliver einen Film aus, und dann machten wir drei es uns auf dem Bett des Gästezimmers mit Eiscremeschüsseln gemütlich – manchmal Maggies einzige Mahlzeit des Tages – und begingen unser geheimes, geheiligtes Ritual. Es war, als hätten wir eine Affäre, eine Dreierbeziehung, die die ganze Welt ausgrenzte, aber für jeden von uns unglaublich kostbar war. Es gab Momente während meiner Besuche bei Maggie und Oliver, in denen ich das Gefühl hatte, endlich angekommen zu sein, ein Gefühl, nirgendwo sonst auf der Welt lieber sein zu wollen als hier, in diesem kleinen Gästezimmer, auf einem flippigen Futon, Eiscreme auf dem Schoß balancierend, über einen Film lachend, der in ihrem winzigen Fernseher lief. Maggie schlief irgendwann ein, mit dem Kopf an meiner Schulter. Wir schauten den Film zu Ende, weckten Maggie auf und sagten uns gute Nacht, klammerten uns verzweifelt aneinander für eine letzte Umarmung, bevor sie mit Oliver nach oben ging und versuchte, meistens vergeblich, ihren Verstand abzuschalten, den Schmerz zu überwinden und erholsamen Schlaf zu finden.

Ab dem ersten Augenblick der erstmaligen Diagnose musste Maggie bereits in ihrem Inneren etwas gespürt haben, lange bevor sie es mit dem Verstand begriff. Warum sonst hätte sie mich in Montana anrufen und die drei Worte aussprechen sollen, die den Magnet kalibrierten und meinen Kurs für die vergangenen acht Jahre festlegten? »Ich bin krank«, hatte sie gesagt. Und dann bat sie mich um Hilfe, was erstaunlich war, denn sie war nicht der Typ, der um Hilfe bat, schon gar nicht mich. Eher wandte sie sich an unsere ältere Schwester Katy, der wegen ihrer Seniorität De-facto-Mommy, ganz abgesehen davon, dass Maggie und Katy ähnliche Persönlichkeitszüge aufwiesen – was beide nie zu erwähnen versäumten. Sie waren sachlich, sportlich und tatkräftig; ich war introspektiv, intellektuell und mystisch veranlagt (und das war nicht als Kompliment gemeint). Sie lebten in Vermont, ich in New York (eine weitere von mir getroffene Wahl, die im krassen Widerspruch zu den Werten unserer Familie stand).

Unsere jüngste Schwester Jo – diejenige, die mir am ähnlichsten ist und ebenfalls einem eher meditativen Rhythmus folgte – war bis vor Kurzem von der Familie entfremdet. Jahre zuvor hatte sie einen Mann geheiratet, dem es nicht gefiel, wie Jo als Kind oder Erwachsene von unseren Eltern und uns, ihren Schwestern, behandelt worden war. Er und Jo betrachteten unsere Familie durch ein anderes Objektiv als ich. Bestimmt waren unsere Eltern in manchen Dingen nachlässig und eigennützig gewesen, aber eben auch unternehmungslustig und kreativ. Wenn ich meine Erziehung mit nur einem Wort beschreiben müsste, würde ich sie als *mitreißend* bezeichnen. Aber Jo hatte eine andere Erfahrung gemacht. Sie war ein ruhiges, schüchternes Kind – ein wirklich introvertierter Mensch, der kaum ein Wort herausbrachte in diesem Wettstreit und tempogeladenen Lärm der Schwesternschaft. Wir wurden von denselben Eltern großgezogen, aber wir hatten trotzdem jede eine andere Kindheit.

Nacheinander wurden wir erwachsen, zogen aus, gingen aufs College und ließen Jo zurück. Sie hatte bereits Übung darin, allein zu sein, weil sie sich innerhalb des Familienverbands immer schon vernachlässigt gefühlt hatte, als »die Letzte der Lessers«. Mit ungefähr Mitte zwanzig brachen Jo und ihr Mann den Kontakt zu uns ab. Für Maggie war das besonders hart. Sie und Jo waren als Kinder eine Einheit gewesen, und als junge Frauen wurden sie enge Freundinnen, die nicht weit voneinander weg in Vermont wohnten. Maggie vermisste Jo. Wir alle vermissten Jo. Unsere kleine Schwester war für uns verloren. Und obwohl sie in der Nähe von Maggie und unseren Eltern lebte, fühlte es sich an, als sei Jo in einen weit entfernten Teil der Galaxie gezogen. Wir sprachen oft als Familie darüber und fragten uns, ob wir versuchen sollten, sie zu retten. Jo pochte darauf, dass wir diejenigen waren, die gerettet werden mussten. Sie hatte sich ein Leben aufgebaut, das ihr entsprach; sie war glücklich, sagte sie. Meine Eltern waren verzweifelt. Aber sie starben, ohne dass es zu einer Annäherung gekommen war.

Während Maggies erster Diagnose und Behandlung ging Jo zögerlich ein paar Schritte auf Maggie zu. Doch erst nach dem frühzeitigen Krebstod von Jos Ehemann begannen die beiden, ihre Freundschaft wieder aufzubauen. Es gab viele offene Fragen und unausgesprochene Verletzungen, aber eben auch ein Band zwischen den beiden, das stärker war als die Jahre der Trennung.

Ich dachte immer, Maggie würde sich an Jo oder Katy wenden, damit sie zu ihrer Rettung kamen, als sie das erste Mal krank wurde, aber ihre Zellen mussten etwas gewusst haben, das jenseits der Vorstellung von uns allen lag. Und vielleicht wurden meine Zellen munter, selbst bei diesem ersten Anruf in Montana, als ich sofort ins Flugzeug stieg und zu ihr flog. Vielleicht lag es daran, weil unsere Mutter erst kürzlich gestorben war und ich eine neue Verantwortung spürte. Oder war es alles ganz einfach – dass meine praktische Ausbildung als Hebamme und als spirituelle Suchende mich zur logischen Wahl als Lotse durch die Krankheit machten? Aus welchem Grund auch immer dachte ich jedenfalls nicht zweimal darüber nach, als sie mich um Hilfe bat. Und dann, als sie in Remission war, erblühte unsere Freundschaft. Als der Krebs zurückkam und als Maggie gesagt wurde, sie würde ohne eine Transplantation nicht überleben, und als dann die Tests offenbarten, dass ich zu ihr passte und Katy und Jo nicht, und als dieser mysteriöse Mutter-Magnet mich und Maggie zusammenbrachte, kamen von unten aus dem Boden tief vergrabene Geschwisterdramen, Wettstreitigkeiten, Eifersucht, Missverständnisse nach oben – als hätten sie nicht nur die letzten acht Jahre in Lauerstellung gelegen, sondern während der gesamten Jahrzehnte, in denen wir Schwestern waren.

KEINE VOREILIGEN SCHLÜSSE ZIEHEN

In einer großen Familie aufzuwachsen – vielleicht gilt das für alle Familien, aber ganz sicher für unsere – bedeutete ein Leben im ständigen Konkurrenzkampf und dem Gefühl, dass nicht genug für alle da war. Jede von uns versuchte auf die Art und Weise, die zu ihrer Persönlichkeit passte, mehr von der Liebe und Aufmerksamkeit unserer Eltern (und von uns untereinander) abzubekommen. In alten Familienfilmen sehe ich bereits die Vorschau auf die komplette Geschichte: Katy hüpft herum, reagiert sich ab, beschwichtigt meinen Vater, verärgert meine Mutter. Ich sehe mir genau an, was bei Katy funktioniert und was nicht, und versuche es mit der Strategie, von der ich dachte, dass es meiner Mutter gefällt – mit dem ernsthaften Mädchen, dem klugen Mädchen. Maggie und Jo warten wie süße kleine Mäuse im Hintergrund und teilen sich die dünn gewordene Luft, weil ihre Schwestern bereits den größten Teil Sauerstoff verbraucht haben.

Erst jetzt verstehe ich tatsächlich, wie stark wir unser ganzes Leben lang als Schwestern miteinander im Wettstreit lagen. Auch wenn die Brandmarkung unserer Kindheit als Wettkampf nicht die Ausmaße eines Footballspiels angenommen hat, so hatten wir unsere eigenen Mittel und Wege – offen oder verdeckt –, mit unserem Körpereinsatz dafür zu sorgen, dass wir die Bestätigung und Liebe abbekamen, nach der wir uns sehnten. Die meiste Zeit meines Erwachsenenlebens hielt ich mich für einen nicht konkurrenzkampforientierten Menschen und merkte nicht, wie ich unbewusst dieselben Taktiken mit in meine erwachsenen Beziehungen schleppte, die ich bereits bei meinen Schwestern eingesetzt hatte, wie ich blind die Regeln und Rollen wiederbelebte, egal, wohin ich ging. Gäbe es für verdeckte Konkurrenzkämpfer ein Zwölf-Schritte-Programm wie das der Anonymen Alkoholiker, dann wäre jetzt der richtige Augenblick für mich gekommen, verschiedene Menschen, meinen Ex-Mann zum Beispiel, meinen jetzigen Mann, meine Freunde und Kollegen, um Verzeihung zu bitten. Jetzt wäre der richtige Augenblick, mich dafür zu entschuldigen, dass ich alle möglichen Methoden angewandt habe, um mich geliebt und wertgeschätzt zu fühlen, respektiert und ernst genommen, statt die Methode zu wählen, die am besten funktioniert: meine Wahrheit zu erzählen und um das zu bitten, was ich brauche.

Eines Abends, nach einem traurigen Telefonat mit Katy, in dem keine von uns beiden die Wahrheit zu erzählen und um das zu bitten schien, was wir brauchten, höre ich Geräusche aus dem Wohnzimmer. Es ist mein Mann, der die Winterfenster einbaut, indem er mit einem alten Lieblingsbuch von mir, das er aus dem Regal genommen hat, gegen die Rahmen hämmert.

»Hey! Ein Buch ist doch kein Hammer«, sage ich.

Er blickt auf den Buchdeckel und reicht es mir. »Hier«, sagt er, »vielleicht ist das ein Zeichen aus dem Universum.« Es ist ein Buch des mexikanischen Schriftstellers Don Miguel Ruiz mit dem Titel *Die Vier Versprechen*. Ich habe es seit Jahren nicht mehr gelesen. Es geht darin um die Macht der einfachen, aufrichtigen und beherzten Kommunikation. Ich beschließe, es noch mal zu lesen, denn genau das brauche ich jetzt, weil ich es überhaupt nicht einfach finde, einfache Wahrheiten in die Tat umzusetzen. Das gilt für so viele »Selbsthilfe«-Literatur, die ich über die Jahre lieben gelernt habe. Ich weiß nicht, wie ich dieses Genre sonst nennen soll. Ich meine damit nicht die oberflächlichen Bücher, die einem einfache Antworten auf die ungelösten Rätsel des Lebens geben. Ich rede über ein klassisches Genre – der Literatur über Weisheit, über Lebensphilosophie, über Bücher, die einer mehrfachen Lektüre standhalten. Ich rede über Bücher, die einem einen Arm um die Schultern legen und mit tröstender Stimme sagen: »Schau mal, ich bin ein paar Schritte vorausgegangen, und ich sehe, was hinter der Kurve liegt, und obwohl du gleich durch dasselbe Gestrüpp stolpern wirst, in dem ich gerade zerkratzt wurde, so werden dir meine Worte, wenn du dir ein paar Minuten Zeit nimmst, vielleicht dabei helfen, ein paar derselben Fallen und Dickichte zu vermeiden.«

So wie für einige Leute religiöse Texte oder Tolstoi für meinen Vater oder Walt Whitman für meine Mutter heilig waren, so sind einige der Bücher in meinem Haus meine Bibel. Manchmal lese ich sie aufs Neue. Manchmal reicht es, wenn ich an den Regalen in meinem Wohnzimmer vorbeigehe und mir ein Buch ins Auge fällt, damit ich auf seinen Titel wie der Pawlow'sche Hund reagiere: *Strength to Love, Ein Zimmer für sich allein, Innerer Friede – Äußerer Friede*. Ich stehe aufrechter da. Ich atme tiefer ein und aus, ich erinnere mich an meine innere Würde, und ich gelobe, Liebe zu verbreiten und Gutes zu tun.

Diesmal wird das Buch als Hammer benutzt. Die Ironie ist bestechend: Ich brauche dringend einen Schlag auf den Kopf, einen Tropf für die Seele, einen für Mut, einen für den richtigen Kurs. Ich lese *Die Vier Versprechen* noch einmal. Don Miguel Ruiz behauptet, dass Beziehungen mit der Zeit wahrhaftiger, friedlicher und erfüllter werden, sobald man jedes der Versprechen verinnerlicht und in die Tat umsetzt. Und das wiederum erfüllt das eigene Leben und das der anderen mit Freude. Gutes Timing.

Die »Vier Versprechen« lauten:

1. Verwenden Sie mit Bedacht Ihre Worte und seien Sie untadelig mit Ihrem Wort.
2. Nehmen Sie nichts persönlich.
3. Ziehen Sie keine voreiligen Schlüsse.
4. Tun Sie immer Ihr Bestmögliches.

Don Miguel Ruiz erklärt detailliert die Nuancen jedes einzelnen Versprechens und wie man sie einhält. Ich versuche seit Jahren, nach den »Vier Versprechen« zu leben, und wenn ich sie tatsächlich anwende, helfen sie mir unermesslich im Umgang mit meinem Mann, meinen Kindern und meinen Kollegen. Aber es gibt eine Arena, in der ich meistens vergesse, sie zu befolgen, und das ist im Zusammensein mit meinen Schwestern. Ich weiß, ich stehe nicht allein da mit dieser sehr merkwürdigen menschlichen Verhaltensweise – wegen der die Familienmitglieder, die wir am meisten lieben, diejenigen sind, gegenüber denen wir uns am schlechtesten benehmen. An Thanksgiving beim Essen die Worte mit Bedacht wählen? Wohl kaum. Unter Geschwistern nichts persönlich nehmen? Keine voreiligen Schlüsse ziehen, obwohl man sich verdammt sicher ist, gerade ungerecht behandelt worden zu sein? Sein Bestmögliches tun, wenn man genau davon bereits total erschöpft ist? Vor Jahren, bei einem Familientreffen, betete ich inbrünstig: »Bitte, lieber Gott, hilf mir, an diesen Versprechen festzuhalten und nicht wieder einen paranoiden Nervenzusammenbruch zu haben wegen irgendeiner Sache, die eine meiner Schwestern gerade gesagt oder getan hat.«

Wenn ich nur eins der Versprechen anwenden dürfte, würde ich das dritte wählen: »Ziehen Sie keine voreiligen Schlüsse.« Don Miguel Ruiz beschreibt die dritte Vereinbarung folgendermaßen: »Haben Sie den Mut, Fragen zu stellen und deutlich zu sagen, was Sie wirklich wollen. Kommunizieren Sie mit anderen Menschen so offen und klar wie möglich, um Missverständnisse, Traurigkeit und Dramen zu vermeiden. Allein diese Vereinbarung kann Ihr ganzes Leben von Grund auf verändern.« Dieses Versprechen mag überspitzt klingen, aber probieren Sie es aus. Nicht nur in Ihrer Familie, sondern auch mit Ihren Arbeitskollegen oder Leuten, die Sie nicht mal kennen, mit der Welt an sich. Hören Sie auf, irgendwas zu vermuten – vor allem das Schlimmste –, und Sie werden überrascht sein, wie selbst ein paar jämmerliche Versuche bereits willkommene Veränderungen auslösen. Statt Vermutungen anzustellen, stellen Sie Fragen; statt voreilig zu reagieren oder zu urteilen oder dichtzumachen, finden Sie zuerst heraus, was wirklich im Herzen und im Leben Ihres Gegenübers vor sich geht. Es ist in jedem Fall nicht genau so, wie Sie es sich vorgestellt haben. Vor allem besteht eine große Chance, dass ein bestimmtes Verhalren nicht persönlich auf Sie gemünzt war (siehe das zweite Versprechen). Und falls doch, können Sie jedes Problem mit der Courage eines Forschers anpacken, mit der Zuversicht, dass Sie beide, wenn Sie genug Geduld und Liebe in das Gespräch einbringen, am Ende davon profitieren werden.

Es kann lange dauern und ein paar schmerzhafte Abrechnungen mit sich bringen, sich durch die voreiligen Schlüsse hin zu der größeren, wohltuenden Wahrheit zu bewegen. Aber das ist der Weg. Sie können den schwierigen Phasen nicht aus dem Weg gehen, wenn Sie mit den Menschen, die Ihnen etwas bedeuten, über Missverständnisse, Traurigkeit und Dramen hinauskommen möchten.

Nachdem meine Testergebnisse als Maggies Stammzellen-Zwilling positiv waren, begann ich sofort damit, alle möglichen Vermutungen anzustellen. Ich konnte nicht genau sagen, ob ich paranoid oder ob der von mir wahrgenommene Groll von Katy und Jo real war. Bildete ich mir den feindseligen Unterton während eines Telefonats ein, die spitze Bemerkung, die mangelnde Herzlichkeit? Nahm ich die Dinge zu persönlich? Dazu neigte ich, was meine Schwestern betraf, vor allem bei Katy, nach deren Liebe und Anerkennung ich als kleines Mädchen gelechzt und die ich schließlich als Erwachsene errungen hatte. Dennoch, an einem tief verborgenen Kindheitsort fürchtete ich immer noch, ich könnte sie wieder verlieren. Wäre es möglich, dass Katy und Jo eifersüchtig waren, dass meine Stammzellen ein Volltreffer waren und ihre nicht? Glaubten sie, dass ich sie mit Absicht bei der Betreuung von Maggie außen vor ließ? Ist jetzt der Zeitpunkt da, um das alles anzusprechen oder einfach vorbeigehen zu lassen?

»Benutzen Sie die Macht Ihrer Worte, um Wahrheit und Liebe zum Ausdruck zu bringen«, schreibt Don Miguel Ruiz über das erste Versprechen: »Seien Sie untadelig mit Ihrem Wort.« Bei unserem Treffen mit dem Therapeuten hatten Maggie und ich diese Vereinbarung eingehalten. Wir hatten die Macht unserer Worte benutzt, um Wahrheit und Liebe zum Ausdruck zu bringen. Wir hatten alle voreiligen Schlüsse auffliegen lassen. Und wie versprochen hatte sich unsere Beziehung dadurch verändert. Aber ich habe mich dagegen gewehrt, es mit meinen anderen Schwestern genauso zu machen. Ich will kein Aufheben darum machen, das sich für Maggie nur als Bumerang erweisen wird. Darüber hinaus bin ich erschöpft und habe Angst – Angst davor, meinen Schwestern die Wahrheit zu sagen über ihr verletzendes Verhalten, und Angst davor, Dinge über mich selbst zu erfahren, die ich nicht wissen will. Schließe ich sie wirklich aus? Wiederholen wir hier den alten Konkurrenzkampf unter uns Schwestern? Ich weiß nicht, ob ich noch die nötige Datenübertragungsrate für eine weitere emotionale Herausforderung habe. Aber so groß meine Angst auch ist, noch erschöpfter bin ich von den Spannungen zwischen uns. Wenn es je einen Zeitpunkt gab, an dem die Revolutionsschwestern sich gegenseitig brauchten, dann jetzt, angesichts des Leids, angesichts des Verlustes von einer von uns. Was soll's, denke ich. Mir steht das Wasser meines Gefühlsozeans bereits bis zum Hals, da kann ich genauso gut auch gleich ganz untergehen.

Mein Ziel als Kind war es immer, Katys Zuneigung zu gewinnen. Sie war die große Schwester, die It-Schwester, die coole Schwester. Verzweifelt wollte ich ihr meine Coolness beweisen – aber meine Bücherwurmveranlagung und die vier Jahre, die zwischen uns lagen, sorgten dafür, dass ich nie gleichzog. Katy erinnert mich liebend gerne an einen Vorfall an einem Spätnachmittag im März, als ich eine pummelige Sechstklässlerin war und sie eine modebewusste, frischgebackene Highschool-Schülerin. Der Tag ging zu Ende, das Wochenende auch, und wieder einmal belud die Familie das Auto, um von Vermont nach Hause nach Long Island zu fahren. Wir standen auf dem matschigen Parkplatz eines Skiresorts, das Kunde der Werbeagentur meines Vaters war, und in das er die Familie jedes Wochenende verschleppte.

Während meine Schwestern Skier auf die Dachträger des Autos hievten, lehnte ich mich an einen Baum in der Nähe des Wagens, nahe an einem Flussufer, und kickte mit den Füßen Schneewolken in das reißende Wasser. Es war ein sonniger Tag gewesen, und die kalte Luft war durchzogen von warmen Luftströmen. Die neblige Feuchtigkeit, die aus dem Fluss aufstieg, roch nach Frühling. Ich kickte einen Klumpen nach dem anderen ins Wasser und bestaunte, wie sich alles veränderte: aus Schnee wurde Wasser, aus Winter Frühling.

Ganz plötzlich löste sich mein locker am Fuß sitzender Skistiefel und flog ins Wasser. »Oh nein!«, schrie ich und sah wie erstarrt meinem flussabwärts treibendem Stiefel hinterher. Katy rannte ans Ufer, sprang beherzt in den eiskalten und tosenden Fluss und bekam den Skistiefel zu fassen. »Genau das«, sagte sie, als sie ihn mir entgegenschleuderte, »ist der Unterschied zwischen dir und mir.«

Auch wenn unsere Unterschiede zusammenschrumpften, als wir älter wurden – auch wenn ich weniger verträumt und pragmatischer wurde und Katy, wie sie es selbst nennt, »pinker« wurde –, sind wir, wer wir sind. Es wird immer Katys Art sein – ihre Juno, der Fingerabdruck ihrer Seele –, in reißende Flüsse zu springen, um einen absaufenden Skistiefel zu retten oder einen ertrinkenden Menschen, wobei ich ihr auch schon zugesehen habe. Allein das Wissen, dass Katy auf dieser Welt ist, verleiht mir und allen, die sie kennen, ein größeres Gefühl von Sicherheit. Sie ist eine einflussreiche Geschäftsfrau und die Matriarchin ihrer Familie. Sie ist mein Referenzpunkt, mein Nordstern. Aber Katy kann auch ungeduldig und gereizt reagieren, wenn ein Problem nicht sofort gelöst werden kann, und dadurch ist sie weniger geeignet für die langwierige und einen selbst tief verunsichernde Betreuung eines kranken und sterbenden Menschen.

Meine kontemplative Ader war mir in den langen, dunklen Nächten als Hebamme nützlich, und sie hilft mir jetzt bei Maggie. Aber derselbe Wesenszug, der mich zu einer guten Hebamme angesichts von Leben und Tod macht, hat mich auch zu einer ernsten Person gemacht, zu jemandem, der nicht aufhören kann, in die Tiefe zu gehen, selbst wenn es angebrachter (und lustiger) wäre, am Ufer mit den anderen lustigen Kindern im flachen Wasser zu plantschen. Ich bin mir dessen bewusst. Ich weiß, dass diese Art, beharrlich selbstbeobachtend zu sein – *tief* – andere Menschen sowohl inspiriert als auch irritiert. Manchmal wollen sie einfach nur quatschen oder Witze machen oder Karten spielen, Himmelherrgott noch mal. Gott sei Dank wird man älter und klüger – ich bin in Wirklichkeit durchs Älterwerden jünger geworden.

Manchmal, wenn ich mal wieder hochtrabende Reden schwinge und Katy sich darüber ärgert, schnippt sie mit dem Finger und brüllt »Skistiefel!«, und dann halte ich die Klappe und sehe zu, dass ich Land gewinne. Und wenn Katy wieder mal am Ufer entlangrennt, obwohl der Skistiefel noch fest am Fuß der anderen Person sitzt, dann rufe ich »Katy! Pink!«, und sie entspannt sich und schaltet einen Gang runter. Wir haben uns dieses gegenseitige Aufpassen redlich verdient, weil wir über viele Jahre eine andere Art von Liebe zwischen uns kultiviert haben als die, die wir als Kinder erlebt haben. Wir sind schließlich in »der Liebe zwischen Menschen« zur Ruhe gekommen. Anaïs Nin schreibt, dass »… die Liebe zwischen Menschen erst dann beginnt, wenn der Mythos schwindet. *Erst dann lieben wir einen Menschen, nicht unseren Traum, sondern einen Menschen mit Fehlern.*«

Das war nicht von Anfang an so. Ich kam mit dem Handicap der Zweitgeborenen auf die Welt. Katy übernahm die Rolle der ewig angepissten älteren Schwester, die meine schiere Existenz ablehnte, und ich reagierte darauf wie die bedürftige kleine Schwester, die tobend Tuchfühlung und Anerkennung einfordert. So blieb es, bis wir zusammen durch Europa trampten und unterwegs ein paar grauenhafte Erfahrungen überlebten, wodurch wir unseren gegenseitigen Respekt und das Vertrauen der anderen verdienten. Und auch wenn wir immer noch das Verhalten der anderen missverstehen und unsere Gefühle verletzen, so haben wir immerhin gelernt, wie wir immer wieder zur Liebe zurückkehren können. Unsere halsstarrige Zuneigung und ein gewisser Sinn für Humor retten uns (manchmal).

Mir ist klar, dass Katy und ich uns nicht groß überwinden müssten, um uns über die Gefühle bewusst zu werden, die sich durch den Stress mit Maggies Krankheit zusammengebraut haben. Wir wissen, wie das geht; wir haben es schon mal gemacht. Aber trotzdem brechen wir die ersten drei Versprechen andauernd. Wir nehmen andauernd alles persönlich. Wir ziehen voreilige Schlüsse. Und egal, wie nahe sich zwei Menschen stehen, es ist und bleibt schwierig, die eigenen Worte mit Bedacht zu wählen – untadelig und wahrheitsgetreu zugleich. Genau deshalb hatte ich Angst, ein ehrliches Gespräch mit ihr zu führen. Aber genau deshalb lautet das vierte Versprechen: »Tun Sie immer Ihr Bestmögliches.« Es ist niemals zu spät zu versuchen, sein Bestes zu tun.

An einem kalten Nachmittag Ende November rufe ich Katy an. Ich bin zu Hause. Es ist vier Uhr, aber schon düster. Genau wie meine Gemütslage. Ich bin düster und mit meiner Weisheit am Ende. Ich rufe Katy an, um sie nach ihrem Rat zu fragen und um ein bisschen bedauert zu werden. Eine Onkologin – die Freundin eines Freundes – an einer namhaften Krebsklinik in Los Angeles schlägt eine neue und vielversprechende Behandlung vor, die Maggie vielleicht ausprobieren sollte, auch wenn es so aussieht, als sei es in ihrem Leben bereits fünf vor zwölf. Diese bemerkenswert engagierte Ärztin ist bereit, Maggie gemeinsam mit dem Team im Dartmouth zu untersuchen. Den ganzen Vormittag habe ich Maggies Ärzten hinterhertelefoniert, um herauszufinden, was sie davon halten und ob die Versicherung die Behandlung übernimmt. Die Zeit drängt. Aber jeder, mit dem ich rede, vertröstet mich oder schlägt vor, ich möge doch besser mit jemand anderem reden. Mache ich zu viel Druck? Sollte ich aufhören, noch einen weiteren Weg zu finden, Maggie zu helfen, am Leben zu bleiben? Bin ich es leid, diese Entscheidungen zu treffen? Katy hört sich meine Fragen an.

»Du bist eine Heilige, Liz«, sagt sie in einem Ton, den ich

nicht deuten kann. Meint sie das wirklich so? Will sie damit andeuten, dass ich mich so fertigmache, um zu beweisen, wie toll ich bin (und wie schlecht sie ist)? Anstatt nur darüber nachzudenken, hole ich dieses Mal tief Luft und frage sie.

»Wie meinst du das – ›du bist eine Heilige‹? Machst du dich über mich lustig? Zweifelst du meine Beweggründe an?« Meine Stimme zittert, und ich bin gefährlich nahe dran zusammenzubrechen.

Ich stoße auf beredtes Schweigen.

»Katy? Bist du noch dran?«

Ein tiefer Seufzer, und dann: »Ist schon gut, Liz«, sagt sie, als wäre ich ein schreckhafter Hund, den sie zu beruhigen versucht. »Lass uns keine große Sache aus irgendwas machen. Wir sind alle gereizt, okay?«

»Nein, es ist nicht okay«, sage ich und werde lauter. »Ich will darüber reden. Ich mache mir deswegen Sorgen, und ich habe keinen Platz mehr für andere Sorgen außer denen, die ich mir um Maggie mache. Ich brauche deinen Beistand, Katy.«

»Hm.«

»Was heißt hier ›hm‹?«

»Ich würde dir ja gerne mehr beistehen«, sagt Katy, »aber du erzählst mir ständig, ich solle mich raushalten.«

Ich spüre, wie mein Gesicht anfängt zu glühen und ein Wahrheits-Schmerz in meinem Bauch grummelt. Ich will ihr wütende, verletzende Dinge an den Kopf werfen, aber in meinem Hinterkopf höre ich Don Miguel Ruiz sagen: »Wählen Sie mit Bedacht Ihre Worte.« Ach, Mist. Es wäre jetzt so befriedigend, eine leidende Schimpftirade auf Katy auszukippen. Ich lasse es sein.

»Katy«, sage ich stattdessen, »glaubst du wirklich, dass ich das alles alleine machen will?«

»Ganz sicher fühlt es sich ab und zu so an. So, als ob du es sowieso besser machen kannst als alle anderen, warum solltest du mich da überhaupt brauchen?«

Ich fange an zu weinen. Vergiss es, Don Miguel, vergiss die Unfehlbarkeit. Ich bin zu durcheinander und aufgebracht. Ich gebe eine Kette von weinerlichen, wütenden Worten von mir – wie verkannt und herabgesetzt ich mich von Katy und Jo fühle. Und wie verstörend ich Maggies Bitte finde, ihr Torwächter zu sein. Wie ich die ganze Zeit meine Instinkte im Nachhinein anzweifle. Mache ich alles richtig? Halte ich unnötigerweise Menschen von ihr fern? Bin ich ein Kontrollfreak? Genieße ich es insgeheim, die Auserwählte zu sein, diejenige, die das Sagen hat? Ich beende meine Schimpftirade mit einer Welle von Gefühlen, von denen ich noch nicht mal wusste, dass ich sie hatte: dass ich mich von Katy während der Stammzellenernte im Stich gelassen gefühlt hatte; dass ich ängstlich war und sie gebraucht hätte; dass ich verletzt war, als sie die Prozedur verharmlost und sich danach nicht bei mir gemeldet hat. Ich fühle mich wie ein kleines Mädchen, das einen Wutanfall kriegt, damit meine Mutter mich bemerkt.

»Warum hast du mich nicht ins Krankenhaus begleitet und bist bei mir geblieben? Warst du wütend auf mich?«, frage ich sie unter Tränen.

»Warum in aller Welt sollte ich wütend auf dich sein?«, fragt Katy.

»Weil ich perfekt mit Maggie übereinstimme!« Diese unerwartete Feststellung überrumpelt uns beide.

»Ach, Süße!«, sagt Katy. »Natürlich war ich nicht wütend. Ich habe mich wahnsinnig gefreut, dass wenigstens eine von uns passt. Ich war erleichtert. Ich war froh, dass du es warst. *Ich* wollte keine Stammzellenernte. Du kamst mir so mutig vor. Du hast in deinen Kluges-Mädchen-Modus umgeschaltet und mich weit hinter dir gelassen. Ich vermute mal, ich fühlte mich unzulänglich. Ich fühle mich jetzt unzulänglich. Du weißt, wie man mit Maggie umgeht. Mir jagt das Ganze Angst ein. Ich will es in Ordnung bringen, und das kann ich nicht.«

Jetzt weinen wir beide.

»Und ich wusste nicht, dass du mich im Krankenhaus dabeihaben wolltest«, sagt Katy. »Ich dachte, du wolltest nur Maggie um dich haben. Ich hätte für dich da sein sollen, Liz. Ich wusste nicht, dass du das wolltest.«

»Ich wusste es auch nicht«, sage ich. »Ich hatte zu viel Angst, um irgendwas zu wissen. Und wir sind die Kinder unserer Eltern. Wir bitten nicht um Hilfe.«

»Gott bewahre«, zitiert Maggie unsere Mutter. »Gott bewahre uns davor, um Hilfe zu bitten. Das würde ja bedeuten, dass wir tatsächlich welche benötigen. Oder verdienen, oder so was in der Art. Damit würden wir anderen zur Last fallen, und das tut man einfach nicht.«

»Weißt du, was lustig ist?«, frage ich sie. »Die ganze Zeit versuche ich, Maggie dazu zu bringen, darum zu bitten, wenn sie etwas braucht. Sie davon zu überzeugen, dass sie unsere Hilfe, unsere Liebe, unsere Fürsorge verdient hat. Und jetzt sieh mich an! Ich konnte noch nicht mal dich um Hilfe bitten, die einzige Person, die alles für mich tun würde.«

»Du hättest gar nicht erst fragen müssen«, sagt Katy. »Ich hätte es wissen müssen.«

»Wie solltest du denn wissen, dass ich dich brauche, wenn ich es selbst nicht wusste?«

»Na ja, es tut mir trotzdem leid«, sagt Katy. »Sag mir, was du jetzt brauchst, Liz.«

Ich denke eine Weile nach. »Ich glaube, was ich jetzt am meisten brauche, ist, dass du mir vertraust, dass ich mein Bestmögliches tue.«

»Liz, du tust mehr als das. Ich habe es wirklich so gemeint, als ich sagte, du seist eine Heilige. Ich bin jeden Tag dankbar dafür. Entschuldige bitte, dass ich es dir nicht sage.«

»Ja, schon, aber ich bin auch ein Kontrollfreak. War ich in letzter Zeit nur noch kontrollfreakig?«

»Ja«, gibt Katy zu, »ein bisschen. Ein klitzekleines bisschen.«

»Das tut mir leid. Ich weiß einfach nicht, wie ich mich anders verhalten soll.«

»Ich doch auch nicht«, sagt Katy. »Wie sich zeigt, ist es viel schwerer, eine Schwester zu retten als einen Skistiefel.«

Wir lachen. Der Ort der Liebe öffnet sich vor uns. Wir betreten ihn. Ich erzähle ihr von der Ärztin in Los Angeles und der neuen Behandlung. Ich berichte ihr, dass die Arzneimittelzulassungsbehörde gerade grünes Licht gegeben hat und nur ein Labor das Medikament herstellt und es einigen Aufwand bedeutet, es noch rechtzeitig zu erhalten. Katy hilft mir, die Entscheidung zu treffen, Maggie zu ermutigen, ein weiteres Mal mit einem weiteren Medikament zu versuchen, am Leben zu bleiben.

»Liz, ich möchte noch eine Sache loswerden«, sagt Katy. »Und bitte krieg es nicht in den falschen Hals.«

»Was denn?«

»Was ich sagen will, ist, dass wir alle perfekt mit Maggie übereinstimmen. Jede auf ihre Weise. Du, ich, und auch Jo. Ist dir das klar?«

Ich lasse die Worte in mein Herz sinken. Ich erinnere mich daran, was ich zu dem vierjährigen Will gesagt habe, als ich ihn von der Schule nach Hause fuhr und er mit dem Bedürfnis seines kleinen Egos kämpfte, etwas Besonderes zu sein. »Aber jeder möchte etwas Besonderes sein«, hatte ich zu Will gesagt. »Also ist entweder jeder besonders oder niemand.« Aha! Das Körnchen Wahrheit gilt mir. Es versetzt mir einen Stich, aber ich lasse das Gefühl zu. Ich nicke meinem eigenen vierjährigen

Ego zu und stelle fest, dass sie immer noch hier ist, immer noch versucht, sich in dieser Familie mit vier besonderen Mädchen als etwas Besonderes zu fühlen. Ich tätschele ihren Kopf. Ich sage ihr, dass sie tatsächlich etwas Besonderes ist, genau wie Katy und Jo und unsere geliebte Maggie.

»Danke. Das habe ich gebraucht«, sage ich. »Wir stimmen vollkommen überein. Wir alle. Wir sind KaLiMaJo.«

Als wir uns voneinander verabschieden, spüre ich, wie das Band der bedingungslosen Liebe eine weitere Lücke im Mutter-Kreislauf schließt. Warum Katy und ich mit dieser Aussprache gewartet haben, ist für mich genauso unerklärlich wie das Verzichten zweier beliebiger Menschen oder Gruppen oder Nationen auf Gespräche, um stattdessen zuzulassen, dass voreilige Schlüsse sich in Unmut, Verlust der Liebe oder, schlimmer noch, Hass und Gewalt verwandeln. Wie viele angeschlagene Beziehungen in unserer angeschlagenen Welt könnten geheilt werden, wenn die Menschen nur das Risiko eingingen, verwundbarer und ehrlicher zu sein? Und auch getroffen und wütend, aber wütend auf eine Weise, die in eine positive Lösung des Konflikts mündet. So etwas ist möglich. Es ist schwierig, es ist riskant, aber es ist möglich. Und das Gegenteil davon hat eine schreckliche Erfolgsbilanz. Mir gefällt die Art, wie die Friedensnobelpreisträgerin Leymah Gbowee es beschreibt: »Zorn ist wie eine Flüssigkeit, wie Wasser – er ist nicht fest umrissen. Schütten Sie ihn in ein gewaltloses Gefäß, oder schütten Sie ihn in ein gewalttätiges Gefäß.«

Das Gegenteil von Gewalt ist keine Welt ohne Zorn, keine Welt ohne Konflikte. Genau genommen führt die Angst vor Konflikten sehr oft zu Gewalt. Sie führt zu unbewiesenen Schlussfolgerungen, zu Unehrlichkeit und Verrat. Gewaltverzicht ist die Fähigkeit, einen aufrichtigen, geduldigen Konflikt mit einem anderen Menschen auszuhalten, sich gegenseitig

Schwächen vorzuhalten und sie zu durchleuchten, sich auszusprechen und zu entdecken, dass wir, obwohl keiner von uns perfekt ist, dennoch perfekt übereinstimmen können. Das ist die »Liebe zwischen Menschen«, von der Anaïs Nin spricht. Das passiert, wenn wir aufhören, alles persönlich zu nehmen, wenn wir aufhören, voreilige Schlüsse zu ziehen, und wenn wir unsere Worte mit Bedacht wählen.

Das vierte Versprechen werde ich niemals vergessen: »Tun Sie immer Ihr Bestmögliches.« Auch Sie werden das vierte Versprechen brauchen. Das Telefonat mit Katy war das Ergebnis von jahrelangem Versuchen und Scheitern, Versuchen und Scheitern, unser Bestes zu tun, auch wenn es manchmal wirkte wie unser Schlechtestes. Ich bin immer davon ausgegangen, dass ich Rumis Ort – den Ort jenseits von richtig und falsch – niemals mit Katy erreichen würde. Ich bin immer davon ausgegangen, dass wir immer voreilige Schlüsse ziehen und alles persönlich nehmen würden, dass wir unsere Wahrheiten verschweigen und mit unserer Liebe geizen. Aber für dieses Telefonat an einem düsteren Novembernachmittag, als es in Maggies Leben fünf vor zwölf war, haben wir hart gearbeitet. Und danach veränderten sich die Dinge zwischen uns. Wir wurden mutiger in dem, was wir sagten – ehrlicher und gleichzeitig gütiger. Wir wollen diesen Ort nicht mehr verlassen. Das ist Maggies Geschenk an uns.

Mit Jo wird das Heilen der Wunden nicht so einfach werden, das Wegschütten der voreiligen Schlüsse und das Auffüllen des Bechers mit Liebe und Vergebung. Sie ist wütend darauf, ausgeschlossen worden zu sein. Sie gibt mir die Schuld daran. Das hat sie mir an dem Tag gesagt, an dem ich ihr die Botschaft überbrachte, sie möge Maggie bitte nicht besuchen. Sie gibt mir die Schuld, und alles, was ich zu meiner Verteidigung vorbringe, ist falsch, als ich versuche, sie dazu zu bringen, die Situation mit meinen Augen zu sehen. Wir haben keine Übung darin, perfekt übereinzustimmen. Vielleicht kommt in diesem Moment eben genau das dabei heraus, wenn wir unser Bestmögliches tun. Aber ich verspreche mir, dass ich in Maggies Namen so lange Rumis Wegweisungen folgen werde, wie es nötig ist, in der Hoffnung, mich mit Jo an diesem Ort zu treffen.

Die beste Erklärung dafür, warum Maggies Krebs zurückgekommen ist, lautet, dass die vor der Transplantation durchgeführten Behandlungen nicht alle bösartigen Zellen zerstört haben. Selbst wenn nur eine einzige Krebszelle übrig blieb, irgendwo in einer dunklen winzigen Ecke des Körpers versteckt vor den giftigen Pfeilen der Chemo und den Killerwellen der Bestrahlung, dann konnte diese eine Zelle sich reproduzieren und verbreiten. Selbst wenn während des Transplantat-gegen-Wirt-Vorgangs alle übrig gebliebenen Krebszellen zerstört wurden, ist ein Patient, der schon mal einen Rückfall hatte oder dessen Krankheit zum Zeitpunkt der Transplantation bereits fortgeschritten ist, nicht immer gefeit vor einer Wiedererkrankung.

Mitten in der Nacht öffne ich meinen Laptop und recherchiere ein letztes Mal Angst und Schrecken aus Maggies Erkrankung, indem ich nach dritten Meinungen fahnde, Radikalkuren, Hoffnungsschimmer am Horizont. Bei unserem letzten Besuch im Krankenhaus war die Rede von erneuten Chemotherapie- und Bestrahlungssitzungen und sogar von einer erneuten Transplantation, aber diese Pläne wurden über den Haufen geworfen. Es gab Diskussionen über andere Medikamentenversuche, aber keiner wäre das Richtige für ihren Typ und ihr Stadium des Lymphoms. Vorerst nimmt sie das Versuchsmedikament ein, das die Ärztin aus Los Angeles vorgeschlagen hat.

Diese Ärztin hat mir das neue Medikament sorgfältig und respektvoll erklärt. Eine Eigenart von Krebszellen, sagt sie, ist es, dass sie sich schnell teilen. Die Chemotherapie greift die sich schnell teilende Zellen an und tötet sie. Klingt nach einem super Plan, aber da sich gesunde Zellen ebenfalls schnell teilen, greift die Chemotherapie sie genauso an und setzt eine medizinische Kriegsführung in Gang, bei der keine Gefangenen gemacht werden. »Haben Sie sich schon mal gefragt, warum Krebspatienten kahl sind?«, fragt sie mich. Haarzellen wachsen schnell. Die Chemotherapie ballert drauflos, und schon bald sind Haarzellen und viele andere unauffällige Zellen ebenfalls tot. Nach der Chemotherapie hofft man, dass die guten Zellen alles reparieren und erneuern, und dass zwar das Haar wieder nachwächst, aber nicht der Krebs.

Das neuartige Medikament wird nicht als Chemotherapie bezeichnet, sondern als »gezielte Krebstherapie«, einer ganz anderen Herangehensweise. In jahrelanger Forschung haben Molekularbiologen neuartige Behandlungen entdeckt, die Krebszellen angreifen, ohne den gesunden Zellen zu schaden. Noch vielversprechender ist die Tatsache, dass einige gezielte Krebstherapien eine immunologische Abwehrreaktion auslösen, durch die die Krebszellen verdrängt werden, wodurch gesunde Zellen noch weniger in Mitleidenschaft gezogen werden. Die Ärztin in Los Angeles verwendet die Metapher eines Schlüssels und einer verschlossenen Tür, um das Medikament, das Maggie jetzt einnimmt, zu beschreiben. Bis vor Kurzem, sagt die Ärztin, stand ihr als am besten geeignetes Werkzeug ein Sprengstoffgemisch aus Chemotherapie und Bestrahlung zur Verfügung, um die Tür zu öffnen. Die gezielte Krebstherapie ist eher so etwas wie ein Schlüssel.

Und jetzt benutzt Maggie diesen Schlüssel. Die Sache ist nur, dass dieser Schlüssel die Tür ins große Unbekannte öffnet. Niemand kann mit Sicherheit sagen, ob es funktioniert, oder, wenn ja, wie dieses Funktionieren überhaupt aussieht. Wird es ihr Leben für ein paar Monate verlängern? Ein paar Jahre? Wird es das Wachstum der Krebszellen verzögern, bis der nächste Schlüssel entdeckt, getestet und zugelassen wird? Wir wissen es nicht. Willkommen in der Ungewissheit.

Ein enger Freund von mir, ein Mann, der seit vielen Jahren mit rezidivierendem Krebs lebt, sagt, dass er den Tod nicht fürchtet. Obwohl er nicht genau sagen kann, was passieren wird, wenn er dieses Leben verlässt, vertraut er auf »etwas anderes« auf der anderen Seite des Todes. »Im Gehen leben« lässt ihn nachts durchhalten. »Ich will dazu imstande sein, das Leben wertzuschätzen und erfüllt zu leben, ganz egal, wie viel Zeit mir noch bleibt – im Gehen leben.«

Und genau das, sagt Maggie, wird sie tun, bis sie nicht mehr kann. Wenn man eins über sie sagen kann, dann dass sie weiß, wie man lebt. Und sie bringt es mir bei. Ich gehe zur Schule, sie ist meine Lehrerin, und ich mache mir Notizen. Weil wir alle im Gehen leben. Unsere Plätze auf der Fähre sind reserviert. Wir kennen vielleicht den Zeitpunkt der Überfahrt nicht, aber wir werden übersetzen. Mein Mann sagt, dass wir uns alle am anderen Ufer wiedersehen werden. Er ist sich da ganz sicher. Er weiß es einfach. Manchmal, wenn mein eigener Glaube wankt, halte ich mich an seinem fest. Jetzt ist so ein Moment.

Ich erzähle ihm, dass ich nicht mehr weiß, wofür ich beten soll. Dass Maggie schnell die Segel setzt für die andere Seite, ohne zu große Schmerzen und Angst? Dass das neue Medikament anschlägt und die Tür öffnet, und ihr das genug Zeit verschafft, um die Hochzeit ihrer Tochter im Sommer zu erleben? Dass sie auf wundersame Weise geheilt ist? Mein Mann schlägt mir ein schlichtes Gebet vor: »Dein Wille geschehe.«

Oh ja. Das ist ein gutes Gebet. »Dein Wille geschehe.« Mein eigener Wille leistet mir gute Dienste, wenn ich etwas erschaffen und kontrollieren kann. Aber in anderen Fällen? Wenn es um größere Dinge geht, Unerklärliches, Unlösbares? All das liegt außerhalb meiner Kontrolle, und wird sich meinem Willen nicht beugen. Ein größerer, unerklärlicherer Wille ist auf Erden am Werk, den wir vielleicht nie ganz verstehen werden, was aber nicht heißt, dass wir ihm nicht vertrauen oder uns ihm nicht stellen dürfen.

»Dein Wille geschehe.« Vielleicht sind diese Worte für Sie zu bibelbeladen. Wenn ja, ersetzten Sie diese drei durch einen Satz, den die Teilnehmer bei den Anonymen Alkoholikern verwenden: »Lass los und überlass alles Gott.« Oder machen Sie »Loslassen, loslassen, loslassen!« ohne das Wort »Gott« zu Ihrem Gebet. Manchmal höre ich vor dem Einschlafen im Bett diese Worte im Wind, der durch das offene Fenster streicht – als schüttelten die Engel den Kopf und seufzten: »Es gibt nur ein Gebet, Liebes. Wir werden dich immer wieder daran erinnern, in welchen Worten auch immer und so oft, wie du sie hören musst: *Dein Wille geschehe. Lass los und überlasse alles Gott. Loslassen, loslassen, loslassen.*«

Für manche Leute fühlt sich Beten unnatürlich an – überkrustet mit Aberglauben oder verbunden mit einer Religion, die man hinter sich gelassen hat. Wenn Sie zu diesen Menschen gehören, und wenn Starrsinn und Sorgen Sie überwältigen, versuchen Sie das hier: Setzen Sie sich an einen Tisch und legen Sie den Kopf auf Ihre verschränkten Arme. Rollen Sie ihn hin und her, und atmen Sie mit einem lauten Seufzer aus. Sie können sich vorstellen, dass ein paar nicht konfessionsgebundene Engel über Ihnen schweben, mit einem betrübten, geduldigen Lächeln im Gesicht, mit der Zunge schnalzen und sagen: »Es gibt nur ein Gebet, Liebes …« Nicken Sie mit dem Kopf, ruhen Sie sich aus und geben Sie – nur für einen Augenblick – einfach auf. Geben Sie sich hin. Spüren Sie die Gnade dessen, was war, was ist und was sein wird. Sie können es überall ausprobieren – im Zug, in der Schule, am Schreibtisch vor einer Sitzung im Büro. Sie können auf einen Parkplatz fahren und dort Ihre Arme aufs Lenkrad legen. Sie können Ihren Kopf ablegen, hin- und herrollen und schließlich nicken und flüstern: »Loslassen, loslassen, loslassen.« Niemand wird merken, dass Sie ein Schwätzchen mit Engeln halten.

Ist das für Sie zu viel Gerede über Engel und Gott? Dann nehmen Sie sich diese freundschaftlichen Ermahnungen von einem meiner Lieblingsphilosophen Terence McKenna zu Herzen. »Machen Sie sich keine Sorgen«, schreibt McKenna, »dafür wissen Sie nicht genug. Für wen halten Sie sich eigentlich, verdammt noch mal? Sich Sorgen zu machen setzt einen Wissensstand über die Situation voraus, der zu gewaltig ist für die mickrige Vorstellungskraft des Gehirns. Sich Sorgen zu machen ist eigentlich eine Form von Hybris.«

Ich würde Ihnen niemals versprechen, dass ich weiß, wie man aufhört, sich Sorgen zu machen. Menschsein bedeutet verwundbar sein, und diese Verwundbarkeit löst bei den meisten von uns Furcht aus. Aber ich kann Ihnen sagen, dass Sorgen und Furcht die Erfahrung, lebendig zu sein, nicht dominieren müssen. Unmöglich, sagen Sie? Man muss sich jeden Tag um so viele Dinge Sorgen machen. Über unser eigenes Leben und die Leben derer, die wir lieben. Die Welt da draußen ist verrückt, alles kann passieren, und über das ganze Leben verteilt, tut es das normalerweise auch.

Aber Furcht und Sorgen beschützen uns nicht vor der Welt. Genau genommen machen sie alles nur noch schlimmer – nicht nur für uns, sondern auch für die, die wir lieben. Niemand mag es, wenn man sich Sorgen um ihn macht. Damit aufzuhören ist tatsächlich ein Geschenk, das sie anderen Menschen machen können, es ist ein Vertrauensbeweis in ihre Fähigkeit, im Sturm zu ihrer eigenen Stärke zu finden.

Also, wie macht man das? Wie hört man auf, Kontrolle auszuüben und in Sachen Sorgen und Furcht einen Gang herunterzuschalten? Mein Vorschlag klingt vielleicht kontraintuitiv, denn er lautet: indem man sogar noch verwundbarer wird. Ich mache Ihnen diesen Vorschlag, weil ich das selbst gerade lernen muss, da ich an die Grenzen meines eigenen Willens und meines zwanghaften Bedürfnisses stoße, zu reparieren, zu lösen, zu machen. Wenn nichts mehr zu machen ist und die Straße vor einem keine Markierungen mehr hat, steht man immer vor der Wahl: Ich kann mir Sorgen machen, was passieren wird, oder ich kann mich der Straße stellen. Ich kann wie ein Forschungsreisender in die Welt hinausgehen. Ich kann am Leben partizipieren, so wie es ist. Ich kann mich darin suhlen und schmutzig werden. Ich kann es riskieren, genießen, spüren und denen, die ich liebe, das gleiche zugestehen. Weil, wie Terence McKenna es beschreibt, sich Sorgen machen eine Form von Hybris ist. Wer weiß wirklich, was für uns und die, die wir lieben, das Beste ist?

Also empfehle ich Ihnen dieses eine letzte Gebet. Es ist mein Lieblingsgebet – eine Bitte um Klarheit, um Weitblick. Ich spreche es zu den Engeln, zu den Göttern, zu Gott, zu wem auch immer, der uns verwundbaren Menschen gerade zuhört. Ich sage es voller Demut und einer Prise Dringlichkeit: »Bitte, entfernt die Schleier, damit ich sehen kann, was hier wirklich passiert und nicht von meinem Willen und meinen Sorgen betäubt werde. Entfernt die Schleier, damit ich über meine Fantasien und Ängste hinausblicken kann. Entfernt die Schleier, damit ich sehen kann.«

Sechster Teil

VERWILDERTE SAMEN

»In Weite und Breite drängt alles, nichts zerfällt,
Und Sterben ist anders, als je einer gedacht,
Und glücklicher.«

WALT WHITMAN

feldnotizen • 1. dezember

ich fange an, darüber nachzudenken, mein leben mit tabletten zu beenden. in vermont ist es gerade legal geworden. ich habe eine freundin angerufen, die an dem gesetz mitgearbeitet hat. sie sagte mir, mit wem ich reden muss, wie ich an mehr informationen komme. ich habe so sehr die kontrolle über mein eigenes schicksal verloren. ich brauche etwas davon zurück. merkwürdigerweise gibt mir der ausweg, wie ich mein leben beenden kann, mein leben zurück. niemand wünscht sich mehr zu leben als ich. ich will nicht sterben, aber ich will auch nicht als testfall am leben erhalten werden. ich weiß, dass meine ärzte sich die allergrößte mühe geben, um mir zu helfen. aber ich kenne mich in dieser medizinischen welt aus. ich weiß, dass ärzte es hassen zu scheitern. für sie ist der tod gleichbedeutend mit scheitern. egal, es ist mein leben und mein tod, und ich will beides zurückhaben.

Weihnachten kam und ging. Maggie war im Krankenhaus, was mir wiederum erlaubte, die Festtage bei meiner Familie zu verbringen. Das neue Medikament scheint die Streuung des Krebses nicht zu stoppen, und andere Behandlungsmöglichkeiten wurden nicht vorgeschlagen. Aber selbst als Maggie dem Tod immer näher kommt, bildet sich ein Teil von mir weiterhin ein, dass es ihr bald besser gehen wird, dass sie für immer hier bei uns auf Erden bleiben wird – bei den vier Schwestern, ihren Kindern, in ihrem energiegeladenen, vibrierenden Leben. Es ist eine kindliche Fantasie, das ist mir klar. Aber wie alle Fantasien pfeift mein Traum von Maggies Genesung auf die Regeln der Realität. Und sie widerspricht völlig dem, was jetzt für Maggie wichtig ist. Sie hat sich der Bösartigkeit der Krankheit gestellt und dem Ort ausgeliefert, an den sie von ihr gebracht wird. Sie will gehen. Sie ist nicht glücklich darüber. Es gibt noch so viel, wofür sie leben will, sagt sie, vor allem für ihre Kinder. Sie will bei ihnen bleiben, für sie da sein, deren Kinder kennenlernen, ihnen helfen, sie begleiten.

Aber sie liest aus dem Kaffeesatz am Boden ihrer Tasse. Er erzählt ihr Dinge, die nur sie zu entschlüsseln vermag. Wenn sie über ihr Leben hier auf Erden spricht, wird ihre Stimme immer schwerer. Aber wenn sie das Sterben erwähnt, klingt sie leichter und sehnsüchtig. Manchmal redet sie über Farben und ein Licht – ein Loch in der Wolkendecke, das ihr durch das Krankenhausfenster aufgefallen ist, ein Gefühl von Freiheit und Nach-vorne-Gehen.

Sie liegt allein in diesem Krankenhauszimmer, in dem sie so viele Tage und Nächte verbracht hat, und sie scannt sich durch die Geschichte ihres Lebens. Sie sagt, sie kommt langsam zur letzten Seite. Ich muss ihr glauben. Wenn ich die Kranke wäre, würde ich vielleicht in einen anderen Bundesstaat oder in ein anderes Land reisen, wo man auf dem neusten Stand der Krebsbehandlung ist, mit jener Medikamentenversuchsreihe oder dieser alternativen Heilmethode. Aber aus welchen Gründen auch immer – vermutlich sehr weisen – hat Maggie sich entschieden, keine weitere Behandlung mehr zu verfolgen. Sie schwingt die weiße Fahne.

Silvester ist in Sicht, das Niemandsland zwischen den Feiertagen. Ich geistere im Nichts umher. Dieses seltsame Gefühl, von draußen in das Leben hineinzublicken, ist mir vertraut; ich kenne es aus meinen Jahren als Hebamme – wenn man nach achtundvierzig Stunden Anwesenheit bei einer langen Geburt nach Hause taumelt und wahrnimmt, wie der Rest der Welt Kaffee kocht, Lunchboxen vorbereitet, zur Arbeit hetzt. Während ich auf der Couch zurückbleibe, versuche zu schlafen, aber immer noch die Stimme der Mutter in den Wehen höre, immer noch die Kopfwölbung des Babys sehe und dann, wie der neugeborene Mensch sich auf diese Welt windet, mit Neuigkeiten aus der anderen im Schlepptau.

Wenn ich mit Maggie telefoniere, schließe ich die Augen und sehe, wie sie den Weg in die andere Richtung einschlägt. Ich höre ihr angestrengtes Atmen, das Wasser in der Lunge. Als würde der Tod sie auffüllen, bevor er sie wegbringt. Als wäre der Tod nicht die Abwesenheit von Leben, sondern stattdessen etwas, das schillernd und ozeanisch und den Gezeiten unterworfen ist, größer und stärker als alles, was wir uns vorzustellen oder zu benennen vermögen. Ich spüre, wie das Seil, mit dem Maggies Boot am Ufer befestigt ist, an uns, nachlässt. Sie liegt im Bett, aber sie schmiedet bereits Pläne, legt den Kurs fest, bereitet sich auf die Reise vor.

In der Zwischenzeit, zurück auf dieser Seite, kann ich nicht in die Zukunft denken. Überall um mich herum werden Pläne geschmiedet, aber ich bin dazu nicht in der Lage. Ich gehe arbeiten und wirke an der Programmplanung für das nächste Jahr mit. Ich komme nach Hause, und meine Freunde planen eine Silvesterparty. Alte Freunde rufen an; sie wollen uns besuchen und bei uns übernachten. Ich kann meine Antworten auf die Pläne anderer Leute nicht mehr hören: »Ich weiß nicht, ob ich bei der Sitzung nächste Woche dabei sein kann.«, »Ich weiß nicht, ob ich auf der Party sein werde.«, »Ich weiß nicht, ob ihr bei uns wohnen könnt.« Seit Wochen und Monaten sage ich diese Sätze. Ich bin für die meisten unzuverlässig geworden, um vollkommen zuverlässig für Maggie da zu sein. Meine täglichen Begegnungen und meine Arbeit sind dadurch belastet.

Aber *das* ist jetzt meine Arbeit: meine Schwester aus der Welt hinauszukomplimentieren. Wenn ich mich überfordert fühle, oder unsicher oder ängstlich, setze ich mich still hin und spreche das Gebet: »Entfernt die Schleier, damit ich sehen kann.« Der Schleier lüftet sich, und der Weg ist offenkundig, und er führt zu Maggie.

Diese letzte Dezemberwoche ist kalt und verschneit. Die passende Jahreszeit, sagt Maggie, um zu sterben. Von ihrem Krankenhausbett aus erzählt sie mir, dass es nur noch eine einzige Sache gibt, die sie tun möchte, und zwar ihrer Kunstausstellung, *Verwilderte Samen,* den letzten Schliff verpassen und die Arbeiten in der Galerie hängen sehen. Ich verspreche ihr, dass wir alle mit anpacken und ihr diesen letzten Traum erfüllen werden. Aber ist das möglich? Niemand kann es uns sagen. Wird sie sich erholen oder über die Klippe stürzen? Wird ihre Kerze langsam verglühen, oder wird sie die Sache selbst in die Hand nehmen, mithilfe der In-Würde-sterben-Tabletten? Sie hat davon geredet, dass sie sich die Tabletten nach der ersten Diagnose gesichert hat. Was lange »Euthanasie« (altgriechisch für »guter Tod«) genannt wurde und schließlich »ärztliche Suizidbeihilfe« (denken Sie an Dr. Kevorkian), bezeichnet man jetzt als »in Würde sterben« und wurde kürzlich im Staat Vermont legalisiert. Manche Leute, auch einige aus dem Gesundheitswesen, weigern sich, die Beschreibung »in Würde sterben« zu verwenden und haben starke moralische Einwände, die Tabletten zur Verfügung zu stellen. Andere, im ganzen Land, kämpfen für den gesetzlichen Anspruch unheilbar kranker Menschen, das Leiden zu lindern und ihr oder sein Leben willentlich zu beenden.

Ich weiß nicht, wie ich persönlich dazu stehe. Aber Maggie hat immer darauf bestanden, dass eine Person, die nur noch Wochen zu leben hatte, die Möglichkeit haben sollte zu entscheiden, wann sie sterben möchte. Vielleicht sieht sie es so, weil sie Krankenschwester ist und in unmittelbarer Nähe mitbekommen hat, was mit echten Menschen passierte, wenn ihnen die Möglichkeit, eine Wahl zu treffen, genommen wurde: durch Schmerz, Demenz oder einer von Medikamenten ausgelösten Benommenheit. Jetzt ist sie in der gleichen Situation. Wenn sie die Schmerzmittel nicht einnimmt, zerfressen die Tumore in ihren Organen und Knochen ihren zarten Körper, aber wenn sie die Schmerztabletten nimmt, verliert sie zwischendurch immer wieder den klaren Verstand, ist verängstigt und verwirrt und brabbelt unverständliches Zeug vor sich hin. Wenn sie nicht regelmäßig die Lungenflügel entwässert bekommt, fühlt sie sich, als würde sie in ihrer eigenen Flüssigkeit ertrinken, aber die Prozedur wird immer unangenehmer und immer weniger effektiv.

All dem muss sie allein im Krankenhaus entgegensehen. Oliver und die Kinder besuchen sie, aber nicht jeden Tag, weil sie uns gesagt hat, wir sollen ihr etwas Ruhe zugestehen und ihr ihren Freiraum lassen. Sollten wir ihr glauben? Sie hat ihr Leben damit verbracht, jedem das zu sagen, was er hören wollte. Macht sie das jetzt auch? Die Telefonate mit ihr verschaffen mir keine Klarheit. Morgens ist sie wütend und düsterer Stimmung, und beim nächsten Anruf verwirrt – manchmal aufgekratzt, manchmal weinerlich. Liegt es an den Schmerztabletten, dass sie komische Sachen sagt und undeutlich spricht? Oder hat der Krebs bis in ihr Gehirn gestreut? Ist sie wütend wegen der Ungerechtigkeit, früh zu sterben, oder wegen des Chaos, das sie, wie sie behauptet, zurücklässt? Während eines unserer Telefonate, als sie wütend und freudlos ist, erzählt sie mir, dass sie lieber auf der Stelle sterben würde, als sich noch eine Minute länger mit diesem Chaos herumschlagen zu müssen.

»Was denn für ein Chaos?«, frage ich. Sie macht sich seit

Monaten Gedanken darüber, dass ihre Schwestern und ihre Kinder sich um den Haufen alter Klamotten in ihren Schränken und um das Zeug in ihrem Atelier kümmern müssen.

»Machst du dir immer noch Stress wegen deiner Unterhosenschublade?«, frage ich.

»Nein«, blafft sie mich an. »Doch nicht diese Art von Chaos. Ist mir total egal, was ihr alle über meine schäbigen alten Unterhosen denkt.«

»Was denn dann?«

»Es ist einfach ein Chaos, glaub mir«, schnauzt sie mich an. »Alles, was ich nie ausgesprochen habe. Alles, was ich jetzt nicht sagen kann.«

»Über was denn? Zu wem?«

»Zu allen. Den Kindern, Oliver, den Schwestern. Meinen Freunden. Ich habe einfach nie gesagt, was ich wirklich sagen wollte, und jetzt ist es zu spät.«

»Das stimmt nicht. Es ist nicht zu spät. Was willst du denn sagen?«

»Ha!«, faucht sie mich durchs Telefon an. »Was weißt du denn schon? Du hast ja noch jede Menge Jahre vor dir. Ich nicht. Ganz offensichtlich hast du keine Ahnung, wovon du redest.« Sie fängt an zu weinen. »Es tut mir leid. Es tut mir leid, Liz. Alles ist einfach so chaotisch, und es führt kein Weg zurück.«

Sie legt auf. Ich bin tief betrübt. Sollte ich gleich zu ihr eilen? Sie trösten? Oder ist es wichtig für sie, dass sie im Sturm ihrer Lebensgeschichte ausharrt, dass sie die Rechnungen begleicht und Frieden mit sich schließt? Ich ringe mich dazu durch, sie in Ruhe zu lassen.

Am nächsten Tag ruft sie mich in einer ganz anderen Stimmung an. Sie hat gerade mit einem ortsansässigen Arzt gesprochen, einem der wenigen in ihrem Bundesstaat, der das In-Würde-sterben-Medikament verschreibt. Es war ihr drittes Gespräch mit ihm; davor war sie bereits für die zwei vorgeschriebenen Besuche in seiner Praxis gewesen. Diesmal sagt er ihr, sie könne ein Rezept für den legalen und tödlichen Cocktail abholen. Das Vermonter Gesetz ist erst ein paar Monate alt, und bis jetzt haben gerade mal zwei Menschen davon Gebrauch gemacht. Wird Maggie die dritte Person sein? Heute glaubt sie, ja, und dieses Gefühl scheint ihre Wut zu besänftigen und ihren Kopf frei zu räumen. Wieder erwähnt sie, dass sie von ihrem Krankenhausbett aus den Himmel beobachtet und sich auf das Licht konzentriert, das die grauen Wolken über New Hampshire durchstößt. Sie überrascht mich, als sie sagt: »Dorthin gehe ich, Liz. Es geht nur um das Licht.«

Am nächsten Tag ruft sie mich an und sagt, sie wolle mir ihre Wut erklären. »Erinnerst du dich an das, worüber wir beim Therapeuten geredet haben?«, fragt sie.

»Da haben wir über vieles geredet«, sage ich.

»Ja, na ja, aber da ist nur eine Sache, an der ich immer noch herumkaue. Ich habe es auf eine Sache reduziert. Ich finde, das ist ein Fortschritt!«

»Was ist es denn?«

»Wie ich so viel Zeit in meinem Leben damit verschwenden konnte, nicht zu sagen, was ich wirklich meinte. Wie ich mich selbst verbogen und immer versucht habe, alle glücklich zu machen. Ich bin deswegen schon seit Ewigkeiten wütend. Aber das hättest du nie bemerkt, oder? Ich habe immer so getan, als wäre alles okay, mehr als okay. Toll! Immer schön aufgekratzt! Glückliche kleine Maggie. Bla, bla, bla.« Sie wird wieder wütend.

»Es ist okay, Maggie«, sage ich.

Sie ignoriert mich und redet weiter. »Ich wollte nie jemanden verletzen.« Sie spricht undeutlich und hat es eilig, alles loszuwerden. »Ich habe den Leuten nie gesagt, was ich wirklich dachte. Dem einen sage ich das, was ich dachte, dass er hören will, und jemand anderem sage ich was ganz anderes. So lief das in meiner Ehe. So lief das mit meinen Freunden. Und mit euch Schwestern. So lief das bei der Arbeit mit den Ärzten und den Krankenschwestern. Ich wusste, dass irgendwann alles aufeinanderprallen würde und ... und, tja, jetzt ist es so weit. Am Ende der Fahnenstange, und alles fliegt durch die Gegend und mir um die Ohren. Das macht mich verrückt! Ich bin die ganze Zeit auf alle wütend! Den ganzen Tag. Obwohl ich diejenige bin, die dieses Chaos verursacht hat.«

Nichts davon ist neu für mich, und nichts davon scheint einzig und allein auf Maggie zuzutreffen. Wer verursacht nicht im Verlauf seines Lebens irgendwann Chaos? Was denkt sie denn, werden wir entdecken, wenn sie tot ist? Wenn ich sie nicht so gut kennen würde, wäre mein erster Gedanke, es ginge um etwas wirklich Schockierendes – ein Haufen gestohlenes Geld in dieser Schublade voller schäbiger Unterhosen. Oder ein uneheliches Kind, das weit weg, in einem anderen Bundesstaat, von seinen Großeltern aufgezogen wird.

»Oh, vielleicht mag ich's ja auch nur gerne dramatisch«, wechselt Maggie das Thema. »Bring mich nicht dazu, darüber zu reden, okay?«

Aber ich will sie dazu bringen, darüber zu reden. Denn wenn ich es jetzt nicht tue, besteht die Möglichkeit, dass wir nie wieder die Gelegenheit dazu haben werden. Ich will, dass sie die Möglichkeit bekommt zu sagen, was sie meint, und zwar so, dass sie endlich damit abschließen kann. Ich will, dass sie einen Pfosten ihres Selbst in den Boden rammt, bevor sie ihren Körper abstreift und die Reise in dieses Licht antritt, von dem sie immer öfter redet. Ich will, dass sie Anspruch erhebt auf ihre Würde, als der wunderbare Mensch, der sie während ihrer Zeit als Maggie war.

Das bedeutet für mich »in Würde sterben«.

Ich erinnere Maggie daran, dass unsere Mutter verschwiegen in den Tod ging. Sie schämte sich für etwas, das sie niemals verraten hätte, und deshalb wurde daraus eine schwere Last in einer Tasche, die sie ihr ganzes Leben lang bis zu ihrem letzten Atemzug hinter sich herzog. Jahrelang beschwor meine Fantasie in der Tasche meiner Mutter romanhafte Geheimnisse herauf: Vielleicht wurde sie als kleines Mädchen missbraucht; vielleicht verlor sie ihr Herz am College, vielleicht an einen geheim gehaltenen Liebhaber, oder vielleicht sogar an eine andere Frau; vielleicht hatte sie während ihrer Ehe eine heiße Affäre, auf Long Island, mit dem gut aussehenden Mann, der unsere Linoleumböden gewachst hat, oder in Vermont mit dem Chordirektor der Kirche. So funktioniert meine überaus einfallsreiche Vorstellungsgabe.

Aber irgendetwas musste unserer Mutter zugestoßen sein, dass sie sich so für ihren Körper schämte, dass sie so unfähig war, ihre Meinung zu äußern, dass sie vor lauter Angst so verspannt war. Meine Schwestern und ich fragten uns immer wieder laut, warum sie so nervös und zaghaft und manchmal auf eine schrille Art voreingenommen war und dann wieder ausgelassen und kindlich. Mittlerweile glaube ich, dass ihr Geheimnis etwas viel weniger Kompliziertes war als meine Vorstellungen davon. Etwas, das wir alle in einer fest verschlossenen Tasche hinter uns herziehen: Die Scham darüber, ein fehlerhafter, tollpatschiger Mensch zu sein. Die Scham, nicht klug genug, schön genug, reich oder dünn oder sexy oder stark genug zu sein, was immer wir auch in diese Tasche unseres Nicht-genug-Seins stopfen. Die Scham, große Gefühle zu haben, große Träume, große »Für wen hält sie sich eigentlich?«-Ambitionen. Die Scham, aggressiv und eifersüchtig und gemein zu sein. Oder faul und stumpfsinnig und engstirnig. Fehler gemacht zu haben und Fehltritte und *meschug-*

genes Zeug. Die Scham, kompliziert und inkonsequent und paradox zu sein. Sich dafür zu genieren, menschlich zu sein.

Warum genieren wir uns? Wofür in Gottes Namen schämen wir uns so sehr? Warum verbergen wir unser Innerstes voreinander, wenn das, was wir da verstecken, lediglich ganz normal und allen Menschen gemein ist? Laut ausgesprochen, wäre die Scham meiner Mutter in sich zusammengesackt. Ausgesprochen, vor allem vor uns, ihren Töchtern, wäre ihre Unsicherheit in der Wärme unserer Liebe weggeschmolzen, im Humor unserer Menschlichkeit. Aber sie hielt ihre Tasche fest verschlossen, und sie starb voller Scham.

»Tu's nicht«, bitte ich Maggie. »Stirb nicht so wie Marsh.«

Also besucht Maggie mit mir ihre Vergangenheit. Ich habe das alles schon mal gehört, aber noch nie so – niemals als eine Geschichte aneinandergereiht, die sie versucht zu verstehen und zu beenden. Sie spricht über die sexuelle Belästigung am College von einem Professor, von der sie unserer Mutter erzählt hat, die ihr aber verboten hat, sich an die Obrigkeit zu wenden. Sie spricht über die Hochzeit mit ihrem Mann – ihrem Highschool-Schwarm. Sie stellte ihn und das Leben, das er führte, auf ein Podest, aber sie hatte auch Angst, ihn und die Kleinstadt in Vermont zu enttäuschen, in der ihre und seine Eltern Nachbarn waren. Doch mit der Zeit störte sie die Art, wie er sie kontrollierte, immer mehr, und sie lernte, seine Ausbrüche zu fürchten. Über viele Jahre ging sie die Probleme nie frontal an und tat stattdessen, was man ihr sagte, sie schluckte ihr Selbstwertgefühl hinunter und setzte für die Außenwelt ein glückliches Gesicht auf. Sie spricht darüber, wie sie sich die ganze Zeit beispielhaft um alle gekümmert hat – ihre Kinder, ihre Eltern, seine Eltern, ihre Patienten, ihre Freunde – und damit fieberhaft versucht hat, der Welt zu beweisen, dass sie gut und liebenswert war.

Sie jonglierte mit den vielen Menschen in ihrem Leben –

Ehemann und Freunde und Kinder und Schwestern und Kollegen und Patienten. Ließ sie einen Ball fallen, schreckte sie vor dem Konflikt zurück, lief aus der Beziehung weg und irritierte die Menschen, die sie liebte. Und wenn sie schließlich den Mut aufbrachte, ihrem Mann zu erzählen, was seit Jahren in ihrem Herz brodelte – die Angst, die Wut, die Pläne, ihn zu verlassen –, war er fassungslos und aufgebracht. Als die Ehe beendet war, blieb eine ganze Familie völlig verstört zurück. Und die Wahrheiten, die sie unterdrückt hatte, fühlten sich wie Gift in ihrem Körper an.

Was uns, ihre Schwestern, betraf, spürte sie, wie dasselbe Gift sie auffraß. Seit Jahren, sagt sie, erzählte sie mir eine Version ihrer Geschichte und einer anderen Schwester eine komplett andere, und warf so letztendlich uns beide den Wölfen zum Fraß vor, um im betreffenden Augenblick die eine oder andere nicht zu verletzen, damit sie selbst nicht die Böse war, aber jetzt, wo die Fütterung dem Ende zuging, sah sie ein, wie ihre Angst, die Wahrheit zu sagen, alle anderen mit in den Abgrund riss.

»Ich habe ein Monster erschaffen«, sagt sie.

»Könntest du etwas genauer werden?«, frage ich.

»Oh, zum Beispiel hatte ich Angst davor, Jo zu sagen, dass sie mich nicht besuchen soll, weil ich es satthabe, dass sie immer versucht, sich als meine Therapeutin aufzuführen. Deshalb habe ich dafür gesorgt, dass du es ihr sagst, und dann habe ich Jo gesagt, du würdest alle herumkommandieren.«

Ich lache. »Aber ich kommandiere doch alle herum! Und Jo ist im wirklichen Leben Therapeutin und weiß manchmal nicht, wann sie besser damit aufhört. Keine von uns weiß, wann sie damit aufhören soll zu übertreiben! Wir sehen uns selbst doch nicht. Wir brauchen Hilfe. Es braucht Mut, anderen ein paar hilfreiche Tipps zu geben, aber genau das ist eins der großherzigsten Dinge, die man tun kann.«

»Ich weiß«, sagt Maggie. »Ich weiß. Ich verstehe. So langsam kapiere ich es. Aber was mache ich jetzt? Es gibt noch so viel zu sagen. Keine Zeit mehr dafür. Und auch keine Energie.«

»Was denn zum Beispiel? Sag es mir.«

»Zum Beispiel den Kindern und Oliver genau zu sagen, wer was kriegt von mir und wer meine Arbeit übernimmt. Ich habe Angst vor diesen Gesprächen. Also sage ich irgendwas. Und zum Beispiel allen Leuten, denen ich gesagt habe, sie sollen wegbleiben, erklären, warum ich das getan habe. Ich habe die Energie nicht. Ich will mich um nichts mehr kümmern. Ich bin zu müde.«

»Das ist okay, Maggie«, sage ich. »Du musst niemandem was sagen. Darum geht es nicht.«

»Worum denn dann?«

»Es geht darum, dass du die Verantwortung abgibst. Ein für alle Mal. Dass du weißt, du hast dein Bestmögliches getan, und es war ziemlich klasse. Kannst du dir vergeben, ein ganz normaler, neurotischer Mensch zu sein? Wie der Rest von uns? Wir haben es alle auf unsere ganz eigene Art und Weise vermasselt. Aber auf dich warten noch so viele tolle Dinge, auf die du dich jetzt besser konzentrierst. Sieh dir doch mal dein Leben an! Dein wildes und wunderschönes Leben. Dein großmütiges Leben. Kein perfektes Leben. Erinnerst du dich daran? Erinnerst du dich, wie du mir erzählt hast, ich müsse nicht perfekt sein, um perfekt mit dir zusammenzupassen? Du musst kein perfekter Mensch sein, um unsere perfekte Maggie zu sein.«

»Glaubst du das wirklich, Liz? Oder sagst du das nur, damit ich mich besser fühle?«, fragt Maggie.

»Ich bin davon überzeugt. Es ist vielleicht das Einzige, worüber ich mir ganz sicher bin.«

Maggie hört auf zu reden. Ich höre ihre mit Wasser gefüllte Lunge schwer arbeiten. Schließlich flüstert sie mit einem gurgelnden Unterton: »Sag mir, worüber du dir noch ganz sicher bist, Liz.«

»Also gut«, stimme ich zu, »aber kannst du mir von der anderen Seite ein Zeichen geben, ob ich Recht hatte?«

»Keine Versprechen«, sagt Maggie. »Nur reden. Sag mir einfach nur, was du weißt.«

»Na ja, ich weiß, dass dein Leben vielleicht chaotisch aussieht, aber dass sich in Wirklichkeit alles genau so zusammenfügt, wie es vorgesehen war. Was du diesmal lernen musstest, und was die Menschen um dich herum lernen mussten. Ich weiß es. Ich weiß, dass wir das alles zusammen durchstehen, aus einem bestimmten Grund, für einen bestimmten Zweck. Dass wir alle perfekt zueinanderpassen. Und dass du deine Lektion mitnehmen wirst, während du zum Licht aufbrichst. Und du wirst uns so viele Geschenke hinterlassen, Maggie, selbst das, was du als Chaos bezeichnest.«

»Ich will daran glauben«, sagt Maggie, »aber ich bin mir nicht sicher. Und ich weiß nicht, wie ich in der Zwischenzeit mit allen Zeit verbringen soll. Ich will nur, dass sie wegbleiben. Wenn es Zeit ist für mich zu sterben, will ich allein sein.«

»Nein, das willst du nicht«, widerspreche ich. »Das ist noch etwas, worüber ich mir ganz sicher bin.«

Sie hustet, und ich höre, wie eine Krankenschwester mit ihr spricht. Ich warte.

»Ich habe das Gefühl zu ertrinken«, sagt sie.

»Möchtest du, dass ich komme?«, frage ich.

»Nein«, sagt Maggie, »ich brauche Zeit mit mir allein. Aber rede weiter mit mir, Liz. Erzähl mir, was du sonst noch weißt. Erzähl mir, was ich tun soll. Bring mir noch mal bei zu meditieren.«

Ich sage laut, was mir als Erstes durch den Kopf schießt. Ich rede über die vier Lesser-Mädchen – die perfekt zu ihr passen, ihre Schwestern, die sie bedingungslos lieben. »Wenn du das Gefühl hast zu ertrinken«, sage ich, »stell dir uns vier vor, am Strand. Vier kleine Mädchen an der Küste des Ozeans. Erinnerst du dich daran?«

»Hhm.«

»Bleib dort mit uns sitzen, die Zehen im Wasser. Dann schau, ob du es schaffst, dass die Wellen deine Wut und Angst und Reue mit sich hinaus in den Ozean spülen, und dann lass frisches Wasser nachfließen. Lass dich von der strahlenden nächsten Welt abholen. Du musst nichts ganz genau wissen, Maggie. Denn letztendlich können wir uns über gar nichts sicher sein. Aber du kannst Vertrauen fassen. Du kannst dich entspannen. Bleib einfach mit uns an der Küste. Okay? Maggie?«

Sie antwortet nicht. Ich höre, wie die Krankenschwester etwas zu ihr sagt, das Telefon nimmt und behutsam auflegt.

Ich mache den Kamin an und ruhe mich in meinem eigenen Nichtwissen aus. Ich denke an die Zeit als Hebamme zurück und wie mich die Mütter in den Wehen erwartungsvoll ansahen, meinen Arm ergriffen und mich mit dem dringenden Bedürfnis, es zu wissen, fragten: »WANN IST DAS HIER ENDLICH VORBEI?« Und ich versicherte ihnen, dass die Wehen tatsächlich irgendwann vorbei wären, und dann wäre da ein Baby am Ende des Tunnels, aber bis dahin wäre es das Beste, sich dem Schmerz hinzugeben, um den Prozess zu beschleunigen, sich der Angst zu stellen und das Mysterium des Nichtwissens zu akzeptieren. Als Gegenleistung schnauzten die Frauen in den Wehen mich an, bis die nächste Kontraktion wie ein Tsunami angerauscht kam. Tage später erzählten mir die frischgebackenen Mütter, dass mein Ratschlag, sich dem Unbekannten hinzugeben, das Einzige gewesen war, was geholfen hat.

»So haben Sie aber nicht geklungen«, sagte ich dann. »Sie haben mir fast den Kopf abgerissen!«

Aber die Frauen versicherten mir, dass die Erinnerung daran, sich zu stellen – dem Schmerz, der Angst, dem Unbekannten – sie hatte durchhalten lassen. Also werde ich Maggie weiterhin das erzählen, was ich meinen Frauen in den Wehen erzählt habe. Selbst wenn sie keine Kraft mehr hat, mich anzuschnauzen, selbst wenn sie nicht mehr sprechen kann, selbst dann werde ich ihr von den paar Dingen erzählen, die ich sicher weiß, und ich werde darum beten, dass ich ihr mit Liebe begegne – denn wenn sie auf der anderen Seite aufwacht, werden ihr meine Worte Trost und Kraft spenden.

EINE MEDITATIONSSTUNDE AM ZENTRUM FÜR SCHÄDEL-HIRN-TRAUMATA

In den vielen Jahren meiner spirituellen Studien bin ich auf jede Menge Übungen, Praktiken und Methoden gestoßen: Atemübungen, Gesangsübungen, Gebetspraktiken, Heilmethoden. Aber die Übung, von der ich am meisten profitiert habe und die mich konsequent daran erinnert, mich dem Unbekannten hinzugeben, ist regelmäßiges Meditieren. Ein Schüler fragte einst Buddha, warum er meditieren solle, und Buddha antwortete: »Komm, und sieh selbst.« Der beste Ratschlag, den man geben kann, denn Meditieren ist eine Erfahrung. Aber wenn Sie so funktionieren wie ich, reicht Ihnen diese Antwort nicht; Sie wissen gerne, warum etwas so ist, wie es ist: Sie genießen Ihre Spiritualität gerne garniert mit ein bisschen Wissenschaft.

Hier kommt ein »Warum«: Es ist ein Warum, das bei Maggie Widerhall findet. Forscher an der National Science Foundation berichten, dass das menschliche Gehirn zwölf- bis sechzigtausend Gedanken pro Tag verarbeitet und dass ein großer Prozentsatz dieser Gedanken negativ und repetitiv ist. Wir beschäftigen uns zwanghaft mit Fehlern, die wir in der Vergangenheit gemacht haben, und sorgen uns über zukünftige Worst-Case-Szenarien. Den ganzen Tag lang schicken wir diese Gedanken durch Furchen in unseren Gehirnen, und dann noch mal am nächsten Tag, bis die Pfade so ausgetreten sind, dass wir in einer negativen Geschichte leben, die unsere Vergangenheit betrifft, oder in einem ungewissen Zukunftsszenario.

Gehirnstudien, die sich mit dem repetitiven Denken befassen, werden von Psychoneuroimmunologen durchgeführt, also Medizinern, die Menschen dabei helfen wollen, ihr Immunsystem zu stärken. Sie haben festgestellt, dass es, wenn man den Strom der sich ständig im Kopf wiederholenden Gedanken unterbrechen kann, weniger wahrscheinlich ist, krank zu werden – von einer Erkältung bis hin zu Krebs –, und dass es eher wahrscheinlich ist, das Maß an Konzentrationsfähigkeit, Gelassenheit und Zufriedenheit zu erhöhen. Deshalb werden Millionen von Forschungsgeldern in das Studieren dieses sehr allgemein bekannten und ziemlich langweiligen Bereichs unseres Gehirns investiert. Und es ist einer der Gründe, warum ich so gerne meditiere. Aber es gibt noch einen anderen Grund – ein anderes »Warum« –, das nicht so einfach zu erklären ist. Abgesehen davon, dass es der Seele Frieden bringt und gesund für den Körper ist, öffnet das Meditieren auch ein Fenster zu einer ganz anderen Realität, einer, die unser geschäftiger Verstand überdeckt.

Viele Philosophen und Wissenschaftler sind davon überzeugt, dass das Gehirn kein Bewusstsein generiert, sondern vielmehr als Filter funktioniert. Aldous Huxley bezeichnet das Gehirn als »Reduktionsfilter« des unendlichen Bewusstseins. Der zeitgenössische britische Physiker und Astronom David Darling schreibt: »Alle wichtigen Organe des Körpers sind Regler. Die Lunge stellt die Luft, die unser Körper braucht, nicht her; der Magen und die Eingeweide sind keine Lebensmittelhersteller. Wenn wir also weder die Luft, die wir atmen, noch die Lebensmittel, die wir essen, herstellen, warum annehmen, dass wir das, was wir denken, eher herstellen als regulieren?«

In der Stille während einer Meditation berühren wir den Bereich des unkontrollierten, ungefilterten, unendlichen Bewusstseins. Und dieser Bereich hat es in sich! Weit und frei. Durch das Beruhigen der repetitiven und gewohnten Muster des Gehirns schaffen wir es, damit aufzuhören, alles zu glauben, was wir denken, und auf alles zu reagieren, was wahrlich nur eine reduzierte, komprimierte und verkrampfte Form einer sehr viel angenehmeren Erfahrung ist: unendliches Bewusstsein. Beim Meditieren fangen wir an, eine Existenz jenseits des Reduktionsfilters zu erfahren, eine ihren eigenen Bedingungen folgende Existenz. Wir werden zu einem unvoreingenommenen Zeugen, anstatt jemand zu sein, der immer nur um ein Gefühl von Sicherheit kämpft.

Die buddhistische Meditationslehrerin Pema Chödrön sagt: »Der Kampf um Sicherheit hat zu nichts anderem geführt als zu äußerst flüchtigen Freuden.« Sie beschreibt Meditieren als einen Weg, diesen Kampf und somit unser Bedürfnis nach Sicherheit zu beenden. »Der Prozess, unabhängig zu werden, verlangt schier unglaublichen Mut, weil wir im Grunde unsere ganze Wahrnehmung der Wirklichkeit verändern – es ist, als würden wir in unsere DNS eingreifen. Wir beseitigen ein Verhaltensmuster, das nicht nur für uns typisch ist. Es handelt sich um ein allgemein menschliches Verhaltensmuster: Wir projizieren unzählige Lösungsmöglichkeiten auf die Welt. Damit können wir weißere Zähne, einen Rasen ohne Unkraut, ein Leben ohne Kampf, eine Welt ohne Verlegenheit erreichen – und glücklich immer weiter leben.«

Aber natürlich leben wir nicht glücklich immer weiter, denn sobald ein Problem gelöst ist, taucht das nächste auf, und schon stehen wir wieder am Anfang, suchen nach einer Lösung, in dem Glauben, dass wir diese Lösung verdienen. »Wir verdienen keine Lösungen«, schreibt Pema Chödrön, »wir verdienen etwas Besseres. Wir verdienen unser Geburtsrecht – und das ist der Mittlere Weg – ein Zustand, in dem der Geist offen ist und sich auch angesichts von Paradoxen und Ambivalenz entspannen kann.« Dies ist also das andere »Warum« der Meditation:

sich in das paradoxe und ambivalente, unvoreingenommene, unkontrollierte, unendliche Bewusstsein zu entspannen, das manche Gott nennen, während andere ihm keinen Namen geben.

Als Maggie mich bat, ihr noch einmal beizubringen, wie man meditiert, tat ich mein Bestmögliches, meine Anleitungen von sperrigen Wörtern wie »paradoxes und ambivalentes, unvoreingenommenes, unkontrolliertes, unendliches Bewusstsein« freizuhalten, die dem schlichten Akt des Meditierens nicht gerecht werden. Nur ein paar Tage später muss ich meine Sprache noch weiter beschneiden.

In der Nähe meines Wohnortes liegt eine Krankenhaus-ähnliche Einrichtung. Dort werden Menschen aufgenommen und behandelt, die traumatische Hirnverletzungen erlitten haben. Manche sind jung – ein zwanzigjähriger Bauarbeiter, der mit dem Kopf voran von einer Leiter gefallen ist; eine ehrgeizige Opernsängerin, die sich im Auto nicht angeschnallt hatte; ein Schüler, der bei einem Wasserski-Unfall seitlich in ein Boot geknallt ist. Manche sind älter. Sie zogen sich die Schädigung des Gehirns durch einen Schlaganfall oder eine Krankheit oder einen unspektakulären Sturz auf dem Bürgersteig zu. Manche können noch sprechen und sich ohne Hilfestellung fortbewegen. Ihr Denken ist benebelt und dreht sich im Kreis, aber sie werden mit der Zeit und der richtigen Therapie wieder genesen. Manche sind an Stühlen oder Bahren festgebunden und werden in der Einrichtung herumgeschoben; ihre Köpfe rollen seitlich hin und her, und sie sind nicht in der Lage zu kommunizieren.

Ein Freund, der dort arbeitet, hatte mich vor vielen Monaten gefragt, ob ich einer kleinen Gruppe der Bewohner beibringen würde zu meditieren. Wir wählten die Woche zwischen Weihnachten und Neujahr aus, weil für die stationären Patienten des

Brain Trauma Centers in dieser Woche wenig los ist, genau wie für mich. Außer in diesem Jahr. Da ich mich so intensiv um Maggie kümmere, habe ich es versäumt, meinen Kalender zu checken, und als es so weit ist und ich mich wieder an den Termin erinnere, ist es bereits zu spät, um am selben Tag abzusagen.

Ich habe bereits Hunderte Male vor Tausenden Menschen Meditation unterrichtet – vor gewählten Volksvertretern in Washington D. C. bis zu Gefängnisinsassen, vor ungestümen Kindergartenkindern bis zu Aids-Patienten kurz vor ihrem Tod. Deshalb nahm ich die Einladung für eine Meditationsstunde im Brain Trauma Center an, ohne groß darüber nachzudenken. Die Meditation ist mir immer ein guter Freund gewesen – wenn ich ängstlich bin, beruhigt sie mich; wenn ich durcheinander bin, lässt sie mich klarer sehen; wenn ich engstirnig bin, weitet sie meinen Blick. Ich vermutete, dass Menschen mit einer Gehirnverletzung wahrscheinlich die meiste Zeit ängstlich und durcheinander sind. Vielleicht könnte Meditieren auch Ihnen ein guter Freund werden. Ich saß in Workshops mit Meditationsmeistern und wurde durch ihre weise gewählten Worte von innerer Ruhe überwältigt. Aber mehr als alles andere war es ihre Präsenz, die meinem ängstlichen Geist und meinem bangen Herzen Stille und Frieden entlockte. Ich würde also versuchen, das Gleiche für die Bewohner der Einrichtung zu tun: mein Innerstes offenlegen und dort als erfüllter und furchtloser Mensch erscheinen.

Doch als ich das Brain Trauma Center betrete, kommen mir Zweifel, auf was ich mich da eingelassen habe. Kann man Menschen beibringen, die gewohnte Funktionsweise des Gehirns – basierend auf unablässigen Gedanken und unkontrollierten Impulsen – zu beruhigen, wenn ihre Gehirne verletzt wurden? Durch Meditieren taucht man in eine tiefere Ebene der Wahrnehmung ein als die mentalen Gymnastikübungen der Alltagsgedanken. Allerdings benutzen wir genau die Worte und Begriffe der Alltagsgedanken, um Meditation zu lehren. Eine schwierige Frage!

Ich warte auf meinen Freund im Personalraum und bemerke ein Zitat von Lilla Watson am Schwarzen Brett: »Wenn du hergekommen bist, um mir zu helfen, verschwendest du deine Zeit. Wenn du aber hergekommen bist, weil deine Befreiung mit meiner verbunden ist, dann lass uns zusammenarbeiten.« Das ist eine wunderschöne Beschreibung für den idealen Lehrer oder Betreuer. Das Zitat erinnert mich an meine Anfangszeit als Vortragsrednerin und Lehrerin. Ich war vor jedem Auftritt so nervös, dass ich kaum klar denken konnte. Eines Abends, auf einer Tagung, bei der ich sprechen sollte, wartete ich völlig aufgelöst und zittrig hinter der Bühne. Ein bekannter Psychiater saß neben mir; er war als Redner nach mir eingeteilt.

»Geht es Ihnen gut?«, fragte er mich.

»Nein«, antwortete ich. »Ich bin schrecklich nervös.«

»Oh, ich war vor meinen Auftritten auch immer nervös. Aber jetzt nicht mehr.«

»Wie haben Sie das denn geschafft?«, fragte ich. »Und wie kriege ich das hin? Und zwar schnell?«

»Na ja«, sagte der Mann, »vor einigen Jahren wartete ich schweißgebadet hinter der Bühne, und da war ein Priester oder Mönch dabei – ein zierlicher alter Mann in einer braunen Kutte. Er musste bemerkt haben, wie panisch ich war. Er kam zu mir und sagte etwas, das ich niemals vergessen werde. Es hat alles für mich verändert. Wollen Sie's hören?«

Ich nickte.

»Also, ich habe es auswendig gelernt: ›Du musst ihnen nichts vorspielen, damit sie begreifen, wie gut du bist. Du musst sie lieben, damit sie begreifen, wie gut sie sind.‹ Wollen Sie, dass ich es Ihnen aufschreibe?«

Ich bejahte. Diesen Zettel habe ich immer noch. Er steckt in meiner Handtasche, und er kommt mir in den seltsamsten Augenblicken unter. Vielleicht suche ich gerade nach meiner Sonnenbrille, wenn ich meinen Enkel zur Schule fahre, oder ich krame nach einem Stift während einer Sitzung im Büro, und dann finde ich diesen Zettel und lese ihn. Und immer wieder ermutigt er mich dann, aus meinem kleinen Selbst heraus in meine große Liebe zu treten. *Du musst ihnen nichts vorspielen, damit sie wissen, wie gut du bist. Du musst sie lieben, damit sie wissen, wie gut sie sind.*

Mit dieser Einstellung gehe ich in den Raum, um mit den dreißig hirngeschädigten Menschen zu arbeiten, die für meine Meditationsstunde erschienen sind. In der ersten Reihe sitzen die noch sehr Selbstständigen auf Stühlen und begrüßen mich lächelnd mit freundlichen Hallos. Hinter ihnen befinden sich mehrere in Rollstühlen angeschnallte Bewohner, von denen einige mich mit einem Lächeln zur Kenntnis nehmen, während andere zu Boden blicken. Ganz hinten im Raum liegt ein Mann auf einer Bahre, dessen Beine und eine seiner Hände straff an dem Gitter aus Edelstahl festgebunden sind. Er gibt gutturale Geräusche von sich, als ich ihn anspreche, und sein freier Arm bewegt sich ruckweise, als ich neben ihm stehe.

Mein Freund stellt mich der Gruppe vor, und ich beginne mit meinen einleitenden Bemerkungen, und nahezu im selben Augenblick hebt einer der im Rollstuhl sitzenden Bewohner die Hand. Bevor ich ihm das Wort erteilen kann, beginnt er bereits mit lauter Stimme zu reden und beschwert sich über seinen Zimmergenossen, der seinen Radiowecker gestohlen hat. Während seine Hand immer noch in der Luft schwebt, gibt er eine lange Geschichte zum Besten, in der es um seinen verschwunden Radiowecker, seine Hausschlappen und eine ganze Reihe anderer Dinge geht.

Eine junge Frau in der ersten Reihe dreht sich um und sagt: »Halt den Mund, Larry.« Und dann dreht sie sich wieder zu mir um und bittet mich, ihn zu ignorieren. »Er erzählt immer wieder dieselbe Geschichte.«

Und tatsächlich hebt Larry während der Stunde immer wieder die Hand und beschwert sich bitterlich darüber, dass sein Hab und Gut gestohlen wird, gefolgt von ein paar in Larrys Richtung abgeschossenen Zischlauten der übrigen Bewohner, und einem lauten Stöhnen des Mannes auf der Bahre. Jedes Mal, wenn sich die Unruhe wieder gelegt hat, steht eine weißhaarige Frau auf und verkündet, dass sie nach dem Mittagessen das Zentrum verlassen und an ihren Arbeitsplatz in der City zurückkehren wird. Dieselbe Person, die mich aufgefordert hat, Larry zu ignorieren, bittet mich nun, mit der weißhaarigen Dame genauso zu verfahren.

Ziemlich schnell wird mir klar, dass das, was hier im Raum passiert, in vielen der Gehirne der Bewohner abläuft: Chaos, Verwirrung, Wut, Trauer. Ich stelle mein Ziel, diesen Menschen zu helfen, hintan und kehre stattdessen zu dem Zitat am Schwarzen Brett zurück: »Wenn du hergekommen bist, um mir zu helfen, verschwendest du deine Zeit. Wenn du aber hergekommen bist, weil deine Befreiung mit meiner verbunden ist, dann lass uns zusammenarbeiten.«

Das Ziel der Meditation ist Befreiung. Befreiung von dem stürmischen Wetter zwischen unseren Schädelknochen. Wir meditieren, um uns mit dem, was gerade passiert, wohlzufühlen. Um die Realität zu den ihr eigenen Bedingungen zu bewältigen. Das größte Geschenk, das ich den Menschen im Brain Trauma Center machen kann, ist meine Bereitschaft, mit ihnen zusammen zu sein. Mich in ihrer Gegenwart wohlzufühlen. Gegenwärtig zu sein. Alles, was ich tun kann, ist, sie genau dort zu treffen, wo sie sich befinden. Und der Weg, das zu tun, ist, sie zu lieben. Was keine Hürde darstellt, aber auch nicht meine erste Reaktion auf sie war und niemals meine erste Reaktion auf Schwierigkeiten ist. Normalerweise reagiere ich zuerst mit dem Gedanken, alles unter Kontrolle bringen zu wollen. Nun ja, das wird hier nicht funktionieren, in meinem Meditationsunterricht am Brain Trauma Center.

Ich trete vor das Podest, von dem aus ich reden wollte, und stelle mich frontal vor die Gruppe. Wenn meine Befreiung mit der Befreiung dieser Menschen verbunden ist, dann ist es am besten, wenn ich eins mit ihnen werde, wenn ich eine verwundete Person inmitten anderer verwundeter Menschen bin – in all unserer Pracht und all unserer Zerrissenheit. Ich unterrichte nicht, sondern erzähle den Bewohnern stattdessen etwas über mein eigenes Leben. Ich werde konkret. Ich erzähle ihnen von Maggie, und dass ich nicht weiß, wie ich ihr in diesen Tagen helfen soll. Ich weiß nicht, was passieren wird. Ich bitte sie um Rat, und während einige der Antworten nichts mit meiner Frage zu tun haben, sind andere überraschend nützlich und tiefgründig. Und ein paar Mal gebe ich ihnen während unseres Gesprächs ein paar Tipps, wie man den inneren Sturm – meinen Sturm, ihren Sturm, eine Welt aus Stürmen – durch Meditieren zur Ruhe bringt. Ein paar der Anwesenden in der ersten Reihe befolgen meine Anleitungen.

Am Ende der Stunde gibt es Umarmungen und Klatschen und ein paar »Frohes-neues-Jahr«-Rufe. Dann ist die Stunde vorbei, und alle schlurfen oder rollen aus dem Raum. Auf meinem Weg nach draußen bleibe ich bei dem Mann auf der Bahre stehen, um Kontakt zu ihm herzustellen. Ich nehme seine freie Hand und halte sie. Er hört auf zu stöhnen. Wir sehen uns tief in die Augen.

»Hallo«, sage ich, »danke, dass Sie heute gekommen sind.«

Sein Blick tastet mein Gesicht ab, als wolle er sagen: »Bitte, sieh mich an. Bitte, sieh, wer ich war, bevor ich krank wurde, bevor mein Gehirn verrücktgespielt hat, bevor ich hier gelandet bin. Ich bin immer noch dieser Mensch, mir fehlen nur die Worte und die Gedanken, um ihn in Schale zu werfen, damit er vorzeigbar wird. Aber sieh ihn bitte an, bitte respektiere ihn, bitte liebe ihn.«

Nickend bejahe ich seine stumme Bitte. Ich stehe neben ihm, blicke ihm in die Augen und nicke mit dem Kopf. Der Mann macht ein Geräusch und verzieht seinen Mund so, dass es wie ein Lächeln erscheint. Ich weiß nicht, ob es wirklich ein Lächeln ist. Ich weiß nicht, ob mein Auftreten heute für ihn oder irgendeinen der Bewohner hilfreich war. Aber ich werde mich immer daran erinnern, was ich hier am Brain Trauma Center gelernt habe (zum x-ten Mal): dass wir Seelen sind, die sich für einen bestimmten Zweck auf dieser mysteriösen Reise begegnet sind. Man muss sich nur bis ins Mark öffnen und gegenwärtig sein. Sich in die Augen sehen und jenseits der Identität als Opfer und Helfer suchen, dem Schwachen und dem Starken. Man muss in die Tiefe gehen und die würdevolle Seele jedes Einzelnen finden, und sich solidarisch dazugesellen – als ein Mitmensch, der danach strebt, frei zu sein.

Wir alle können versuchen, so miteinander umzugehen, jeden Tag – wo immer wir hingehen und wo immer Ungleichheiten zwischen uns bestehen mögen. Diese Lektion werde ich von meinen Freunden im Brain Trauma Center mitnehmen, und dieses Geschenk werde ich zu Maggie zurückbringen. Genau wie die Bewohner des Zentrums wollte Maggie niemals eine Last sein, sie wollte niemals Mitleid und sie wollte kaum meine Hilfe annehmen. Sie wollte einfach nur meine Gegenwart spüren – meine Stärke zu ihrer Stärke – und das Gefühl haben, dass unser Zusammensein für uns beide ein Geschenk ist.

DER TOD MEINER MUTTER

Jedes Leben verläuft anders, daher verläuft auch jeder Tod anders – wie wir sterben, ähnelt stark der Art und Weise, wie wir gelebt haben. Ich weiß das nur, weil ich mit ein paar Menschen Zeit verbracht habe, als sie im Sterben lagen. Davor stellte ich mir vor, dass der Sterbeprozess wie durch Zauberei neurotische Tendenzen bereinigt und gemeine Menschen in nette verwandelt und unglückliche in solche, die endlich in der Lage sind, ihre Liebe kundzutun und ihre Weisheit weiterzugeben. Aber wie sich herausstellt, bleiben wir, wer wir sind, Atemzug um Atemzug, bis zum allerletzten. Deshalb ermutigen uns spirituelle Traditionen dazu, unsere Laterne zu Lebzeiten zu polieren, damit es dem Wesen der Seele erlaubt ist, durchzuscheinen und unsere Persönlichkeit von ihren weniger ansprechenden Eigenschaften reinzuwaschen, denn sonst schleppen wir sie mit uns mit, wenn wir sterben. Abgesehen davon können in den finalen Momenten des Sterbens magische Dinge stattfinden, die den Sterbenden und diejenigen, die Zeuge seines Sterbens werden, verwandeln. Ich war zwanzig Jahre alt, als ich zum ersten Mal einen sterbenden Menschen begleitete. Eine meiner besten Freundinnen hatte lange gegen die Leukämie gekämpft, und obwohl sie einen kleinen Sohn und einen starken Lebenswillen hatte, schmiedete die Krankheit andere Pläne. Ihr Tod kam schnell. Den einen Tag ging es ihr noch so gut, dass sie meinen Sohn zu sich nach Hause zum Spielen eingeladen hatte, und den nächsten Tag wehrte sich ihr Körper gegen die Transfusionen, die sie am Leben hielten, und sie fiel ins Koma.

Das Schicksal wollte es, dass ich bei ihr zu Hause auftauchte, als sie im Sterben lag. Ihr Ehemann flehte mich an zu bleiben. Mehrere Stunden lang reiste ich mit meiner Freundin an die Schwelle des Todes. Während dieser Zeit war ich überrascht zu sehen, dass sie sich, nun ja, genau wie sie selbst verhielt. Sie tauchte immer wieder aus der Bewusstlosigkeit auf und war in den wachen Phasen großherzig und tapfer und wütend und sarkastisch. Aber je näher sie dem Tod kam, desto friedlicher wurde sie, und als sie ihre letzten Atemzüge tat, kam aus dem Nichts eine warme Brise und schwebte durch den Raum, obwohl es Januar war, obwohl die kalte Wintersonne gerade unterging und wir nicht daran gedacht hatten, den Holzofen vorzubereiten. Als der sonderbare Windhauch über sie hinwegzog, richtete sich meine Freundin plötzlich auf und öffnete die Augen. Ein dünnes Blutrinnsal tröpfelte aus ihrem Mund, aber dennoch sah sie strahlend schön aus und glücklicher, als ich sie je gesehen hatte. Und dann starb sie. Wer kann schon wissen, was sie in diesen Momenten vor dem Schritt über die Schwelle reingewaschen hat? Wer kann schon wissen, was sie auf die andere Seite mitnahm?

Obwohl mein Vater fünfundachtzig war, rechnete niemand mit seinem Tod. Ich glaube, wir gingen alle davon aus, dass er uns überlebt. Lange bevor es in Mode kam, war er bereits ein Gesundheitsfanatiker – er trank nicht, rauchte nicht oder ließ zu, dass Stress ihn von seinen Leidenschaften abhielt. Zu Lebzeiten war er abenteuerlustig, autoritär und selbstbezogen. Dito im Tod. Morgens war er zum Langlaufen in die Berge aufgebrochen und blieb den ganzen Tag draußen, wie er es oft getan hat. Meine gesamte Kindheit über verschwand er einfach ohne Vorankündigung im Wald. Wir saßen alle zusammen, beim Essen oder in ein Gespräch vertieft, und plötzlich war er weg. Und genauso starb er auch. Er kam aus dem Wald nach Hause, aß zu Abend und ging ins Bett. Gegen drei oder vier Uhr nachts wachte meine Mutter auf und hörte meinen Vater mit jemandem sprechen. Sie sagte zu ihm, er spräche im Schlaf. Er verstummte. Als meine Mutter morgens aufstand, fand sie meinen Vater tot vor. Er hatte sich in der Morgendämmerung davongeschlichen, in die jenseitige Wildnis.

Mein Freund Peter starb im Frühling 1996 an Aids. Nur einen Monat später ließ die Gesundheitsbehörde den dreifachen Medikamentencocktail zu, der viele von Peters Freunden rettete. Das passte zu Peter. Er war ungeduldig und impulsiv, und offensichtlich war es an der Zeit weiterzuziehen. Er starb im NYU Medical Center, wo so viele andere schöne junge Männer von der Sturzflut Aids hinweggetragen worden waren. Ein Freund und ich saßen stundenlang an seinem Krankenhausbett und versuchten, ihn zu trösten. Er konnte nicht mehr sprechen, hob aber seine Hände und wackelte mit den Fingern. Irgendwann verstanden wir seine Nachricht. Er war bereit, und unsere Schwarzseherei hielt ihn zurück. Wir gingen hinaus. Kurz darauf verstarb er. Der Gedanke an ihn macht mich nicht traurig. Er ging einfach nur als Erster, um uns den Weg zu zeigen. Ich habe das Gefühl, dass er eine Wahnsinnsparty für uns und seine Clique organisiert, wenn wir ihm folgen.

Meine Mutter starb ebenfalls so, wie sie gelebt hat – nie das meinen, was man sagt, die Stirn runzeln angesichts übertriebener Zurschaustellung von Gefühlen, Geheimnisse für sich behalten. Ich hatte immer geglaubt, ich würde vor ihrem Tod noch dieses eine Gespräch mit ihr führen, das die tief in ihrem Inneren verankerte Traurigkeit und Angst erklären würde. Aber zu dieser Unterhaltung kam es nie. Im Alter wurde sie nur noch geheimniskrämerischer.

Folglich hätte es keine große Überraschung sein sollen, dass meine Mutter den Ernst ihrer Erkrankung geheim hielt, sogar vor ihren Töchtern. Zu ihrer gewohnten Zurückhaltung, über sich selbst zu sprechen, kam noch ihr Christian-Science-Hintergrund, in dem Krankheit als eine geistige Verirrung gesehen wird und eben nicht als ein körperliches Leiden. Als Kinder erzählte uns unsere Mutter, dass Religion das Opium der Massen sei, aber gleichzeitig gab sie, wenn wir krank waren, Bibelzitate zum Besten, wie man die Illusion des Krankseins wegbetete. Als Kind ergab das für mich überhaupt keinen Sinn, vor allem da das Wort »beten« in unserem Familienlexikon ein Synonym für »Voodoo« war. Erst Jahre später, als ich eine Studie zu Christian Science erstellte, begriff ich, warum meine Mutter mich einen Hypochonder nannte, egal, ob ich eine gewöhnliche Erkältung oder ein gebrochenes Bein hatte. Als ich zwanzig war, musste ich das Studium ein Semester lang unterbrechen, weil ich mir durch verseuchtes Trinkwasser in Mexiko eine Hepatitis zugezogen hatte. Mehrere Monate lang war meine Haut gelb, und ich konnte kaum den Kopf vom Kissen heben, und meine Mutter verspottete mich immer noch und schimpfte mich einen Hypochonder.

Nach dem Tod meines Vaters zähmte meine Mutter ihre Launenhaftigkeit, verkaufte die Farm in Vermont, wo sie viele Jahre gelebt hatte, kaufte ein kleines Haus in der Stadt und reiste mit ihren Freundinnen durch die Weltgeschichte. Sie behielt ihre Arbeit als Herausgeberin ihrer Kleinstadtzeitung, sie lud die Familie über die Feiertage zu sich nach Hause ein, und sie blieb ein aktiver Teil ihrer Gemeinde. Die ganze Zeit über, so sollten wir bald erfahren, wurden ihre Gedärme von Morbus Crohn zerfressen, einer Autoimmunkrankheit, die man hätte behandeln können – doch sie zog es vor, sie zu ignorieren. Ab und zu klagte sie über Bauchschmerzen und machte zarte Andeutungen, manches sei nicht gut, aber nichts bereitete mich auf das Bild vor, das mich eines Tages erwartete, als ich sie besuchte. Ich fand meine Mutter gekrümmt vor Schmerzen auf dem Boden ihres Schlafzimmers.

»Marsh! Was hast du?«, rief ich unter Tränen. Ich hatte selten gesehen, dass meine Mutter Anzeichen normaler menschlicher Hilflosigkeit zur Schau stellte, und ganz gewiss keine körperlichen Schmerzen.

»Nichts«, versicherte sie mir, während sie sich mit Tränen in den Augen auf dem Boden hin und her wälzte. »Es passiert meistens nachmittags, und dann verschwindet es wieder.«

»Wovon redest du? Du hast doch was! Das ist doch nicht nichts. Du hast schreckliche Schmerzen!«

»Mir geht es gut«, stöhnte sie.

»Ich bring dich zum Arzt«, sagte ich.

In der Praxis warf die Arzthelferin einen kurzen Blick auf meine Mutter, rief einen Krankenwagen und schickte uns ins Krankenhaus. Meine Schwestern warteten dort auf uns, und wir traten die Reise an, die zum Tod unserer Mutter führte. Ich weiß, das Wort »Reise« wird überbeansprucht, aber es war im wahrsten Sinne des Wortes eine Reise, da wir die nächsten drei Monate damit verbrachten, zwischen unseren Wohnorten und dem Haus unserer Mutter hin- und herzupendeln. Wir wussten nie, wie wir sie am nächsten Tag vorfinden würden, wussten nie, welche Richtung wir einschlagen sollten und kamen uns vor wie Guerillas im amerikanischen Unabhängigkeitskrieg. Ich bin mir sicher, in den Ohren derjenigen, die schon mal auf dem kurvenreichen Weg des Ablebens eines Elternteils marschiert sind, klingt das vertraut.

Im Krankenhaus informierte uns der Arzt, dass sie an inneren Blutungen sterben würde, wenn er sie nicht sofort operieren würde. Als sie meiner Mutter die Formulare zur Einwilligung für den Eingriff brachten, stellte sie sich quer. »Ihr Mädchen entscheidet das«, sagte sie. »Es ist eure Entscheidung.« Was sollten wir denn tun? Natürlich unterschrieben wir die Formulare; natürlich entschieden wir uns für sie zu leben. Jetzt weiß ich, dass sie versucht hat, uns klarzumachen, dass sie sterben wollte. Durch die Einlieferung ins Krankenhaus hatten wir sie in die Enge getrieben, denn dort stand nur Leben zur Wahl. Sie muss gewusst haben, dass das Resultat der Operation ein Stomabeutel war. Und sie hatte nicht vor zu lernen, wie sie mit einem Beutel voll Exkremente lebt, der ihr um die Taille geschnallt wird.

Nach dem Eingriff wurde unserer Mutter gesagt, sie sei jetzt krankheitsfrei und könne ihr normales Leben fortsetzen, sobald sie den richtigen Umgang mit dem Stomabeutel erlernt hätte. Aber sie lernte es nicht. Sie aß nicht. Und sie sagte uns nicht, was sie wollte, außer auf diese verklausulierte Art und Weise, mit der sie uns bereits unser ganzes Leben lang in den Wahnsinn trieb.

Sie sagte: »Ich will nicht wieder ins Krankenhaus.«

Wir sagten: »Dann wirst du aber sterben.«

»Nein, das werde ich nicht. Ich werde mich einfach ausruhen, bis es mir wieder bessergeht.«

»Du musst dich nicht ausruhen«, sagten wir, »du musst etwas essen. Und trinken.«

»Nein, ich muss mich ausruhen. ›Erholung ist das beste Heilmittel‹«, sagte sie und zitierte damit einen ihrer Literaturhelden, an dessen Namen ich mich gerade nicht erinnere, es aber gerne tun würde, ihr zuliebe. Als Kinder ließ sie uns Gedichte, Teile von Psalmen und ganze Shakespeare-Monologe auswendig lernen. Ich erinnere mich immer noch Wort für Wort an Gedichte, die ich mit sieben vortragen konnte.

Wenn sie etwas sagte, meinte sie immer etwas anderes: Sie gelobte, dass es ihr besser ging, arbeitete sich aber langsam zu ihrem Tod vor. Sie hörte auf zu essen und zu trinken. Sie bestellte uns alle zu sich, nur um uns mitzuteilen, dass wir wegbleiben sollten. Wie Glucken tänzelten wir um sie herum – ihre Töchter, um die nie jemand herumgegluckt war. Wir berührten sie, redeten mit ihr und liebten sie mit einer Leidenschaft, die zu zeigen man uns nie zuvor erlaubt hatte.

Einen Tag vor ihrem Tod hörte sie auf zu sprechen, aber sie zog weiterhin auf die Art und Weise ihre Augenbrauen hoch, wie sie es immer tat, wenn sie etwas ganz anderes meinte, als sie gerade sagte. In ihrer letzten Stunde sagte sie unverständliches Zeug zu jemandem oder etwas Unsichtbarem in der Zimmerecke, aber als wir sie fragten, mit wem sie da redete, blickte sie zur Seite. Und dann, obwohl ihre Lebenskraft zu Asche verglüht war, wechselte sie ein letztes Mal den Kurs und gab einen glühenden, feurigen Stab an Maggie weiter.

Noch Wochen später telefonierten meine Schwester und ich jeden Tag miteinander. Ihr Tod ließ uns ratlos zurück. »Warum hat sie das getan?«, fragte eine von uns. Und die andere sagte: »Der Arzt meinte doch, sie sei jetzt krankheitsfrei und könne noch viele Jahre leben. Warum wollte sie sterben?« Jeden Tag diskutierten wir es aufs Neue: Zweifelte sie daran, dass sie jemals wieder gesund genug werden würde, um ein selbstständiges Leben zu führen? Hatten die jahrelang geheim gehaltenen Schmerzen ihr zu viel abverlangt? Hatte sich das Christian-Science-Blatt wegen des Stomabeutels gewendet?

Und dann wiederholte Maggie jedes Mal ihre Totenbett-Vision des goldenen Stabs, der einen Schweif aus warmem grünem Licht hinter sich herzog, und wie er aus der Brust meiner Mutter herausgeschossen kam und in Maggies Bauch eintrat, und dann bewunderten wir das letzte Geschenk unserer Mutter. Es war fast so, als entzündete sich ihr Herz aus Liebe und als ließ sie in diesem Moment glühender Hitze ihr lebenslanges Versteckspiel hinter sich. Sie tauchte bis ins Mark in ihr Innerstes ein, und aus dieser Tiefe schickte sie einen Lichtblitz auf den Weg zu Maggie.

Ich erinnere Maggie an den Blitz, als wir das nächste Mal telefonieren. Sie schickt mir ihre letzte Feldnotiz, und ich lese sie als ein Vertrauensvotum, was unsere kürzlich geführten Gespräche angeht.

feldnotizen • 15. dezember

erstaunlich. gelbes feuer. grüne güte. das ist es, was aus unserer mutter herauszischte und direkt in mir einschlug. mitten in mich hinein. so fühlte es sich zumindest an – wie ein stab aus kraft. obwohl jetzt tränen fließen, bin ich heute dankbar für diese ungeheure stärke, die ich besitze, um weiterzugehen und den tod zu empfangen, wenn er kommt. Ich wünsche mir, allen menschen ginge es so. bin ich traurig? ja, aber heute ist mir das loch in der wolkendecke aufgefallen, und für einen augenblick ließ ich alles los und spürte das warme glimmen eine nanosekunde lang. es fühlte sich gut an. es fühlte sich wie liebe an. Vielleicht ist genau das der tod. völliges, totales loslassen der kontrolle und dadurch in eine noch nie erfahrene welt eintreten. heute bin ich glücklich darüber zu sehen, wie einladend der tod sein wird. das alles ist ein geschenk, seht ihr das nicht? manche von uns haben glück. also, danke, marsh, dass du mir diesen feuerstab mit dem grünen schweif überreicht hast. dass du deine verborgene stärke an mich weitergegeben hast, die du im leben gaga fandest. hör mal, marsh, du hast 4 unglaublich tolle frauen großgezogen, du bist zurück an die schule gegangen und hast freche highschool-gören unterrichtet und warst die beste lehrerin, die sie je hatten, du hast in vt ein haus von deinem geld gekauft, du hast uns alle gen norden verfrachtet, du bist mit einem tyrannischen ehemann klargekommen, mit wilden teenager-töchtern, du hast eine zeitung gegründet, du warst ein fester bestandteil deiner stadt, du hast in der stadtverwaltung gestritten, dich um deine enkel gekümmert, du hast lebensmittel angebaut und für alle gekocht und gestrickt und gelesen und kinder betreut, du bist in nyc bei friedensmärschen mitgelaufen, du hast leute unterstützt, damit sie gewählt wurden, das alles hast du getan, aber dein fluch war, dass du wolltest, dass alle dich mögen. dass du nicht wusstest, wie man nein sagt. du konntest nie nein sagen. weißt du noch, wie du am telefon bliebst, obwohl du müde warst oder spät dran oder aufs klo musstest? wie du dir mal in die hose geschissen hast, weil du nicht sagen konntest, tut mir leid, ich habe morbus crohn und kann meinen darm nicht kontrollieren, ich muss jetzt auflegen … du musstest dich nicht verstecken, marsh. du hättest sagen können, was du meinst. du hattest es verdient. ich musste erst krebs kriegen, um das zu verstehen. es tut mir leid, dass du gestorben bist, bevor du es verstanden hast.

MANIPURA

In fernöstlichen spirituellen Denktraditionen glauben die Menschen, dass sie zwei Körper besitzen: einen physikalischen und einen feinstofflichen. Der physikalische Körper ist aus weltlichen Bestandteilen geformt, während der feinstoffliche aus energetischem Zeug besteht. Bitte zitieren Sie mich nicht. Die beiden Körper stehen in einer Wechselwirkung miteinander – wie offen die beiden ineinanderfließen, bestimmt den Zustand unserer rein körperlichen Gesundheit, unserer psychischen Ausgeglichenheit und unseres spirituellen Gespürs. Dieser Fluss kann in den Chakren blockiert werden. Chakra ist das sanskritische Wort für jedes einzelne der sieben Energiezentren des feinstofflichen Körpers.

Nehmen wir mal an, Sie halten seit Jahren mit Ihrer Meinung hinterm Berg und sagen nie, was Sie für richtig halten, und fordern nie ein, was Sie wollen. Wenn Sie einen chronischen Husten kriegen, sagt Ihnen ein fernöstlicher Heiler vielleicht, dass Ihr fünftes Chakra, das Kehlchakra, durch unterdrückte Wut blockiert wurde, und dass Sie, wenn Sie die Wahrheit sagen, den Heilungsprozess beschleunigen könnten. Jedes der sieben Chakren wird mit unterschiedlichen gesundheitlichen Herausforderungen und Heilungsmöglichkeiten in Verbindung gebracht – körperlichen und seelischen.

Nach dem Tod meiner Mutter verspürte ich eine große Leere – als hätte sie sich so schnell wie nur irgend möglich vom Acker gemacht. Es fühlte sich ganz anders an als bei meinem Vater, der nach seinem Tod mein ständiger Begleiter wurde, mein Lotse. Ich nahm ihn um mich und in mir wahr, und er war mir im Tode näher, als er es jemals im Leben gewesen war. Erst mit seinem Tod begriff ich, dass wir im Leben perfekt zusammengepasst hatten. Dass er der Vater war, den ich in dieser Runde auf Erden gebraucht hatte.

Die Gegenwart meiner Mutter hingegen konnte ich nach ihrem Tod überhaupt nicht spüren. Ich wollte es aber unbedingt. Ein Freund schlug vor, mich mit einem Hellseher zu treffen, einem Medium, das zwischen den Welten aus Form und Geist hin- und herwechselte – genau die Art von Mensch, die meine Mutter entsetzlich gefunden hätte. Ich leistete bei meiner Mutter Abbitte für den Besuch bei dem Medium. Und meine Mutter tauchte kein einziges Mal als reales Wesen auf, mein Vater hingegen schon. Das Medium versank in Trance, und innerhalb von Sekunden berichtete es mir, dass zwei Menschen bei uns waren, einer namens Bob und noch ein anderer. »Na ja, er behauptet, er sei dein Vater«, sagte das Medium. »Sie lachen und reden darüber, dass nicht genug Schnee liegt. Ergibt das einen Sinn für dich?«

»Ja«, sagte ich dem Medium. »Bob war der beste Freund meines Vaters. Er starb vor Kurzem. Sie kämpften im Zweiten Weltkrieg gemeinsam bei den Skijägern. Sie liebten Skifahren, und sie liebten Schnee. Sie wollten immer mehr davon.« Ich war erstaunt. Wie war das möglich? Woher wusste das Medium diese Dinge über meinen Vater, über Bob?

»Na ja, sie sind ziemlich glücklich und sogar feierlich«, fuhr das Medium fort. »Sie wollen dich wissen lassen, dass sie sich um alle Mädchen kümmern. Sie wollen, dass du das weißt. Ergibt das einen Sinn?«

»Ja«, antwortete ich und war erneut total erstaunt, wie viel Sinn es ergab. »In ihren beiden Familien zusammen gibt es sechs Mädchen – also eigentlich acht, wenn man die Mütter mitzählt. Und wo wir gerade über Mütter reden«, frage ich, »ist meine Mutter da?«

Das Medium schweigt. Ich beobachte sein Gesicht. Seine Augen sind geschlossen, und es zieht Grimassen und räuspert sich mehrere Male. »Da! Ich konnte nur einen flüchtigen Blick auf sie werfen«, sagte es. »Sie kam und verschwand so schnell wie eine Sternschnuppe. Das ist alles.«

Im restlichen Verlauf der Sitzung tauchten noch andere Menschen, die hinübergegangen waren, im Raum oder im Bewusstsein des Mediums auf, oder wie immer man so ein Phänomen beschreiben möchte. Manche von ihnen konnte ich nicht identifizieren, andere wiederum kannte ich. Und dann schlossen sich die Türen, das Medium öffnete die Augen, und da waren wir, zwei Menschen aus weltlichem Stoff geformt.

»Ich habe eine Frage«, sagte ich zu dem Medium. »Geht das?«

»Natürlich«, antwortete es.

»Was bedeutete das, als Sie sagten, meine Mutter kam und verschwand so schnell wie eine Sternschnuppe?«

»Keine Ahnung«, entgegnete das Medium. »Ich kenne Ihre Mutter nicht. Was denken Sie, was es bedeutet?«

Also erzählte ich ihm von der Krankheit meiner Mutter und ihrem schwierigen Tod und Maggies Vision am Sterbebett – von dem Stab aus geschmolzenem Eisenerz, den sie aus der Brust unserer Mutter aufsteigen sah, und wie er in ihren Körper eintrat.

»Wo am Körper?«, fragte das Medium.

»Über dem Nabel und unterhalb des Brustkorbs. Mitten hinein.« Ich zeigte ihm die Stelle auf meinem eigenen Bauch.

»Oh, Sie meinen ihren Solarplexus. Natürlich. Das Manipura-Chakra«, sagte das Medium, als hätte ich etwas völlig Normales beschrieben und als wäre seine Antwort die einzig naheliegende. »Das würde einen Sinn ergeben.« Es nickte mit dem Kopf.

»Was würde einen Sinn ergeben?«

»Dass Ihre Mutter von ihrem Anahata-Chakra aus eine Nachricht an das Manipura-Chakra Ihrer Schwester schickt.«

»Warum würde das einen Sinn ergeben?«

»Weil ich bei dem Erscheinen Ihrer Mutter das Gefühl hatte, dass sie etwas sagen wollte, aber Schwierigkeiten hatte, es zum Ausdruck zu bringen. Ergibt das einen Sinn?«

»Ja«, sagte ich. »Das ergibt ganz sicher einen Sinn.«

»Wissen Sie, das Anahata-Chakra Ihrer Mutter war wahrscheinlich ihr ganzes Leben über blockiert. Anahata ist der Sitz des Herzens, der Sitz der Liebe«, fuhr das Medium fort. »Während man im Sterben liegt, übernimmt der feinstoffliche Körper das Ruder, und manchmal bekommt man eine letzte Chance, etwas zu verändern oder für etwas Wiedergutmachung zu leisten. Brauchte Ihre Schwester mehr von ihr?«

»Wir alle brauchten mehr von ihr!«

»Es sieht so aus, als hätte sie Liebe zu der Person im Raum gesandt, die es am meisten brauchte. Sie schickte Ihrer Schwester eine Nachricht, von feinstofflichem Körper an feinstofflichen Körper.«

»Wie lautete Ihrer Meinung nach diese Nachricht?«, fragte ich.

»Nun ja, sie schickte die Energie aus ihrem Anahata-Chakra ins Manipura-Chakra Ihrer Schwester«, sagte das Medium. Es schloss wieder die Augen, als würde es über ein schwieriges mathematisches Problem nachdenken, und sprach schließlich leise und schnell mit sich selbst. »Also gut. Sie schickte ihre wertvollste Ressource – Liebe – zu Ihrer Schwester. Liebe entzündet Feuer. Feuer ist Selbstwert. Persönliche Stärke.« Es schlug die Augen auf und sah mich an. »Verschenkt Ihre

Schwester ihre Kräfte? Weiß sie, wie sie ihr Innerstes vor Kräfte raubenden Vampiren schützt?«

»Kräfte raubende Vampire?«

»Ja, es gibt Menschen, die nehmen und nehmen und nehmen, bis man Ihnen Grenzen setzt. Bis man sein innerstes Selbst schützt.«

»Wahnsinn«, sagte ich, »Sie wissen das alles über meine Schwester nur durch diese eine Geschichte?«

»Nein«, erwiderte das Medium, »ich weiß es, weil Menschen überall auf der Welt gleich sind. In Indien, Kalifornien, Vermont, ganz egal. Wo immer ich hingehe, verhalten sich Menschen so. Wir stecken fest. Manche von uns stecken in diesem Chakra fest, andere in jenem. Dann versuchen wir, uns frei zu strampeln und unsere Lektion zu lernen. Oder auch nicht, und dann findet die Seele einen anderen Ort, andere Leben, andere Wege, um zu lernen und sich weiterzuentwickeln.«

»Glauben Sie denn, dass meine Schwester ihre Lektion lernen wird?«, fragte ich, ohne zu wissen, mit was sie es binnen Jahresfrist zu tun bekommen würde. Ohne zu wissen, dass ihre Ehe zerbrechen und sie kurz darauf krank werden würde.

»Ja, ich denke, das wird sie«, sagte das Medium. »Ich habe das Gefühl, sie hatte einen Mangel an gelber Energie, und das kann dazu führen, dass man sich übertrieben damit beschäftigt, was andere Menschen von einem halten. Es kann zu Unbeweglichkeit und Irritationen führen. Aber Feuer reinigt die Vergangenheit und heizt das spirituelle Vorankommen an. Es drängt sie dazu, Risiken einzugehen. Ihre Mutter schickte ihr einen Schuss gelbe Energie.«

»Gelbe Energie?«

»Oh ja, entschuldigen Sie«, sagte das Medium. »Jedem der Chakren ist eine bestimmte Farbe zugeordnet. Manipura ist gelb. Ich spreche oft in Farben, wenn ich über die Chakren rede.«

»Was ist die Farbe des anderen Zentrums – das, von dem aus meine Mutter ihre Nachricht verschickt hat?«

»Anahata. Sitz des Herzens. Grün. Grün ist die Farbe des Herzens. Die Farbe der Liebe. Macht das Sinn für Sie?«, fragte das Medium ein letztes Mal.

Und ein letztes Mal nickte ich. Ja, es ergab einen Sinn. Es war, als wäre er dabei gewesen, als meine Mutter starb und als Maggie nach Luft rang und der gelbgoldene Stab in ihren Solarplexus zischte, wie ein Meteor, der einen Schweif aus grünem Licht hinter sich herzog. Und dieses grüne Licht badete sie in der Liebe, die sie brauchte, um ihre Tage durchzustehen, den ganzen Weg bis zum letzten.

SILVESTER

An Silvester ruft Maggie tagsüber an und bittet mich darum, sie aus dem Krankenhaus abzuholen und nach Hause zu bringen. Alle Therapien wurden eingestellt, das Hospiz ist benachrichtigt. Erneut trete ich die Reise gen Norden ins Dartmouth Medical Center an und bin froh darüber, einer Silvesterparty zu entgehen, froh darüber, allein im Auto zu sitzen, obwohl ich Angst habe vor dem, was noch kommen wird, froh darüber, wieder auf dem Weg zu Maggie zu sein. Ich komme an, als sie gerade in den OP gebracht wird, um einen Port in die Lunge gelegt zu bekommen, damit die Flüssigkeit abfließen kann, wenn sie zu Hause ist. Die Ärzte hoffen, dass es ihr noch eine Weile Erleichterung bringen wird, obwohl niemand näher darauf eingeht, was »noch eine Weile« bedeutet. Tage? Wochen? Niemand kann – oder will – ins Detail gehen.

Ich packe ihre wenigen Sachen zusammen – ein Buch, einen Zeichenblock, ihren Mantel, ihre vom Schlamm verdreckten Schuhe. Dann setze ich mich auf den unbequemen Stuhl am Fenster, in dem ich bereits so viele Male zuvor gesessen und geschlafen habe, darauf eingestellt, wieder zu warten. Aber Maggie wird kurz darauf zurück ins Zimmer gerollt. Den Eingriff durchzuführen war unmöglich. Sie konnten überhaupt nicht damit anfangen, denn ihr linker Lungenflügel ist so dicht von einer Schicht aus Tumorzellen ummantelt, dass die Thoraxdrainage nicht durchdringen konnte. Sie wird ohne den Drainageport nach Hause fahren müssen. Maggie ist am Boden zerstört. Das hier ist der letzte Eingriff, der letzte in einer langen

Reihe aus gescheiterten Versuchen, den Krebs zu besiegen. Der letzte Strohhalm. Sie bricht in Tränen aus. Mehrere Pfleger und Pflegerinnen kommen herbeigeeilt, um sie zu trösten, auch der Dienst habende Arzt, ein junger niedergelassener Mediziner, der über die Feiertage die Stellung hält. Ich überlasse Maggie ihrer Fürsorge und gehe in die Krankenhausapotheke, um einen Haufen Schmerzmittel zu besorgen, die jemand vom Hospiz ihr zu Hause verabreichen wird.

Als ich zurückkomme, wartet Maggie zum Aufbruch bereit in einem Rollstuhl auf mich. Der Arzt kniet daneben; er redet leise mit ihr und streichelt ihr über den Kopf. Das Pflegepersonal – über einen so langen Zeitraum Maggies Helden – weint, als wir uns auf den Weg machen. Ihre Lieblingspflegekraft, ein stämmiger Mann mit dreckigem Humor, schiebt sie durch die Flure und bis zu meinem Auto. Er beugt sich vor und flüstert ihr etwas ins Ohr. Dann baut er auf der Rückbank ein Nest aus Decken und Kissen, die er aus dem Krankenhaus geklaut hat. Er hebt Maggie aus dem Rollstuhl, hält sie im Arm, beide weinen. Dann bettet er sie auf die Rückbank, schmeißt die Autotür zu und wartet auf dem Bürgersteig, bis wir wegfahren.

Ich spüre, dass Maggie Bilanz zieht, was hier gerade passiert. Das hier war ihr letzter Krankenhausaufenthalt. Das letzte Mal, dass wir die schöne Autofahrt gen Süden machen. Die Sonne geht an diesem letzten Tag des Jahres unter und schickt pinkfarbene Strahlen durch den stahlgrauen Himmel. Während ich fahre, schläft sie; sie hustet, wacht auf, sie übergibt sich. Ich halte am Seitenstreifen an und säubere sie, fahre wieder los, bleibe wieder stehen. Es ist dunkel und kalt, als wir zu Hause ankommen. Ich bin ausgelaugt, und sie ist kaum noch am Leben.

An diesem Abend kommen Norah und Hayden mit ihren Partnern, um bei ihr zu sein. Während ich das Abendessen zubereite, versammeln sie sich im Wohnzimmer um Maggie.

Sie ist nur noch ein Häufchen Elend auf dem Sofa, einzelne Haarbüschel stehen von ihrem Kopf ab – und ihr Gesicht ist schmal und erhitzt. Sie hängt an einem Sauerstofftank, der regelmäßig ein zischendes Geräusch von sich gibt. Ich bringe jedem einen Teller Suppe, und Maggie sieht uns beim Essen zu – ihre großen braunen Augen noch größer als jemals zuvor und besorgniserregend blank. Jetzt, wo sie zu Hause ist, ist sie nicht so betäubt; sie ist wach, aufmerksam, und sie hat Schmerzen. Nachdem alle gegessen haben, wasche ich das Geschirr ab. Die Kinder wollen sich auf den Weg machen, als Maggie uns zu sich ruft.

Sie will uns ein paar Dinge mitteilen, sagt sie. Und dann legt sie los und richtet sich hauptsächlich an Norah und Hayden. In einem Redeschwall, unterbrochen von Hustenanfällen, sagt sie ihren Kindern, wie sehr sie sie vermissen wird, wie leid es ihr tut, dass sie sie viel zu früh verlassen muss, wie stolz sie auf sie ist. Sie sagt ihnen, wie man zu guten Eltern wird, zu guten Partnern. Sie schüttet ihnen ihr Herz aus und zählt auf, was ihr alles leidtut. Sie erinnert sie daran, wer alles für sie da sein wird, wenn sie weg ist.

Sie sagt uns, wie sie sterben möchte, wen sie mit im Raum haben möchte, wo ihre Asche verstreut werden soll. Sie sagt uns, was der Lieblingspfleger ihr heute ins Ohr geflüstert hat, als sie das Krankenhaus verließ: dass er schon viele Menschen hat sterben sehen, und dass die, die am stärksten liebten und am erfülltesten lebten, die sind, die am traurigsten sind, gehen zu müssen, weil sie das Leben lieben. Sie sagt uns, dass sie das Leben liebt, und dass wir es ebenfalls lieben sollten.

»Am Anfang ist Liebe«, sagt sie. »Liebt euch und liebt jeden Klumpen Dreck und jeden Baum auf Erden.« Sie hört auf zu sprechen, weil sie husten muss, und noch mal, um durchzuatmen. Sie schließt die Augen. Wir warten.

Ihre Augen öffnen sich. »Bäume«, sage sie. »Wisst ihr, wie sehr ich Bäume liebe? Und wie stolz ich auf dich bin, Hayden, dass du dich um die Wälder kümmerst? Und dass du, Norah, dich um das Land kümmerst? Ich könnte keine besseren Kinder haben.« Ihre Augen werden beim Sprechen immer runder und klarer, bis sie schließlich vor Erschöpfung mitten im Satz einschläft. Die Kinder gehen, und Oliver bringt Maggie nach oben ins Bett. Ich schleppe mich ins Gästezimmer, in das Bett, in dem ich so viele Nächte verbracht habe. Wie viele Nächte werde ich hier noch liegen?

Liebt, hat Maggie uns aufgetragen. Liebt die Erde und liebt euch. *Am Anfang ist Liebe,* sagte sie. Plötzlich begreife ich, dass Maggie eines der größten Rätsel aller Zeiten gelöst hat: Was war zuerst da, das Huhn oder das Ei? Keins von beiden. Liebe ist der Anfang. Mit Liebe fing alles an, und deshalb sollte sie für uns an erster Stelle stehen.

Ich muss noch etwas erledigen. Ich hole meinen Computer und stelle fest, dass es kurz vor Mitternacht ist, und da fällt mir ein – heute ist Silvester. Ich schreibe Jo eine E-Mail. Ich erzähle ihr, was heute passiert ist. Ich erzähle ihr, dass Maggie sie bei sich haben will, wenn sie stirbt. Ich erzähle ihr, dass ich mein Bestmögliches getan habe, und auch wenn ich nicht alles perfekt gemacht habe, war es irgendwie das, was Maggie gebraucht hat. Ich bitte sie um Vergebung für die vielen Situationen, in denen ich unserer Schwesternschaft nicht gerecht geworden bin, und ich verspreche ihr, in Maggies Namen, mich zu bessern. Ich schreibe es als Gebet, und schicke es los, als das alte Jahr zu Ende geht.

DIE ART VON VOGEL, DIE DIR SAGT WIE

Vor zwei Tagen war Maggie dem Tode nah. Zumindest dachten wir das. Sie stand unter Morphin; sie verlor immer wieder das Bewusstsein und schlief viel und lange. Sie atmete hektisch, weil sich die Lunge mit Wasser füllte und die Atemluft buchstäblich aus ihr herauspresste. Die Pflegerin aus dem Hospiz gab uns den Hinweis, dafür zu sorgen, es ihr immer so bequem wie möglich zu machen.

Und dann, heute Morgen, sitzt sie im Bett und sagt in einem Schub von luzidem Bewusstsein und Kolibri-Energie, sie müsse sicherstellen, dass der letzte der *Verwilderte-Samen*-Drucke richtig gerahmt würde, bevor wir sie in die Galerie brächten.

»Wir?«, fragt Oliver.

»Ja«, antwortet Maggie. »Ich will vor Donnerstag in die Galerie fahren und sehen, wie sie die Ausstellung hängen. Heute ist Mittwoch, oder?«

»Himmel noch mal, Maggie«, sage ich, »woher weißt du, welcher Tag heute ist?«

»Wir haben nicht viel Zeit, also beeilen wir uns besser«, lautet ihre Antwort. Sie isst zwei winzige Happen Rührei, und dann rollen wir durch den Schnee in ihr Atelier und gesellen uns zu den Freunden, die rund um die Uhr gearbeitet haben, um die Drucke für die Vernissage von *Verwilderte Samen* zu rahmen, die tatsächlich am Donnerstag stattfinden wird. Mit einer Demonstration von Super-Kolibri-Energie wirbelt Maggie selbstständig im Rollstuhl durchs Atelier, mit dem Sauerstofftank im Schlepptau, und überwacht das Rahmen.

Am nächsten Tag, nach einer schlaflosen Nacht voller Schmerzen und Hustenanfällen, besteht Maggie darauf, zur Galerie zu fahren. Oliver und ich packen sie warm ein – ihre ganzen vierzig Kilo – und tragen sie durch die minus zwölf Grad kalte Luft zum Auto, setzen sie hinein und fahren über den Highway zur Galerie. Ihre Kinder warten dort auf uns. Ich habe ein Foto von diesem Tag – von Maggie im Rollstuhl, mit einem Kotzeimer auf dem Schoß, in einem Daunenmantel, der ihr letzten Winter noch passte, aber jetzt wirkt, als wäre er für einen Riesen gemacht worden. Während der kommenden Stunde ist sie voller Leben und glücklich darüber, ihre Kunst zu sehen – die botanischen Werke aus getrockneten Halmen und verwelkenden Blättern und der Explosion aus zerquetschter Beerenfarbe, die über den Rand des Rahmens quillt.

Aber bald wird sie müde. Auf der Rückfahrt wird ihr furchtbar übel, sie würgt und übergibt sich immer wieder in den Eimer und redet mit Menschen, die nicht im Auto sitzen.

Als wir nach Hause kommen, gehe ich hoch ins Schlafzimmer, wechsle die Bettwäsche, schüttele die Kissen, räume das Zimmer auf, und dann bringt Oliver Maggie nach oben ins Bett. Draußen ist der silberfarbene Himmel von Strahlen der untergehenden Sonne durchzogen. Die Flocken des Schneegestöbers fangen das dämmrige Licht ein, und einen Moment lang glitzert alles, und alles fühlt sich vollendet an.

Maggie ruht sich eine Weile aus, und ich stehe auf, um mich aus dem Zimmer zu schleichen, weil ich glaube, dass sie eingeschlafen ist. Aber sie schlägt die Augen auf und sieht mich an.

»Und was muss ich jetzt tun, Liz?«, fragt sie. »Einfach nur warten?«

»Ja, genau, jetzt wartest du einfach. Mehr musst du nicht tun.« Ich setze mich wieder hin.

Sie hat so lange gegen den Krebs gekämpft, dass sie nicht mehr weiß, wie sie damit aufhören soll. Sie hat darum gekämpft, uns nicht verlassen zu müssen – ihre Familie, ihr Zuhause, ihr Land, ihre Kunst, alles. Das Leben, das sie hier auf Erden geliebt hat.

»Die Ausstellung ist wunderschön, Maggie«, sage ich. »Du solltest stolz sein.«

»Ja, genau«, sagt sie. »Wunderschön.«

»Wie hast du herausgefunden, wie du diese riesigen Drucke herstellen kannst?«, frage ich. »Sie sind so anders als alles, was du bisher gemacht hast. Wie hast du das geschafft?«

»Auf die gleiche Art und Weise, wie ich andere Sachen gemacht habe, vor denen ich Angst hatte.« Es strengt sie furchtbar an, die Worte in der richtigen Reihenfolge herauszubringen.

»Wie?«, frage ich.

Aber sie ist eingeschlafen. Kurz darauf öffnet sie wieder die Augen und sagt: »Eine Spottdrossel hat es mir gesagt. So habe ich das geschafft.«

»Eine Spottdrossel?«

»Nein, keine Spottdrossel.« Sie schließt wieder die Augen, und ihr Atem wird schneller. »Keine Spottdrossel«, wiederholt sie, »ich meine diesen Vogel, der dir sagt, wie. Dieser Vogel«, keucht sie, »dieser Vogel, der dir sagt, wie … der dir sagt, wie du die Sachen machst, vor denen du Angst hast.«

Seit einigen Tagen spricht sie in Rätseln. Manchmal ergibt es überhaupt keinen Sinn. Manchmal denke ich, dass das, was herauskommt, eine versteckte Bedeutung hat, und manchmal denke ich, sie spricht aus einer anderen Welt mit mir, oder vielleicht ist es auch nur das Morphin. Aber heute Abend hat sie kein Morphin in sich, und sie war den ganzen Tag über präsent und bei Kräften.

Also frage ich sie: »Ist der Vogel jetzt hier?«

»Ich muss los, ihn ausfindig machen«, sagt sie. Wieder schließt sie die Augen und fällt in einen unruhigen Schlaf.

Ich sitze lange bei ihr im Schlafzimmer. In dem gedämmten Licht beobachte ich das pulsierende Blut in ihrem Hals. Mein Blut. Ihr Blut. Maggie-Liz. Ich denke daran zurück, als Millionen von Stammzellen aus meinem Knochenmark geerntet und in Maggies Blutkreislauf transplantiert wurden. Wie sie sich dort niedergelassen und vermehrt haben, damit sie leben konnte. Und wie sie gelebt hat – mit mehr Maggiesein als je zuvor. Ich versuche, den Sinn zu erkennen – wie unser miteinander Einswerden uns beiden mehr Sicherheit verliehen hat, wir selbst zu sein, und wie ein Teil von mir sterben wird, wenn sie stirbt.

Ich nehme Maggies Hand und halte sie sanft umschlossen. »Nimm etwas von mir mit, Mags«, flüstere ich. »Und lasse etwas von dir zurück.« Die Nacht umhüllt uns. Maggie hört auf zu keuchen und schläft jetzt fester. Ich hoffe, sie findet die Art von Vogel, die dir sagt wie, und ich hoffe, dass er sie in die Kunst einweiht, wie man ins Licht fliegt.

Am nächsten Morgen berichtet mir Oliver, Maggie hätte die ganze Nacht über gehustet und Schmerzen gehabt. Die Pflegerin aus dem Hospiz kommt vorbei, redet lange mit Maggie und passt die Dosis des Schmerzmittels an. Ich fahre in die Stadt, um das Rezept in der Apotheke einzulösen und um mal rauszukommen und den Kopf freizukriegen. Im Lebensmittelladen begegne ich zufällig einer Freundin von Maggie, eine Arbeitskollegin, die viele sterbende Menschen betreut hat. Ich erzähle ihr von Maggies Zerrissenheit, in der einen Minute um ihr Leben zu kämpfen und in der nächsten sterben zu wollen.

»Sie scheint von beidem nicht zu wissen, wie sie es anstellen soll«, sage ich.

»O doch, das weiß sie«, sagt die Freundin. »Mach dir keine Sorgen. Sie verrichtet jetzt eine wichtige Arbeit. Sie vollendet das Curriculum.«

»Das Curriculum?«

»Das Curriculum der Rückschau aufs Leben. Ihr lernender Blick geht in beide Richtungen – die Vergangenheit abschließen und in die Zukunft schauen. Und wie ich Maggie kenne, macht sie gerade eine Doktorarbeit daraus.«

Wir unterhalten uns noch ein bisschen. Ich verlasse den Laden und steige ins Auto. Plötzlich klopft es am Fenster. Maggies Freundin steht draußen in der klirrenden Vermonter Kälte, ihr Atem bauscht sich zu Wölkchen. Ich öffne das Fenster.

»Noch etwas«, sagt sie. »Vielleicht zieht es sich ganz zum

Schluss für Maggie ein bisschen in die Länge. Vielleicht liegt sie stundenlang still da, und ihr fragt euch, was ihr tun sollt. Sie soll sich die Zeit nehmen. Sie wird das Curriculum vollenden. Sie wird wissen, wann es Zeit ist zu gehen.«

In dieser Nacht erleidet Maggie die Art von Schmerzen, die selbst Morphin nicht unterdrücken kann, und dazu den Schrecken, beinahe in ihrer wassergefüllten Lunge zu ertrinken. Am Morgen teilt sie Oliver mit, heute sei der Tag, an dem sie sterben möchte. An dem sie die In-Würde-sterben-Pillen nehmen wird. Die beiden bleiben lange oben, und als Oliver endlich herunterkommt, muss ich ihn nur kurz ansehen, um zu wissen, dass Maggie sich entschieden hat.

»Ist sie sich sicher?«, frage ich ihn

»Ja«, sagt er. »Ich glaube schon.« Er setzt sich an den Tisch, vergräbt den Kopf in den Händen und weint. Ich lege einen Arm um ihn, und wir weinen gemeinsam.

»Sie hat etwas unglaublich Schönes gesagt«, flüstert Oliver, »sie sagte: ›Gestern wäre zu früh gewesen, aber morgen wird es zu spät sein.‹«

Ich gehe nach oben. »Heute ist es so weit, Liz«, sagt Maggie, als ich ins Schlafzimmer komme.

»Warum heute?«

»Weil gestern zu früh gewesen wäre«, antwortet sie, »aber morgen wird es zu spät sein. Das ist mir letzte Nacht klargeworden. Ich habe es mir immer und immer wieder gesagt. So kann ich keinen einzigen Tag weitermachen. Zu starke Schmerzen, zu viel Husten. Und ich habe alles abgeschlossen, was ich abschließen musste. Und es wird zu spät sein, wenn ich noch viel länger warte. Es ist an der Zeit.« Ihre Stimme klingt gefestigt. Was sich vorher wie Wut angefühlt hat, fühlt sich jetzt wie Mut an. Was vorher wie ein verzweifelter Energieschub gewirkt hat, als sie sich aufbäumte, um die Drucke fertigzustellen und die Galerie zu besuchen, fühlt sich jetzt an wie Wind, der aus einer anderen Welt zu uns weht.

Oliver kommt wieder nach oben. Wir versichern Maggie, dass wir sie verstehen und ihr helfen werden; wir werden ihr beistehen. Sie bittet uns, ihre Kinder anzurufen, deren Partner und Katy und Jo. Sie möchte, dass alle bis dreizehn Uhr da sind. Nacheinander trifft ihr Team ein. Der Wind aus der anderen Welt peitscht ums Haus. Er füllt Maggies Segel. Sie geistert durch alle Räume und verpasst Möbelstücken und Bildern Aufkleber, von denen sie möchte, dass bestimmte Leute sie bekommen. Die Klebezettel fallen ab, kaum dass sie den betreffenden Raum verlassen hat, weggeweht von demselben Wind, der Maggie antreibt. Sie setzt sich an den Küchentisch und schreibt Briefe an Freunde. Und schließlich bittet sie ihre Kinder, sie nach oben zu begleiten. »Aber lasst mich eigenständig gehen«, befiehlt sie.

Sie machen sich auf den Weg, Maggie allen voraus, gefolgt von Hayden und Norah, und verschwinden in ihrem Zimmer. Der Rest von uns verharrt unten, in der Wildnis dieser unvorstellbaren Reise.

Zwei Uhr nachmittags, drei Uhr. Wir fragen uns, was wir tun sollen. Vier Uhr nachmittags. Der Tag ist fast vorbei. Ich beschließe, nach oben zu gehen. Und da sind sie, die drei Liebsten, und halten sich in dem Boot, zu dem Maggies Bett geworden ist, aneinander fest.

»Liz«, sagt Maggie.

Die Kinder steigen aus dem Boot.

»Und jetzt?«, fragt sie.

»Ist es so weit? Bist du bereit? Möchtest du es tun?«, frage ich.

»Ja«, sagt sie. »Ich weiß nur nicht, wie.«

Ich denke an den Vogel, von dem Maggie gesprochen hat, der Art von Vogel, die dir sagt, wie. Ich flehe ihn an, mir den

Weg zu weisen. Ich habe keine Ahnung, was ich tun soll. Die Kinder warten. Maggie wartet.

»Also gut, der Plan ist folgender«, sage ich. »Warum nimmst du dir nicht ein bisschen Zeit für jeden von uns, einzeln? Nur ein paar Minuten mit jedem. Klingt das gut?«

»Ich fange mit dir an«, sagt Maggie. Die Kinder gehen hinaus. Ich setze mich aufs Bett. Ich ergreife ihre Hand.

»Hast du Angst?«, frage ich sie.

»Nein, ich bin bereit. Ich bin bereit zu gehen. Ich muss gehen. Bring mich nicht zum Weinen. Hilf mir zu gehen.«

»Das werde ich«, antworte ich und unterdrücke mit aller Kraft meine Tränen. Wir sehen uns in die Augen. Es bedarf keiner Worte. Ich habe ihr alles gesagt, was es zu sagen gab: Ich liebe dich. Ich respektiere dich. Danke. Ich werde mich um deine Kinder kümmern. Sie hat mir alles gesagt, was zu sagen war. Wir passen perfekt zusammen, jetzt und für alle Ewigkeit. Ich beuge mich zu ihr hinunter und küsse sie sanft.

»Okay, jetzt schick Katy zu mir hoch«, sagt sie. Und einer nach dem anderen, die Schwestern, die Kinder, deren Partner und zum Schluss Oliver, marschieren die Treppe hinauf und hinunter, um sich zu verabschieden. Um sechs Uhr abends, als die Sonne untergegangen ist und der Abend anbricht, ruft Oliver uns alle zu Maggie.

Wir stehen um ihr Bett herum. Sie setzt sich hin und zittert vor Adrenalin und dem Wind aus der anderen Welt. Ihre Augen sind unglaublich weit und groß. Das Wasser in der Lunge bringt sie furchtbar zum Husten. Sie bekommt kaum Luft.

»Helft mir dabei«, flüstert sie uns zu – ihren mutigen Kindern, ihrem liebenden Ehemann und ihren drei Schwestern, die sich alle im Arm halten und hilflos sind aus Liebe zu ihr. Oliver reicht ihr die Pillen und etwas zu trinken, und sie schluckt sie hinunter. Als der Husten nachlässt, nimmt sie noch mehr.

Und mehr. Bis sie die volle Dosis eingenommen hat, sich in die Kissen zurücklehnt und uns nacheinander ein letztes Mal ansieht. Dann fixiert sie die brennenden Kerzen auf der Fensterbank, und zum ersten Mal seit Wochen hört sie auf zu husten, ihr Atem wird leichter, und die Furchen in ihrem schmerzverzerrten Gesicht werden weicher, und sie schläft entspannt ein.

Während der nächsten Stunden halten wir an ihrem Bett Wache, ihrem Boot. Maggie atmet regelmäßig, und obwohl ihr Körper sich kein bisschen bewegt, nicht einmal ein Zucken im Gesicht, flattern ihre Augenlider. Sie fühlt sich warm an, und es geht eine geballte Intensität von ihr aus. Und dann wird sie in den nächsten Stunden wieder zum Kolibri, energiegeladen, wild entschlossen und hart am Curriculum arbeitend.

Wir gehen im Schlafzimmer ein und aus und stellen das Team immer wieder neu zusammen. Jemand streicht Maggie über den Kopf, jemand sagt, ich liebe dich. Wir kochen Tee. Manchmal sitzen wir unten zusammen, manchmal drängen wir uns um Maggie, weil wir sicher sind, dass es jetzt so weit ist. Sie atmet scharf ein, gefolgt von einem langen Ausatmen, und dann eine Zeitspanne, in der nichts mehr passiert. Ist es das? Ist sie von uns gegangen? Aber dann keucht sie. Und das regelmäßige Atmen beginnt von Neuem. Die Kerzen flackern auf der Fensterbank.

Nach einer weiteren Stunde und mehrfachem falschem Alarm – das scharfe Einatmen, das lange Ausatmen, die Zeitspanne, das Keuchen, die Rückkehr zum normalen Atmen – schlägt Norah vor, dass wir Maggie vielleicht allein lassen müssen. »Die letzten Tage hat sie davon gesprochen, dass sie Freiraum braucht«, sagt Norah. »Wahrscheinlich ist es das.« Also lassen wir Maggie und Oliver in ihrem Schlafzimmer allein und verteilen uns auf der Suche nach einem Schlafplatz. Eine tiefe Stille legt sich über das Haus.

Ich bin gerade dabei einzudösen, als ich spüre, dass jemand in der Tür zum Gästezimmer steht. Es ist Jo.

»Kann ich mit dir in einem Bett schlafen?«

»Natürlich«, sage ich.

Sie kriecht unter die Decke, und wir halten uns aneinander fest.

»Es tut mir leid«, flüstert Jo. »Es tut mir leid, dass ich dir die Schuld an allem gegeben habe. Ich wollte doch bei ihr sein. Ich brauchte nur jemanden, dem ich die Schuld in die Schuhe schieben konnte.«

Ich halte die Luft an, als sie redet. Ich spüre Maggie bei uns. Ich spüre, dass sie das Curriculum vollendet und den Stab an uns übergibt.

»Alles ist gut, Jo«, sage ich. »Alles ist jetzt gut.«

Und dann steht Oliver in der Tür. »Maggie ist gegangen«, sagt er.

EPILOG

Zwei Wochen nach Maggies Tod ruft mich eine Freundin an. Sie ist einer der direktesten Menschen, die ich kenne. Sie sagt immer, was sie denkt. Heute beginnt sie so: »Ich werde reden, und du musst nichts darauf antworten.« Das klingt richtig gut. Momentan weiß ich nie, was ich den Leuten sagen oder wie ich auf ihre Beileidsbekundungen reagieren soll oder wie ich die Frage »Wie geht es dir?« beantworten soll.

Meine Freundin beginnt zu reden. Sie erzählt mir, dass der Verlust einer Schwester eine Tragödie ist. Bevor ich etwas sagen kann, redet sie weiter: »Ich weiß, was du dir immer wieder sagst. Ich weiß, dass du denkst, jeder verliert einen Menschen, jeder stirbt, was ist daran schon besonders?« Ich will sie unterbrechen, aber sie lässt mich nicht zu Wort kommen. »Der Tod ist ein Paradoxon«, sagt sie. »Ja, er ist naturgemäß Teil des Lebens, aber er ist trotzdem tragisch. Und es ist ja nicht irgendein Tod. Es ist deine Schwester. Ihr wart so verbunden, wie zwei Menschen nur verbunden sein können. Bitte erlaube dir zu trauern. Lass dich in das Loch, das so groß ist wie deine Schwester, hineinfallen.«

Während ich ihr zuhöre, steigen viele verschiedene Reaktionen in mir auf. Ihre Worte rühren mich zu Tränen – *ein Loch, das so groß ist wie deine Schwester*. Aber ich will sie auch unterbrechen und sagen: »Oh, das ist doch nicht wirklich eine Tragödie, verglichen mit dem, was in den Leben der Menschen auf der ganzen Welt passiert.« Dann fühle ich mich genötigt, ihr für den Anruf zu danken; ich will die Aufmerksamkeit von mir weglenken. Aber anstatt etwas zu sagen, gehorche ich ihrer Anweisung: Ich höre zu. Ich nehme ihre Worte in mich auf.

Während sie redet, wird mir etwas sehr Wichtiges klar. Ich habe diese Freundin lange nicht mehr gesehen. Eigentlich sehen wir uns nur sehr selten. Sie lebt in Kalifornien, ich in New York. Wir telefonieren noch nicht mal besonders oft. Ab und zu, und dann schreiben wir eher E-Mails. Aber das macht überhaupt nichts. Ich bin auf ewig mit ihr verbunden; so war es vom ersten Moment an, als wir uns begegnet sind. Eine andere Freundin hat uns einander vorgestellt, und wir erkannten sofort gegenseitig unsere Seele. Diese Beschreibung trifft es am besten. Ich sehe, wer sie ist, und ich fühle mich von ihr bis in mein Innerstes hinein gesehen. Und selbst wenn wir niemals mehr zusammen wären, wenn niemals mehr ein Wort zwischen uns gewechselt würde, so würde ich sie trotzdem immer noch als eine lebendige und atmende Freundin betrachten.

Während ich still dasitze und nichts anderes tue, als zuzuhören, spüre ich zum ersten Mal seit Maggies Tod ihre Gegenwart um mich herum. Wenn meine Freundin aus dem fernen Kalifornien auf ewig mit mir verbunden ist, dann ist es kein großer Schritt, daran zu glauben, dass Maggie – wo immer sie auch sein mag – ebenfalls auf ewig mit mir verbunden ist; dass unsere Liebe füreinander nicht mit ihrem Körper gestorben ist. Und wenn ich noch ein bisschen mehr Zeit mit Zuhören verbringe, könnte ich ihre Gegenwart vielleicht noch leichter spüren.

Bevor wir auflegen, erinnere ich meine Freundin an unser letztes Zusammensein. Wir waren auf der Geburtstagsparty einer gemeinsamen Freundin gewesen – ein ganzes Wochenende am Meer. Wir hatten die Gruppe verlassen und waren zum Strand spazieren gegangen, nur wir beide. Wir schwammen hinaus durch die Wellen und eine Weile traten wir einfach nur im Wasser auf der Stelle, lachten über unsere chaotischen Lebensumstände und sinnierten über den Zustand der Welt.

»Erinnerst du dich, als wir ins Meer hinausgeschwommen sind?«, frage ich meine Freundin am Telefon. »Ich möchte mir gerne vorstellen, dass wir das immer tun. Auf der Stelle treten, draußen im tiefen Wasser.«

»Immer«, sagt meine Freundin. »Ich bin immer neben dir. Genau wie Maggie. Sie ist immer bei dir. Denk daran.«

»Ich weiß«, sage ich. »Ich weiß, dass sie da ist, aber ich würde so gerne etwas von ihr hören.«

»Das wirst du. Und wenn du mich brauchst, ruf mich jederzeit an, egal, wie spät es ist. Okay?«

Als ich an diesem Abend ins Bett gehe, lasse ich das übliche Gebet, Maggie möge mich besuchen, ausfallen. Wenn sie immer bei mir ist, ergibt das keinen Sinn. Stattdessen höre ich einfach nur zu, als ich dem Schlaf gestatte herbeizukommen; ich öffne die Augen, mein Herz, meine Haut. Beten ist keine Aufforderung, aber auch keine Beschwerde. »Beten heißt, ein weit offenes Auge in der Dunkelheit zu sein«, sagt der Benediktinermönch David. Das war mir entfallen. Also lasse ich mit jedem Atemzug die Dunkelheit auf mich wirken.

Mitten in der Nacht habe ich einen Traum. Ich bin in einem riesigen Bürogebäude und befinde mich in einem Raum, und da taucht ganz plötzlich Maggie auf. Sie sieht jung und strahlend und hinreißend aus. Ich renne zu ihr und nehme sie in den Arm. Ich schluchze. Sie lächelt.

»Aber du wurdest doch eingeäschert!«, rufe ich unter Tränen. »Wie kannst du jetzt hier sein?«

Maggie lächelt wie die Mona Lisa – geheimnisvoll, allwissend. Ihre Augen funkeln. Sie sagt nichts, aber ihre bloße Gegenwart erfüllt mich mit Freude und Frieden. Wir stehen dicht nebeneinander, und dann, ohne Vorwarnung, verschwindet sie durch eine Tür, die in einen großen Raum führt, in dem sich irgendwelche Leute gerade einen Film ansehen. Ich suche nach ihr. Ich entdecke sie, in der letzten Reihe, aber als ich ihren Platz erreiche, ist sie weg. Stattdessen sitzt jetzt ein Mann dort. Ich setze mich neben ihn. Er würdigt mich keines Blickes. Ich tippe ihm mehrmals auf die Schulter. Ich will unbedingt, dass er mich wahrnimmt, aber er lehnt mich ab. Und er wird zu einem Spiegel für alles, was an mir nicht liebenswert ist, alles, was ich falsch gemacht habe, alle meine Fehler. Ich tippe ihn ein letztes Mal an, aber er dreht mir den Rücken zu. Ich wache auf.

Zuerst erinnere ich mich nur an die Gefühle aus dem Traum, nicht liebenswert zu sein und ignoriert zu werden – dass meine Seele nicht erkannt wird, bedeckt durch den Schleier menschlicher Fehlbarkeit. Grübelnd schmore ich in diesen Gefühlen. Wer war dieser Mann? War er ein Gemisch aus den Leuten, denen ich während Maggies Krankheit und Tod unabsichtlich auf den Schlips getreten bin? Verkörpert er meinen Ex-Mann und das schlechte Gewissen, das ich mit mir herumschleppe wegen der Art und Weise, wie ich ihm und er mir Unrecht getan hat? War er meine Eltern? Meine Schwestern? Meine Freunde und Kollegen? Ich verlaufe mich in einem Labyrinth aus Schuld, Selbsthass und Selbstzerstörung. Als ich mich selbst satthabe, stehe ich auf, gehe nach unten und koche Kaffee.

Ich sitze am Küchentisch und trinke das dunkle magische Gebräu, das Maggie genauso sehr liebte wie ich. Sie hat mir mal erzählt, dass sie jeden Abend ins Bett ging und sich bereits auf die erste Tasse Kaffee freute, die sie am nächsten Morgen trinken würde. Sie trank ihren Kaffee mit viel Sahne und mehreren Löffeln Ahornsirup. Ich sagte immer zu ihr, dass das kein richtiger Kaffee sei – eher so etwas wie geschmolzenes Eis, das so tat, als sei es ein Getränk. Als ich meinen Kaffee schlürfe, erscheint plötzlich das Lächeln meiner Schwester vor meinen Augen. Ich sehe ihr erleuchtetes Gesicht, und der ganze Traum kommt zurück. Maggie! Es geht ihr gut! Sie hat es an den Ort geschafft, zu dem sie unterwegs war. Jetzt ist sie bereit, mit den Menschen, die sie liebt, vom Ufer der anderen Seite des Ozeans aus zu kommunizieren. Oder so ähnlich. Ich weiß nicht genau, worüber ich rede, wenn es um das Leben nach dem Tod geht. Ich weiß nur, dass es *so etwas* gibt, und dass es mehr ist, als unser lahmes Gehirn begreifen kann.

In vielen Kulturen glauben die Menschen, dass die Toten, wenn sie übertreten, zu Führern der Zurückgelassenen werden. Wenn man genau hinhört, werden die Toten uns unterrichten, uns ermutigen und uns helfen zu verstehen, warum Dinge so geschehen, wie sie nun mal geschehen, vor allem die Dinge, die wir nicht akzeptieren können.

Im Laufe des Tages erscheint mir immer wieder Maggies Lächeln. Es nimmt eine große Last von meinem Herzen. Ich spüre eine Leichtigkeit, die ich lange nicht mehr gespürt habe. Aber warum überließ sie ihren Platz einem Mann, der mich nicht ansehen wollte und mir das Gefühl gab, unsichtbar und nicht liebenswert zu sein? Was versuchte sie, mir dadurch beizubringen? Wer könnte mir helfen, das herauszufinden?

»Wenn du mich brauchst, ruf mich jederzeit an, egal, wie spät es ist«, hatte meine Freundin aus Kalifornien zu mir gesagt. Also nehme ich sie beim Wort. Ich erzähle ihr von dem Traum und dem Mann auf Maggies Platz.

»Glaubst du, meine Schwester wollte mir damit sagen, mit allen Menschen in meinem Leben reinen Tisch zu machen?«, frage ich sie. »Mit allen so ein Gespräch zu führen wie mit ihr?«

»Mit Sicherheit nicht«, sagt meine Freundin. »Ich möchte

dich aber gerne etwas fragen. Wer war denn deiner Meinung nach dieser Mann?«

»Keine Ahnung, mein Ex-Mann vielleicht?«

»Nein.«

»Dann vielleicht meine Mutter? Mein Vater? Meine Schwestern? Alle zusammen?«

»Nee.«

»Wer denn dann?«

»Du«, sagt meine Freundin. »Er ist der Teil von dir, der deine eigene Herzensgüte immer noch nicht sehen kann. Er ist der Teil von dir, der sich immer abwendet – von dir selbst, von deiner Seele! Du brauchst die Zustimmung dieser ganzen Leute nicht. Maggie kam zurück, um dir zu sagen, dass du dich selbst akzeptieren sollst – dein wahres Selbst. Dein Innerstes. Erinnerst du dich? Lebe aus deinem Innersten heraus, gib aus deinem Innersten heraus. Gerade du solltest das wissen!«

Ich lache laut los.

»Was ist so lustig?«, fragt meine Freundin.

»Du hast Recht. Mit dem Traum, mit dem Mann. Du hast Recht. Und das ist nahezu wortwörtlich das, was ich in den letzten Tagen ihres Lebens zu Maggie gesagt habe. Genau das war zum Schluss ihr Thema – ihre eigene Herzensgüte zu erkennen und niemanden zu brauchen, der sie für sie wahrnimmt. Zu wissen, dass sie perfekt zu diesem Leben gepasst hat, obwohl sie Fehler gemacht hat. Dem Club der Menschen gerade noch rechtzeitig beizutreten, bevor sie gehen musste.«

»Klingt so, als sei sie zurückgekommen, um dich an deine eigene Weisheit zu erinnern«, sagt meine Freundin.

Ich denke daran, wie Maggie diese vielen Stunden sterbend im Bett lag und auf ihr Leben zurückblickte. Wie sie ihre Lektion lernte. Wie sie darauf wartete, dass wir den Raum verlassen, damit sie die Welt eingebettet in ihr strahlendes, vibrierendes Selbst verlassen konnte. Jetzt war sie zurückgekehrt, um mich zu ermutigen, im Leben das zu tun, was sie selbst erst im Sterben entdecken konnte.

»Oh, da wäre noch was«, sagt meine Freundin, als wir gerade auflegen wollen. »Können wir das Bild von uns beim Wassertreten austauschen? Wo wir uns so anstrengen, aber nirgendwo hinkommen? Hören wir mit dem Wassertreten auf. Machen wir Maggie stolz, indem wir an Land schwimmen, durch die Welt ziehen und in diesem Leben mal so richtig auf die Kacke hauen. Einverstanden?«

Wir beenden das Gespräch, und ich werde mit Bildern von Maggie überflutet, wie sie gerade in ihrem Leben so richtig auf die Kacke haut. So, wie sie das Innerste aus ihrem letzten Jahr auf Erden herausgequetscht hat. Ich sehe sie in ihren Gärten, ich sehe, wie sie mit der Strömung schwimmt, ich sehe sie arbeiten in ihrem Atelier, backen in der Küche, spazieren gehen mit ihren Kindern. Und ich sehe sie auf dem letzten Konzert, auf dem Maggie, Katy und ich gemeinsam waren – ein irisches Geigenfestival in Boston. Wir waren hauptsächlich wegen eines Freundes von mir da, der Produzent des Konzerts war und uns versprochen hatte, wir könnten hinter die Bühne gehen, wenn Maggies Musikidol Van Morrison auftreten würde.

Als das Festival schon eine Weile lief und die Leute immer betrunkener wurden, warteten wir auf meinen Freund, damit er uns hinter die Bühne begleitete, um Van the Man zu treffen. Endlich war es so weit, und wir marschierten in Reih und Glied durch einen Seiteneingang, quetschten uns auf Hocker und beobachteten die Vorband. Wir warteten und warteten, aber kein Van Morrison weit und breit. Als die Vorband – eine Mischung aus wilden Geigen und kreischenden Gitarren – weiterspielte, sahen wir uns um, wo Maggie abgeblieben war. Sie war verschwunden. Plötzlich zeigte Katy zur Bühne. Und da war sie, ganz vorne mit dem wild den Kopf schüttelnden Leadsänger, der seinen Arm um ihre Taille gelegt hatte. Sie beugten sich gemeinsam vor zum Mikrofon, und Maggie sang inbrünstig für fünfzigtausend betrunkene Narren.

Van Morrison tauchte nie auf. Aber jetzt bin ich froh, dass er nicht da war. Weil ich ein Bild von Maggie habe, das ich für immer in meinem Herzen bewahren kann: meine Wildblumen-Kolibri-Schwester, ihre unbefangene Seele, ihr lebendiger Wesenskern, ihr substanzielles Selbst, das stolz und frei fliegt. Im Laufe der Zeit, während sie immer weniger erdverbunden ist und immer weiter in die Ewigkeit hineinschreitet, behalte ich von meiner Schwester vor allem dies in Erinnerung: ihren Wesenskern.

Und was bleibt mir von meinem Jahr als Maggie-Liz in Erinnerung?

Liebe. Umfassende Liebe. So groß, dass mein Herz nie wieder zu seiner vorherigen Größe zusammenschrumpfen wird. Was mich immer noch erstaunt, denn mein Leben schrumpfte in diesem Jahr, Monat für Monat, Tag für Tag immer weiter zusammen – zuerst auf die Größe eines Krankenhauszimmers, dann wurde es zu der Fensterbank mit Blick über eine Wiese, dann zu einem Bett, dann zu einem Atemzug und noch einem Atemzug, und dann zu einem Loch, das so groß ist wie meine kleine Schwester. Aber während dieses Schrumpfens wurde ich größer, weil ich damit begann, die Liebe als Messlatte zu verstehen. Liebe macht aus klein groß. Liebe gibt allem Bedeutung. Liebe des Selbst, Liebe der anderen, Liebe zum Leben, komme, was da wolle. Amor fati, Liebe zum Schicksal.

Tief im Herzen der Erde und dem Mark der Knochen liegt ein Kompass, der sich zur Kraft der Liebe ausrichtet. Ich bezweifle, dass mir die Wissenschaft zustimmen wird, aber dieses große Kraftfeld, dessen Suche Einstein noch mit ins Grab nahm? Ich glaube, dass es Liebe in ihren vielen Erscheinungsformen ist: Güte, Leidenschaft, Bindung, Mitgefühl, Großzügigkeit, Vergebung und der Mumm, die Wahrheit auszusprechen.

Liebe ist eine Kraft – eine, die zusammenhält. Was sorgt dafür, dass Gebäude und Wälder, Felsen und Ozeane nicht von diesem Planeten wegfliegen und sich für immer im All drehen? Was sorgt dafür, dass die Bestandteile, aus denen Menschen und Tiere gemacht sind, sich voneinander lösen? Ein Physiker würde eine mathematische Gleichung als Beweis anführen, dass Schwerkraft und Elektromagnetismus das Universum zusammenhalten. Aber was war davor da? Was war der Anfang?

Liebe.

Liebe war der Anfang.

DANKSAGUNG

Viele meiner Dankesworte gelten der Unterstützung, die ich im Leben erhalten habe und während des Schreibens dieser Geschichte. Meine tiefe Dankbarkeit gilt …

… dem Team des Pflegepersonals und der Ärzte am Dartmouth-Hitchcock Medical Center in Lebanon, New Hampshire: Sue Brighton, Kate Wilcox, Steve Brown, Ken Meehan, Elizabeth Bengston, John Hill, Beth Kimtis und all jenen am DHMC, die sich während der langjährigen Behandlung so liebevoll und großartig um Maggie gekümmert haben. Und dem Apherese-/Transplantationsteam, das mich vor, während und nach der Prozedur versorgt hat. Unserem unerwarteten Engel, Dr. Alexandra Levine am City of Hope Hospital in Duarte, California: Einfach nur »Danke« zu sagen, bringt das Ausmaß unserer Anerkennung nicht zum Ausdruck, das unsere Familie Ihnen gegenüber dafür empfindet, wie Sie uns unter Ihre Fittiche genommen haben.

Oliver Brody, Maggies geliebtem Lebenspartner, und Freund und Stütze für mich. Richard Orshoff dafür, dass er uns an den Ort geleitet hat. Maggies Freunde – ein Fanclub aus Kindertagen, vom College, der Krankenpflegeschule, aus Vermont und Alaska, Kollegen und Patienten, Künstler und Kunstliebhaber, Ahornsirup-Hersteller, Skifahrer, Wanderer, Bäcker und Landwirte. Sie hat euch wirklich geliebt, Helen Weld, Raine Kane, Sally und Dick Warren, Margie Levine, Tim Rieser, Lisa Merton, Tim Merton, Peter Miraglia, Peter Veitch, John Labine und Familie, Sarah Waldo, Maia und Hugh Brody-Field, Julianna

Brody-Fialkin, Dinah Pehrson, Libby Silberling, Carol Bilzi, Mary Deering und ihre Freunde-und-Nachbars-Clique aus Putney.

Meiner gesegneten Truppe – den Freunden, auf die ich mich beim Schreiben dieses Buches stützen konnte: Kali Rosenblum, Kevin Smith, Abbey Semel, Ron Frank, June Jackson, Phil Jackson, Marion Cocose, Ken Bock, Cheryl Qamar, Perry Beekman, Dion Ogust, Jeff Moran, Sally Field, Jennifer und Peter Buffet, Nancy Koppleman, Pat Mitchell, Scott Seydel, Eve Ensler, Amber Rubarth, Srinath Samudrala, Sil Reynolds, Steven und Lila Pague, Sheryl Lamb, Maria Shriver, Eckhart Tolle, Kim Eng, Corny Koehl, Joe Killian, Jenny Lee, Maggie Wheeler, Isabel Allende, Lori Barra, Dani Shapiro, Jeff Brown, Gail Straub, Loung Ung, Mark Nepo, Geneen Roth, Peggy Fitzsimmons, David Wilcox, Nance Pettit, Jim Kullander, Sarah Priestman, Lee Brown, Linda Woznicki und Ana Leal. Und meiner Facebook Community: Danke, dass ihr mich ermutigt habt, eine bessere Betreuerin und eine ehrlichere Schriftstellerin zu sein.

Ein besonderer Dank gilt meiner Seelenfreundin Oprah Winfrey. Das Gespräch, das wir für ein Fernsehinterview geführt haben, hat den Samen für dieses Buch gelegt.

Sarah Peter und Carla Goldstein, Schwestern von einer anderen Mutter.

Meinen Kollegen am Omega Institute: ich verbeuge mich tief vor allen aus Respekt und Dankbarkeit – es sind zu viele, aus der Vergangenheit und der Gegenwart, um sie einzeln zu nennen. Dennoch möchte ich ein paar Namen anführen, die mich während des Schreibprozesses so sehr unterstützt haben: Als Erstes den einzigartigen Skip Backus – Freund und Bruder – und Lois Guarino, Joel Levitan, Carla Goldstein, Carol Donahoe, Jennifer Bosch, Veronica Domingo, Chris Mitchell,

Michael Craft, Kathleen Laucius, Sarah Urech, Terri Hall, Holly VanLeuvan, Chrissa Pullicino, Randi Marshall, Chuck Maccabee, Angela Casey und das Omega Women's Leadership Center und den Mitarbeitern, dem Lehrkörper und den Freunden von Family Week. Omegas Direktorium, für eure Freundschaft und euren Einsatz: David Orlinsky, Patty Goodwin, Sheryl Lamb, Manuela Roosevelt, Jamia Wilson, Bruce Shearer und Katherine Collins.

Henry Dunow – meinem langjährigen Agenten, Freund, Bruder, Handhalter und Champion. Danke, dass du mich diesmal mit Karen Rinaldi von Harper Collins zusammengebracht hast. Karen, deine übermenschliche Energie, Intelligenz und Unterstützung hat dafür gesorgt, dass meine Stimme auf dem Papier klar geblieben ist. Du wusstest, wann du Druck machen musstest und wann du mir Raum lassen musstest, und genau das hast du mit großem Humor, Geschick und Verständnis getan. Du bist eine echte Verbündete, genau wie Hannah Robinson, Lydia Weaver, Brian Perrin, Penny Makras, Victoria Comella und das ganze Team von HarperWave.

Allen, die frühe Fassungen des Buchs gelesen haben und deren Sichtweise und Ermutigung den entscheidenden Unterschied ausgemacht haben: Sally Field, Tom Bullard, Henry Dunow, Susan Goldman, Eve Ensler und Eve Fox.

Und vor allem Kali Rosenblum, die jedes Wort jeder Fassung gelesen und während der schwersten Phasen im Leben und Schreiben dieser Geschichte mein Herz in der Hand gehalten hat.

Meinen Lehrern, Hazrat Inayat Khan, Pir Vilayat Khan und Taj Inayat.

Am allermeisten gilt meine Dankbarkeit meiner Familie, mein Herz, mein Glück, meine Ausgelassenheit. Meine Schwester Jo schenkte mir mal ein T-Shirt mit dem Aufdruck: »Pass auf, sonst tauchst du in meinem Buch auf.« Tja, liebe Familie, ihr taucht alle in diesem Buch auf, und ich bedanke mich bei euch, entschuldige mich aber auch – ihr habt nicht darum gebeten, mit einer Memoirenschreiberin verwandt zu sein.

Deshalb gilt meine Dankbarkeit:

Meinen geliebten Nichten und Neffen, Maggies Kindern und ihren großen Lieben, Norah und Hayden Lake (und Chris und Hana natürlich auch).

Meinen geschätzten Schwestern, Katy »Sorelli« Lesser und Joanne Case sowie Ian Roose und Marshal Case, meinen Nichten und Neffen und der erweiterten Lesser/Freeman/Bullard/Rechtschaffen-Familie.

Tom Bullard – für das Licht, das du auf unseren Weg wirfst, für deine ungewöhnliche Mischung aus Pragmatismus, Hellseherei und komödiantischem Talent und am allermeisten für die Liebe. Du hast mir beigebracht, Liebe an den Anfang zu stellen. Meinen geliebten Söhnen, die mich stolz darauf machen, ihre Mutter zu sein: Rahm Rechtschaffen, Daniel Rechtschaffen und Michael Bullard, meinen Lieblingsschwiegertöchtern Eve Fox, Taylor Rechtschaffen und Rebecca Bullard; und meinen Enkelkindern Will, James, Ruby und denen, die noch kommen werden.

In Erinnerung an meine außergewöhnlichen Eltern.

Und für Maggie, auf ewig …